BASTEI LÜBBE

Über die Autoren:

Stefan Effenberg lernte **Jan Mendelin** vor viereinhalb Jahren auf einer Champions-League-Produktion kennen. Mendelin arbeitete als Sportreporter für das RTL-Nachtjournal; Effenberg war gerade zum FC Bayern München gewechselt. Aus einer zunächst beruflichen Zusammenarbeit entstand später eine dicke Freundschaft. Es war daher Effenbergs Wunsch, zusammen mit Mendelin seine Autobiographie zu schreiben.

»Wir haben in acht Monaten mindestens sechzig Stunden Material – also mein Leben – auf Tonbändern aufgezeichnet, die eine oder andere Flasche Wein geleert und viel gelacht. Es hat unglaublich viel Spaß gemacht.« Stefan Effenberg

STEFAN EFFENBERG

ICH HAB'S ALLEN GEZEIGT

MIT JAN MENDELIN

BASTEI LÜBBE

BASTEI LÜBBE TASCHENBUCH
Band 61543

1. Auflage: Dezember 2003

Aktualisierte Taschenbuchausgabe

Bastei Lübbe Taschenbücher ist ein Imprint
der Verlagsgruppe Lübbe

Lizenzausgabe: Verlagsgruppe Lübbe GmbH & Co. KG,
Bergisch Gladbach
Titelbild: Margaretha Olschweski
Einbandgestaltung: Andreas Heilmann, Hamburg
Druck und Verarbeitung: Ebner & Spiegel, Ulm
Printed in Germany
ISBN 3-404-61543-3

Sie finden uns im Internt unter
www.luebbe.de

Der Preis dieses Bandes versteht sich einschließlich
der gesetzlichen Mehrwertsteuer.

INHALT

WARUM DIESES BUCH

Sie haben das Buch gekauft! Gut! Denn jetzt haben Sie einen Klassiker in der Hand. Entspannen Sie sich und genießen Sie meine Autobiographie, es wird interessant.

Ich hatte schon länger vor, meine Lebengeschichte zu schreiben. Doch erst jetzt habe ich die nötige Ruhe dafür gefunden. Es geht auch nicht darum, mich in diesem Buch als Engel darzustellen – ich möchte Ihnen einfach meine Sicht der Dinge schildern. Denn eines ist unbestritten: Ein sehr bewegtes Leben habe ich schon jetzt hinter mir, und wieviel Unsinn über mich geschrieben worden ist, habe ich so richtig erst begriffen, als ich mich auf meine Autobiographie vorbereitet und über zweitausend Zeitungsartikel gelesen habe.

Ich bin in den vergangenen Jahren durch die ständige Beobachtung der Medien zu einem gläsernen Menschen geworden. Ich habe mich Jahre dagegen gewehrt und wollte einfach nicht zulassen, daß die Öffentlichkeit an meinem Privatleben teilnimmt. Jetzt, am Ende meiner Karriere, bin ich bereit, tiefe Einblicke in mein Seelenleben zu gewähren.

Aber machen Sie sich selbst ein Bild.

Viel Spaß! Euer Effe

PS. Und die, die mich anschließend kritisieren wollen – kein Problem, wir leben ja schließlich in einer Demokratie.

1. DIE MÜHSAME KUNST, DEN BALL ZU LIEBEN

Wie alles begann

Mein großer Traum vom Fußballprofi war eigentlich schon beendet, bevor er begonnen hatte. Ich war gerade drei, und meine Mutter und meine Oma schleppten mich und meinen Bruder Frank mal wieder zum Olsdorfer Friedhof. Sie mußten das Grab von Opa Robert winterfest machen. Klar, daß es meinem Bruder und mir zu langweilig wurde. Wir schlugen uns bald in die Büsche, während meine Mutter sich an die Arbeit machte. Irgendwo auf dem Friedhof suchten wir uns einen passenden Grabstein, auf dem wir ordentlich Rodeo reiten konnten. Doch kaum daß ich auf dem Stein saß und ihn kräftig zuritt, begann er sich langsam nach rechts zu neigen. Mein Bruder schrie entsetzt auf. Ich lag plötzlich unter dem Grabstein. Kein Mucks mehr, wie ein Käfer auf dem Rücken lag ich da. Meine Mutter merkte sofort, daß bei uns was nicht stimmte. Sie kriegte eine Riesenpanik. Zusammen mit meiner Oma schaffte sie es kaum, den schweren Grabstein anzuheben, um mich zu befreien. »Was ist mit dir?« fragte sie mich immer wieder. Tränen kullerten ihr über die Wangen. Sie war total verzweifelt.

Zum Glück kam in diesem Moment mein Vater, der uns vom Friedhof abholen wollte. Er war geschockt. Auch für ihn war das der schlimmste Moment seines Lebens: mich so reglos und ohne einen Ton von mir zu geben auf dem

Boden liegen zu sehen. Wie ein Toter lag ich vor ihm. Er mußte mich vorsichtig hochhieven, und dann ging's ab ins Eppendorfer Krankenhaus. Ich hatte furchtbare Schmerzen und weinte die ganze Zeit.

Auf der Fahrt gab mein Vater richtig Gas. Aber während meine Mutter vor Angst ziemlich durcheinander war und immer noch weinte, versuchte er die Ruhe zu behalten. »Beruhigt euch«, sagte er immer wieder. »Wir wissen doch noch gar nicht, was mit dem Jungen ist. Vielleicht ist es gar nichts Schlimmes.«

Doch die Diagnose war für meine Eltern niederschmetternd: Ich hatte einen Oberschenkelhalsbruch! Ewige Wochen lag ich im Krankenhaus. Es war die reinste Qual. Ich kriegte einen Nagel und verschiedene Schrauben ins Bein, dann wurde es eingegipst und über dem Bett an einem Galgen festgebunden. Bewegen durfte ich mich so gut wie gar nicht, und das mit dreieinhalb Jahren. Meine Eltern waren zwar tagsüber bei mir, um mich zu trösten und zu beschäftigen, aber abends mußten sie immer nach Hause. Es zerriß mir das Herz. Wenn meine Eltern weg waren, fragte ich mich jeden Abend: Kommen sie denn überhaupt mal wieder? Ich schrie und heulte Rotz und Wasser, es half jedoch nichts. Solche Dinge wie Elternbetten in den Krankenzimmern kannte man zu der Zeit noch nicht.

Als der Nagel rausgeholt und der Gips abgemacht wurde, rief der Arzt meine Eltern zu sich und erklärte ihnen mit ernster Miene, daß sie froh sein könnten, wenn mein Bein jemals wieder einigermaßen funktionieren würde. Auf jeden Fall müßte ich ganz vorsichtig gehen lernen und besondere Bewegungsübungen machen. Es dürfte eine lange Zeit dauern, bis ich überhaupt wieder vernünftig laufen könnte.

Vier Wochen vor Weihnachten wurde ich endlich entlas-

Meine stolzen Eltern – endlich zu Hause, 1968

sen. Als meine Mutter sagte: »Stefan, wir können jetzt gehen. Da vorne ist der Fahrstuhl«, rannte ich in ungefähr 2,5 Sekunden die fünfzig Meter zum Fahrstuhl.

Meine Eltern standen da und staunten Bauklötze. Das konnte doch wohl nicht sein! Da redete der Arzt eine halbe Stunde auf sie ein und erklärte ihnen, daß ich langsam wieder gehen lernen müßte, und ich sprintete vor ihren Augen zum Ausgang.

Im Eppendorfer Krankenhaus kannte man meine Eltern schon. Es war nicht mein erster Aufenthalt dort. Als ich drei Wochen alt war, hatte ich auch schon da gelegen. Mit einem Gewicht von 3700 Gramm war ich am 2.8.1968 auf die Welt gekommen. Doch danach nahm ich immer mehr ab. Bis ich nur noch gut 2000 Gramm wog und die Sache bedrohlich wurde. Ich wurde an Kanülen angeschlossen und künstlich ernährt. Meine Eltern waren vollkommen verzweifelt. Als meine Mutter endlich einen Arzt sprechen konnte, sagte der zu ihr: »Ihr Sohn hat einen gefährlichen Virus. Ich kann Ihnen nicht viel Hoffnung machen, daß Stefan überlebt. Wir müssen abwarten.«

Drei Wochen lag ich in Eppendorf. Meine Mutter kam jeden Tag, obwohl sie auch noch meine Geschwister Claudia und Frank zu versorgen hatte. Dann erst war ich über den Berg, und meine Eltern durften mich wieder mit nach Hause nehmen.

Victoria Hamburg und Karl-Heinz Rummenigge

Zum erstenmal richtig gegen den Ball trat ich mit fünfeinhalb bei Victoria Hamburg. Mein Vater Dieter hatte auch da gespielt. Er war der Allrounder schlechthin, konnte vom Torwart bis zum Stürmer alles spielen und hatte es sogar bis zur Oberliga gebracht; zu seiner Zeit die höchste deutsche Spielklasse. Den Grund, warum nicht mehr aus seiner Karriere wurde, mußte ich mir als Kind mindestens hundertmal anhören: Einmal hatte der Trainer ihn beim Rauchen auf dem Klo erwischt und ihn daraufhin aus der Mannschaft verbannt. Mein Papa mußte bei den Reservisten mitkicken. Wie man sieht – Suspendierungen haben in unserer Familie eine gewisse Tradition.

Daß ich von Anfang an mit Feuereifer bei der Sache war, läßt sich auch nicht unbedingt sagen. Als ich sechs war, erwischte mich meine Mutter dabei, wie ich mitten im Spiel keinen Bock mehr hatte. Statt auf den Ball zu achten, fing ich auf dem Aschenplatz an, kleine Häufchen zu bauen, als säße ich irgendwo im Sandkasten. Hinterher bekam ich von ihr einen Anpfiff. »Ich habe dich zum Fußball angemeldet und nicht zum Sandburgenbauen«, sagte sie zu mir. »Fußball ist ein Bewegungssport. Da mußt du schon ein bißchen laufen.«

Viel lieber als mit einem Ball spielte ich als kleines Kind auf einer Gitarre herum. Erst hatte nur mein Bruder eine kleine Plastikgitarre, aber ich nahm sie ihm ständig weg und zankte mich mit ihm. An Weihnachten 1973 hatten meine Eltern dann ein Einsehen und schenkten mir meine eigene Kindergitarre. Das war das höchste Glück für mich – allerdings nicht für meine Eltern und Geschwister! Den ganzen Tag von morgens früh bis spät abends lief ich durch unsere winzige Wohnung und klimperte auf dem Ding rum. Irgendwann wurde es meinem Vater zuviel. Er verlor regelrecht die Nerven. Er nahm das Teil und drosch es mir auf den Arsch. Die Gitarre ging sofort zu Bruch, und ich fing voll an zu heulen. Damit war meine frühe Karriere als Gitarrist zu Ende. Wer weiß – vielleicht würde ich heute sonst Dieter Bohlen Konkurrenz machen und wäre Popstar geworden statt Fußballprofi.

Meine Eltern vergaßen meine Gitarrenkünste nie. Viele Jahre später, zu meinem dreißigsten Geburtstag, überraschten sie mich mit einer Gitarre. Ich versuchte aber nicht mehr, ein großer Gitarrist zu werden, sondern gab das Instrument an meine Kinder weiter, die dann mich mit dem Ding nervten.

Sport wurde in unserer Familie großgeschrieben. Meine Mutter hatte Handball gespielt, also spielten auch meine Schwestern Claudia und Katrin Handball. Später stiegen

Die Effenberg-Gang – Frank, ich und Claudia

sie auf Softball um und brachten es bis in die Nationalmannschaft. Mein Vater hatte Fußball gespielt, folglich gingen auch mein Bruder Frank und ich zum Fußball. Überhaupt taten meine Eltern alles für uns. Wir waren nicht arm, aber daß wir Kinder mit einem goldenen Löffel im Mund groß wurden, konnte man nicht gerade behaupten. Mein Vater war Maurer und mußte jeden Morgen um fünf Uhr aufstehen. Meine Mutter Margrit arbeitete halbtags als kaufmännische Angestellte in dem Büro einer Gerüstbaufirma. Doch sie achtete darauf, möglichst zu Hause zu sein, wenn wir aus dem Kindergarten oder aus der Schule zurückkehrten. Sie machte uns Frühstück und Mittagessen und fuhr uns zum Training und oft auch zu

Dieter paßt auf die Gang auf, 1973

den Spielen. Anfangs, in unserer Drei-Zimmer-Wohnung, mußte ich mir mit Claudia und Frank ein Zimmer teilen, während Katrin, meine jüngste Schwester, bei meinen Eltern schlief. Dann baute mein Vater ein Haus in Hamburg-Niendorf, und ich bekam ein eigenes Zimmer. Das war damals der pure Luxus. Unbeschreiblich! Aber in dem

Ich mit einer Schultüte

Jahr vor dem Hausbau war das Geld besonders knapp. Da konnten sich meine Eltern keinen Urlaub leisten und schickten meinen Bruder und mich mit dem Roten Kreuz in Urlaub. Wir fuhren irgendwo in die Nähe von Hannover. Ich hatte überhaupt keine Lust und heulte meinem Bruder auf dem Weg die Ohren voll. Dann wurden es doch noch super Ferien, weil wir wahnsinnig viel Fußball spielten.

Wenn meine Mutter mal keine Zeit hatte, brachte mich mein Onkel Heinz zu den Spielen, oder meine Oma Martha rückte an. Sie kochte für uns, bügelte oder putzte. Ihr hing ich als Kind öfter am Rockzipfel.

»Du, Oma, hast du Geld für was Süßes?«

Mit der Oma unterwegs – Claudia, ich, Frank und Katrin

»Junge, du schon wieder. Geh mir nicht auf die Nerven! Du hast mich doch neulich erst gefragt.«

»Ich will doch nur zum Kiosk laufen und mir was holen.«

»Na, dann komm mal her!«

Es war wie ein Spiel. Zuerst war sie immer unfreundlich, aber schließlich gab sie mir fünfzig Pfennig, selbst wenn sie bloß noch einundfünfzig Pfennig in der Tasche hatte.

Die meiste Zeit aber verbrachte ich auf der Straße. Stundenlang wurde mit Freunden gebolzt, vom Schulschluß bis es es dunkel wurde. Schularbeiten waren da eher nebensächlich, was sich irgendwann auch bis zu den Lehrern herumsprach. Gegen Ende der sechsten Klasse fragte meine Lehrerin Frau Hartwig uns, was wir einmal werden wollten.

Die anderen sagten so was wie: »Ich möchte Polizist werden«, oder »Ich möchte Feuerwehrmann werden«. Als Frau Hartwig mich anguckte, habe ich zurückgeguckt und gesagt: »Ich werde Fußballspieler.« Eine Woche später bekam jedes Kind eine kleine Dose mit einem Maikäfer und einem Zettel von Frau Hartwig. Auf meinem Zettel stand: »Ich hoffe, Dein Wunsch geht in Erfüllung, daß Du einmal Fußballspieler wirst.« Sie hat an mich geglaubt, mein erster Fan. Viele Jahre später schrieb sie mir dann sogar einen Brief und gratulierte mir zu meinem Erfolg. Sie schrieb: »Lieber Stefan, Du hast recht gehabt. Ich wünsche Dir noch ganz, ganz viel Glück!«

Training war bei Victoria nur dienstags und donnerstags, daher spielte ich den Rest der Zeit mit meinen Freunden meistens vor unserem Haus. Unsere Haustür war das eine Tor, Abendrothsweg 48 in Hamburg-Eppendorf, das andere war die gegenüberliegende Tür. Mein Schuß war schon damals nicht übel. Als ich einmal richtig abzog, ging die Scheibe in unserer Haustür zu Bruch. Natürlich gab es sofort ein Riesentheater. Es war erst vier Uhr am Nachmittag, aber ich hatte eine solche Muffe, daß ich mich am hellichten Tag in meinem Zimmer ins Bett legte und mir die Decke über den Kopf zog. Voller Anspannung wartete ich auf meinen Vater, der immer so gegen Viertel nach fünf von der Arbeit nach Hause kam. Ich rechnete stark damit, daß er mir eine feuern würde. Als er die Klinke herunter drückte und endlich in unser Zimmer kam, wagte ich gar nicht mehr zu atmen.

Er setzte sich auf mein Bett. Er war überhaupt nicht wütend. »Hab schon gehört«, sagte er nur. »Paß beim nächsten Mal ein bißchen besser auf!«

Ich war erleichtert. Eine halbe Stunde später lief ich wieder auf die Straße, um weiterzubolzen. Ich konnte mich,

In der Hamburger Auswahl

wenn's drauf ankam, immer auf meine Eltern verlassen. Sie haben immer zu mir gehalten.

Jeder Junge, der Fußball spielt, ist auch Fan von irgendeinem Bundesligaverein. Bei mir war es nicht der HSV, wie man vielleicht denken könnte, sondern der FC Bayern München. Das größte Glück war es, als mir meine Mutter im Rudi-Kargus-Sportshop an der Hoheluftchaussee ein

Bayern-Dreß kaufte: mit der Reklame-Aufschrift »Magirus Deutz« und der Rückennummer 11, die Karl-Heinz Rummenigge trug. Killer-Kalle, wie er später bei uns Spielern in München hieß, war zwar nicht mein Vorbild, aber als Jugendlicher war ich von seiner Spielweise total begeistert. Mit dem Trikot plus Hose und Stutzen rannte ich sogar in die Schule. Hinterher überredete ich meinen Bruder, der ein absoluter HSV-Fan war, ein Foto von mir zu machen. In meinem Zimmer stellte ich mich vor der Schrankwand auf, damit er mich fotografierte: meine allererste, selbstgebastelte Autogrammkarte.

Einmal war ich auch im Stadion von Bayern. Meine Eltern machten in Inzell Urlaub, und wir fuhren für einen Tag nach München, um das Olympiastadion zu besichtigen. Ein geiles Erlebnis! Das Stadion war leer und sah gigantisch aus. Hier, nahm ich mir vor, will ich auch mal spielen, als Profi bei den Bayern! Dann kauften wir auch noch Bettwäsche von den Bayern. Mein Bruder kriegte beinahe einen Anfall. Ein Hamburger, der in Bayern-Bettwäsche schlafen wollte! Aber für mich war es das Größte überhaupt.

Anke und der Playboy

Mädchen interessierten mich zu dieser Zeit noch nicht besonders. Eine Ausnahme war Anke, die bei uns um die Ecke wohnte. Ich war dreizehn und auch ein bißchen verliebt in sie. Irgendwie fand ich Anke richtig toll, obwohl sie eigentlich recht bieder aussah. Sie hatte kurzes, dunkelblondes Haar und eine sehr sportliche Figur. Ein paarmal hatte ich versucht, sie anzusprechen und länger mit ihr zu reden, doch weiter als bis zu ihrem Hausflur hatte ich es

Die erste, selbstgebastelte Autogrammkarte mit Originalunterschrift

nie geschafft. Dann, eines Abends, ging ich aufs Ganze. Es war schon ziemlich spät, so gegen halb zehn, da kreuzte ich vor ihrem Haus auf und versuchte sie auf die Straße zu locken. Ich nahm kleine Steine und warf sie gegen ihr Fenster, ziemlich hartnäckig, so zehn-, zwanzigmal. Nichts. Also versuchte ich es weiter. Bis irgendwann die Haustür aufging und ihr Vater, den ich vom Sehen kannte, auf die Straße sprang. Leider hatte ich nicht Ankes, sondern das Schlafzimmer der Eltern erwischt. Er bügelte mich kräftig zusammen. »Was soll das, Stefan?« schrie er mich an. »Sei froh, daß ich das nicht deinem Vater erzähle!«

Mit Anke und mir wurde es dann auch nichts.

Mein einziges Vergnügen, was das weibliche Geschlecht anging, wurde der *Playboy*, den ich mir zum erstenmal kaufte, als ich vierzehneinhalb war. Drei Monate lag mein erstes Exemplar, das ich wie meinen Augapfel hütete, unter meinem Bett, und kaum war es dunkel, begann ich, das zu tun, was man in diesem Alter halt so macht. Erst viel später begriff ich, daß jeden Monat ein neues Heft herauskam.

Die Reeperbahn war auch nicht weit weg, und als richtiger Hamburger Junge war ich natürlich neugierig, ob man da richtig geile Sachen sehen konnte. Mit meinen besten Kumpels Ralf und Sven lief ich über die Herbertstraße und kam aus dem Staunen gar nicht raus. Irre, was da für Frauen herumliefen. Manche trugen den bescheuertsten Fummel oder saublöde Perücken und kamen mir schon uralt vor. Ein paar heiße Miezen waren allerdings auch dabei. Wir hielten echt auf Abstand, doch als Sven, der Älteste von uns, dann angesprochen wurde, kriegten wir uns nicht mehr ein. Sven machte einen auf cool. Er fragte nach Preisen und wie die Sache denn so abliefe, und wir standen einige Meter daneben und schrien uns weg.

Manchmal war die Kacke am Dampfen

In der Schule schlug ich mich einigermaßen durch. Ich war kein schlechter Schüler, eher einer, der sich nicht für die Schule interessierte. Wichtig war für mich, Fußball zu spielen und mit meinen Freunden zusammenzusein. Wir waren

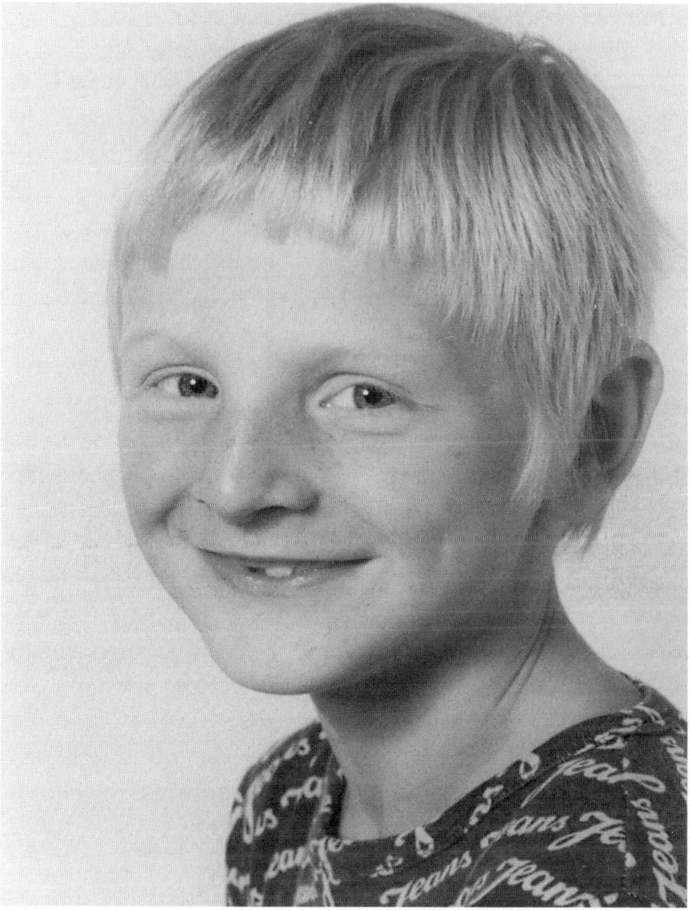
Den Schalk im Nacken – Stefan E. aus H., 1975

eine verschworene Gemeinschaft und eine echte Plage für die ganze Straße. Unser bester Streich war der Streich überhaupt, ein echter Klassiker, den jedes Kind mindestens einmal ausprobiert haben sollte. Also, für den Fall, daß jemand diesen Klassiker nicht kennt: Man nimmt ein Stück Papier und etwas Hundescheiße, die ja überall auf der Straße liegt. Dann schiebt man das Papier vorsichtig unter die Hundescheiße und trägt es vor das Haus des blödesten Nachbarn. Zum Beispiel zu dem, der sich Silvester immer beschwert, daß man schon vor sechs Uhr mit Knallern rumwirft. Schließlich steckt man das Papier an, drückt auf die Klingel und verzieht sich. In neun von zehn Fällen ist der Erfolg garantiert. Der Nachbar reißt die Tür auf und fängt sofort an, das Feuer auszutreten und in der Hundescheiße herumzuspringen. Wir haben uns dann immer weggeschrien.

Manchmal, wenn uns langweilig war, hockten wir uns auch ins Gebüsch und rauchten eine. Dabei spielten wir ein Spiel, das wir uns ausgedacht hatten. Die Zigarette ging reihum. Jeder nahm einen Zug, bis die Asche lang und länger wurde. Bei dem sie runterfiel, der hatte verloren und mußte zwanzig Pfennig zahlen.

Zu Hause rauchte ich nur einmal. Aus Neugier steckte ich mir eine Zigarette meines Vaters an. Er rauchte ein echtes Hammerkraut, fünfzehn bis zwanzig Zigaretten am Tag. Mir wurde so schlecht, daß ich dachte, ich falle um, und Sternchen sah ich auch. Hinterher mußte ich kräftig das Klo auslüften. Es hätte auch richtig Streß gegeben, wenn meine Eltern mich beim Rauchen erwischt hätten.

Bei den Lehrern hatte ich schon früh meinen Ruf weg. Einige machten sich echt Sorgen um mich. »Was soll bloß aus dir werden?« fragten sie mich. »Willst du keinen ordentlichen Abschluß haben?«

»Keine Sorge«, sagte ich. »Ich mach das schon. Ich werde Fußballspieler.«

Natürlich glaubten sich mir nicht und ließen mich nachsitzen und Aufsätze schreiben. Vier blaue Briefe kriegte ich in meiner Schulzeit, den letzten, weil ich einen Freund nicht verpfeifen wollte. Er hatte einer Lehrerin im Treppenhaus auf den Kopf gespuckt. Sie bemerkte es sofort, riß den Kopf hoch und entdeckte nur noch mich.

»Stefan, du hast mir auf den Kopf gespuckt.«

»Nein, das war ich nicht.«

»Wer war es dann?«

»Das kann ich nicht sagen.«

»Na, wenn du es nicht sagen kannst, dann warst du es wohl selbst. Das hat Folgen.«

Tolle Logik, dachte ich. Wenn ich nicht sage, wer es war, bin ich es selbst gewesen.

Die Lehrerin holte unseren Direktor, der mir schon häufiger eine Standpauke gehalten hatte.

»Du hast meiner Kollegin nicht auf den Kopf gespuckt?« fragte er. Immerhin hielt er mich nicht gleich für schuldig.

»Nein, das war ich nicht.«

»Wer war es dann?«

Ich schüttelte den Kopf. »Das werde ich nicht sagen.«

»Auch wenn es ein Freund von dir war, mußt du es uns sagen.« Er versuchte es auf die sanfte Tour, aber damit kam er bei mir auch nicht weiter. Eher hätte ich mir die Zunge abgebissen, als meinen Freund zu verraten.

Der blaue Brief kam, doch meine Mutter beließ es bei einer leisen Ermahnung. Ich hatte schließlich nicht meinen Freund verpfiffen. Das gefiel auch ihr.

Der rasende Bote und Tannen in Flammen

Geld war bei uns zu Hause immer knapp. Meine Eltern wußten, was die Mark wert war und wie hart sie dafür arbeiten mußten. Mein Vater arbeitete auch oft am Wochenende, half da und dort aus. Wenn ich mal ins Kino wollte, kriegte ich immer soviel Geld, wie ich brauchte, aber sonst war nicht viel drin. Also besorgten mein Bruder und ich uns schon früh einen eigenen Job. Mit dreizehn fing ich an, mittags nach der Schule das *Hamburger Abendblatt* auszutragen. Das bedeutete: Zeitungen holen, sie in die grüne Satteltasche auf mein Rad packen und die drei, vier Straßen hinter unserem Haus abfahren. Das dauerte so jeden Tag eine Stunde, brachte aber 120 Mark im Monat. Einmal, an einem Montag, entdeckte mich einer meiner Lehrer beim Austragen des *Abendblatts*. Ausgerechnet an diesem Tag war ich nicht in der Schule gewesen, weil ich am Samstag Konfirmation gehabt hatte. Ich hatte gedacht, ich hätte wegen dieser Feier noch frei gehabt. Hatte ich aber gar nicht! Der Lehrer rannte sofort zu meinen Eltern und schwärzte mich als Schulschwänzer an, aber auch sie erzählten ihm, daß sie der Meinung waren gewesen, ich hätte am Montag nicht in die Schule gehen müssen.

Nach meiner Konfirmation konnte ich die Tour auf einem Motorrad machen, einer 80er Honda MT 8. Ich hegte und pflegte die Maschine. Echt übertrieben. Sie hatte 1250 Mark gekostet, damals ein Vermögen. Die letzten 200 Mark, die mir fehlten, hatte mir meine Mutter zugeschossen. Ständig bastelte ich an der Maschine herum. Es gab eine todsichere Methode, damit sie schneller lief: Man mußte den Auspuff abschrauben und ihn richtig ausbrennen. Dann wurde das Rohr frei, und die Maschine zog besser. Also schüttete ich ordentlich Benzin hinein und steckte es an. Dreimal machte ich das, aber beim letztenmal irgendwie zu gut. Plötzlich stand meine Hose – ausgerechnet eine Bayern-Hose – in Flammen. Und die Tanne unseres Nachbarn brannte auch noch, weil ich den Kanister in meiner Panik in den Baum geschmissen hatte! Das Teil war sein ganzer Stolz. Er hatte die Tanne selbst ge-

Modisch gekleidet zur Konfirmation, 1984

pflanzt, und nun war sie fast drei Meter hoch. Aber natürlich dachte ich nicht an die brennende Tanne, sondern erst mal an mich selbst. Ich hatte alle Mühe, die Flammen auf meiner Hose zu ersticken, und war froh, daß ich überhaupt noch lebte. Gott sei Dank hatte ich mich nicht ernsthaft verbrannt.

Die Tanne aber war hinüber, total abgefackelt. Der Nachbar machte einen Heidenaufstand und wollte seinen Baum ersetzt bekommen. Mein Vater redete mit unserer Versicherung und pflanzte ihm dann einen neuen. Das mit dem Auspuff-Ausbrennen ließ ich danach bleiben, und Tannen brannten auch nicht mehr ab.

Bekloppt vor dem Fernseher

Je älter ich wurde, desto intensiver begann ich zu trainieren. Eigentlich verbrachte ich jede freie Minute beim Bolzen, und wenn es regnete oder schneite, betete ich schon am Montag, daß unser Spiel am Wochenende nicht ausfallen würde.

Mit ungefähr dreizehn hatte ich gehört, daß die Profis Waldläufe machten, also fing ich auch an, ganz allein ein-, zweimal pro Woche wie ein Irrer durch den Wald zu laufen. Ich war sogar so durchgeknallt, daß ich morgens vor der Schule nicht im Bus saß, sondern zur U-Bahn sprintete. So richtig den Ranzen auf dem Rücken und meinen Kinohelden Rocky vor Augen. Außerdem trainierte ich fast jeden Nachmittag, wenn ich niemanden fand, der mit mir Fußball spielen wollte, an der riesigen Außenwand unserer Turnhalle, egal, ob es naß oder kalt oder sonstwas war: den Ball gegen die Wand geworfen und zehnmal rechts, zehnmal links zurückgeschossen oder den Ball erst mit der Brust gestoppt und dann kontrolliert zurückgeschoben. Zum Glück war ich da so allein, daß mich niemand sah und für total bescheuert halten konnte.

Oft spielten wir auch mit einem Volleyball, den wir uns aus unserer Schule ausliehen, ohne allerdings jemanden zu

Victoria Hamburg – der Beginn einer großen Karriere, 1982

fragen. Da kannten wir einen absolut guten Trick: Nach dem Sportunterricht ließen wir einfach die Tür zum Geräteraum nur angelehnt. Nachmittags konnten wir uns dann einen Volleyball holen und ein paar Stunden damit kicken. Ein geiles Gefühl, weil der Ball viel weicher war als normale Fußbälle. Hinterher brachten wir ihn wieder zurück und machten die Tür richtig zu. Das kriegte nie jemand mit. Wir hatten mit dem Volleyball auch ein besonderes Spiel erfunden: Einer war im Tor, einer schlug die Flanken, und im Strafraum durfte man nur köpfen. Wer danebenköpfte, mußte ins Tor. Selten, daß ich da mal verlor und in den Kasten mußte.

Während Frank, mein Bruder, der eigentlich viel talentierter war als ich, sich mehr und mehr für Mädchen und Diskos interessierte, war das alles für mich tabu. Ich hatte ja den *Playboy* … Mein Ehrgeiz zahlte sich bald aus. Im

Verein kamen die Dinge immer besser ins Rollen. Als ich fünfzehn war, meinte mein Trainer Rolf Paulsen, daß ich allmählich für die Hamburger Jugendauswahl in Frage käme. Ich wurde dann auch zu einer Sichtung für die Mannschaft eingeladen, die Hamburg bei dem jährlichen Länderpokal des DFB in Duisburg vertreten sollte. Über zweihundert Jugendliche hatte man zusammengetrommelt, die zeigen sollten, was sie drauf hatten. Schließlich blieben zwanzig übrig – und ich war dabei.

Wir spielten in Duisburg auch gar nicht schlecht, und drei Spieler aus der Hamburger Auswahl wurden für die U-15-Nationalmannschaft nominiert. Doch mich hatte keiner auf dem Zettel, dafür aber meinen besten Kumpel Ralf Jester. Er war ein echter Linksfuß, spielte Linksaußen und sollte für Deutschland in Berlin gegen England auflaufen. Ich hatte mir die Seele aus dem Leib gerannt, aber alles umsonst. Später saß ich zu Hause auf dem Sofa. Das Spiel wurde um die Mittagszeit im Fernsehen übertragen. Deutschland gewann 4:1, und Ralf, der vom Bramfelder SV kam, schoß sogar ein Tor. Ich wurde beinahe bekloppt, wie er so groß in der Glotze zu sehen war. Ralf war ein Guter, keine Frage, doch ich war keinen Deut schlechter. Das wollte ich auch – in so einem tollen Stadion spielen, im Fernsehen zu sehen sein und den Adler auf der Brust tragen.

Im Jahr darauf, beim nächsten Länderpokal 1985 in Duisburg, legte ich mich noch stärker für unsere Hamburger Auswahl ins Zeug. Ich wurde sogar Kapitän der Mannschaft, doch Ralf, der später immerhin kurzzeitig beim HSV spielte, war mir immer einen Schritt voraus. Er wurde U-15-, U-16-, U-17-Nationalspieler, während ich ein Niemand blieb. Null Einsätze für die U 15, null Einsätze für die U 16. Schließlich bekam er, weil er zig

Länderspiele hatte, auch noch die Kapitänsbinde. Ich war echt angefressen.

Richtig schlimm wurde es, als ich dann mit knapp sechzehn zu Ralfs Club, den Bramfelder SV, wechselte, was bedeutete, bei Wind und Wetter statt zwölf nun vierundzwanzig Kilometer mit der 80er zum Training zu fahren.

Bramfeld hatte zu der Zeit die beste Jugendmannschaft Hamburgs, besser noch als der HSV oder St. Pauli. Tolle Leute spielten da, viele Jugendnationalspieler wie Walter Laubinger, der später Profi beim HSV wurde. Statt den Durchbruch zu schaffen, saß ich ein Jahr fast nur auf der Bank. Von dreißig Spielen machte ich vielleicht drei von Anfang an mit. Die anderen waren mir einfach in jeder Beziehung voraus, ob körperlich oder technisch. Da hatte ich keine Chance, auch wenn der Trainer mir immer wieder Mut machte und völlig in Ordnung war. Nach einem Jahr holte ich mir meinen Spielerpaß wieder ab und kehrte zu Victoria zurück. Ich war tierisch enttäuscht, aber dann sagte ich mir: »Okay, das war's nicht. Dann mußt du es eben anders schaffen.«

Auf dem letzten Turnier in Duisburg im Frühjahr 86, das ich mit der Hamburger Auswahl mitspielen durfte, bevor ich zu alt wurde, sah ich meine letzte Chance. Vorher hatte Hamburg gegen Bundesländer wie Bayern, Niedersachsen, Schleswig-Holstein keine Schnitte gehabt, doch nun konnten wir unsere Gegner richtig aufmischen. Völlig unerwartet gewann Hamburg das Finale 3:2 gegen den Niederrhein. Nach dem Turnier kam unser Trainer Günter Grothkopp und rief uns zusammen, um uns mitzuteilen, wer zum Lehrgang der Jugendnationalmannschaft eingeladen worden war. Fünf Mann von uns waren dabei, viel mehr als sonst.

Endlich, dachte ich, endlich bist du auch im Kader, genau wie Ralf Jester. Doch mein Name fiel wieder nicht.

Berti Vogts, der mit seinen Spähern für die Sichtung der Jugendauswahl zuständig war, hatte mich nicht nominiert. Unser erster Kontakt war ein Reinfall, ein absoluter Nicht-Kontakt.

Für mich brach trotz unseres Sieges eine Welt zusammen. Ich war richtig gut gewesen, total überzeugt von meiner Leistung. Was war mit Vogts und den Spähern? Hatten die etwa Tomaten auf den Augen? Mein Plan, Fußballprofi zu werden, war schon über den Haufen geworfen, noch ehe ich den ersten richtigen Schritt gemacht hatte. Ich würde mich anders orientieren müssen. In Hamburg bei einem Spiel vor 124 Zuschauern würde mich garantiert keiner entdecken. Drei Versuche hatte ich beim Länderpokal in Duisburg gestartet, dreimal war die Sache vergebens gewesen. So eine Bühne würde ich nicht noch einmal bekommen.

Meine Eltern versuchten mir über meine Enttäuschung hinwegzuhelfen. »Ihr habt das Turnier gewonnen«, sagten sie. »Das erste Mal, daß Hamburg gewonnen hat.«

»Klar«, sagte ich, »eine Supersache, und trotzdem ...«

Vier Tage nach dem Turnier in Duisburg rief meine Mutter mich am Abend ans Telefon: »Stefan, komm mal runter. Da will dich jemand sprechen!«

»Wolf Werner, Borussia Mönchengladbach«, meldete sich eine Stimme am anderen Ende der Leitung. »Co-Trainer von Jupp Heynckes. Stefan, wir haben dich in Duisburg gesehen und waren begeistert von deinem Auftreten.«

Moment mal! dachte ich. Da will dich einer verarschen. »Herr Werner oder wie Sie heißen, können Sie mir Ihre Nummer geben, dann rufe ich Sie gleich zurück.«

Werner schmunzelte und gab mir, ohne zu zögern, seine Nummer. »Aber gib sie bloß an niemanden weiter«, meinte er noch.

Konnte es wirklich sein, daß mich der Co-Trainer von Mönchengladbach anrief? Neben Bayern München war ausgerechnet die Borussia meine Lieblingsmannschaft. Aber vielleicht hatte ja doch ein Späher gesehen, was ich draufhatte.

Mit feuchten Fingern wählte ich die Nummer.

Ich war baff. Es war wohl keine Verarschung. Werner war sofort dran. »Du bist aber mißtrauisch, Junge«, sagte er und kam gleich zur Sache. »Wir wollen dich zum Probetraining einladen. Nächste Woche von Montag bis Freitag.«

Wahnsinn! Ein Traum ging in Erfüllung – und ich hatte ein Problem: Denn zu dieser Zeit machte ich eine Lehre bei der Post. Das bedeutete eigentlich Berufsschule und diesen ganzen Kram. Ich mußte mich für eine Woche freistellen lassen, bevor ich mit der Bahn nach Mönchengladbach fahren konnte. Zum Glück machte mir die Post keine Scherereien, im Gegenteil, sogar meine Lehrer waren stolz, daß ich diese Einladung erhalten hatte. Am Bahnhof wurde ich abgeholt und ins *Hotel Tannenhof* gebracht, das einen Steinwurf vom Stadion Bökelberg entfernt lag. Insgesamt vier Jugendspieler hatte die Borussia zum Probetraining eingeladen.

Zu sagen, ich war nervös gewesen, wäre hoffnungslos untertrieben. Als ich abends im Hotel hockte, dachte ich voller Ehrfurcht: Morgen siehst du Frontzeck, Kamps, Bruns, Hochstätter, Criens, die Topspieler von Mönchengladbach. Dann putzte ich meine Fußballschuhe und polierte sie auf Hochglanz. Ich wollte unbedingt einen guten Eindruck hinterlassen; ein Koch kommt schließlich an seinem ersten Tag auch nicht mit einer schmutzigen Schürze zur Arbeit. Bereits um acht Uhr lag ich im Bett. Ich schlief prima. Wenn ich mich einmal zu etwas entschlossen habe, dann mache ich mir darüber nicht mehr so viele Gedanken. Das ging mir auch später so. Dann heißt es nur noch: nicht denken, sondern machen.

Am Montagmorgen war ich trotzdem ziemlich verschüchtert. Ich stand in der Kabine der Profis. Wo sollte ich mich hinsetzen? Noch waren nicht alle da, aber natürlich hatte ich Angst, irgend jemandem seinen Stammplatz wegzunehmen. Ewald Lienen, damals Linksaußen der Borussia, hatte Mitleid und half mir aus der Klemme. »Setz dich da rüber«, sagte er zu mir, »da sitzt sonst keiner.«

Trikot und Hose hatte der Zeugwart für uns Probespieler zurechtgelegt, jedoch keine Stutzen. Als ich meine eigenen anziehen wollte, half mir wieder Ewald Lienen: »Da drüben ist 'ne Kiste. Da liegen die ganzen Stutzen drin. Die kannste anziehen.«

Beim Training gab ich dann richtig Gas und riß mir den Arsch auf, obwohl das Ganze tierisch anstrengend wurde. Die anderen guckten mich alle zuerst einmal blöde an. Ich spielte nicht in Nocken wie viele andere, sondern hatte mir die längsten Stollen der Welt druntergeschraubt. Ich dachte: Alles klar, die Borussia trainiert auf Rasen, dann sind Stollen angesagt.

Während die anderen Probespieler am Abend schön in die Stadt fuhren, um sich ein Bierchen zu genehmigen, blieb ich hübsch im Hotel. Ich rief meine Eltern an, die natürlich von mir hören wollten, wie es bei mir lief, und ging auch in den nächsten Tagen nie nach neun Uhr ins Bett, um am nächsten Morgen wieder fit zu sein. Ich wußte genau: Diese fünf Tage entscheiden dein Leben. Hier steht deine Zukunft auf dem Spiel. Für die anderen war ich der Arsch, daß ich nicht mitkam, aber ich dachte mir: Sollen sie ruhig in die Altstadt laufen und lecker Bierchen trinken, ich will morgen Leistung bringen. Das ist mir wichtiger.

Am zweiten Tag hatte ich dann mein persönliches Erlebnis mit Michael Frontzeck, zu der Zeit ein absoluter Star, linker Verteidiger in der Nationalmannschaft. Als ich auf dem Weg zum Stadion war, bremste er am Straßenrand und nahm mich zum Training mit. Ich war baff über so viel Freundlichkeit. Überhaupt waren alle Borussia-Spieler absolut okay. Besonders die älteren kümmerten sich um uns junge. Manchmal kam Uwe Rahn zu mir und fragte: »Na, wie gefällt es dir bei uns? Kommst du klar?« Das gefiel mir. Ich mußte oft daran denken. Auch ich versuche heute immer, jungen, neuen Spielern zu helfen, um ihnen den Start ins Profileben leichter zu machen.

Nach dem letzten Training am Freitag wurden wir vier Probespieler gegen zwölf Uhr in die Geschäftsstelle beordert. Der Moment der Entscheidung! Helmut Grashoff, der Manager, ein ewiger Pfeifenraucher, Jupp Heynckes, der Cheftrainer, und Wolf Werner saßen da zusammen und riefen die Spieler einzeln zu sich. Wie Patienten beim Arzt hockten wir vor der Tür. Der erste kam mit hängendem Kopf wieder raus: »Ich werde hier nicht genommen.« Der zweite und der dritte durften im nächsten Jahr noch einmal wiederkommen. Ich war als letzter dran. Mit weichen Knien und feuchten Händen ging ich ins Besprechungszimmer.

Jupp Heynckes redete als erster: »Wir sind sehr mit dir zufrieden. Du hast das in diesen fünf Tagen ganz toll gemacht. Wir möchten dir einen Profivertrag geben.«

Ich wäre am liebsten in die Luft gesprungen. Geil, dachte ich, ein Profivertrag! Der Anfang war gemacht.

»Im Sommer kommst du nach Gladbach, trainierst bei den Profis und spielst noch ein Jahr in der A-Jugend und machst deine Ausbildung bei der Post fertig«, sagte Helmut Grashoff. Der Manager wollte unbedingt, daß ich meine Lehre abschloß. »Wir schließen einen Vertrag für vier Jahre. Für das Jahr vorher in der A-Jugend kriegst du ein Sparbuch mit 5000 Mark. Danach bekommst du als Profi 3000 Mark Grundgehalt im Monat und eine Jahresleistungsprämie von 25 000 Mark.«

Staunend sah ich ihn an. Ich hab's geschafft, war mein nächster Gedanke, ich bin reich. 5000 Mark als A-Jugend-Spieler, dafür mußte ich drei Jahre lang das *Hamburger Abendblatt* austragen. Und dann 25 000 Mark Prämie als Profi! Eine Steigerung war im Vertrag nicht vorgesehen, aber das störte mich damals überhaupt nicht. Das Geld war mir egal. Ich wollte vor allen Dingen Fußball spielen.

Stolz wie Oskar fuhr ich nach Hause. Ich hatte mein erstes Ziel erreicht. Noch ein Jahr und dann würde ich Bundesligaprofi sein. Ich rannte sofort zur Berufsschule und schrie mein Glück heraus: »Mich seht ihr hier nicht mehr wieder! Ich werde Profi!« Ich war natürlich sofort der Held überhaupt. Ein Unterricht fand nicht mehr statt; ich hatte an diesem Tag das Sagen. Wem hatte ich die Hand geschüttelt, was war der Trainer für ein Typ, wie waren die Spieler drauf – ich mußte einfach alles erzählen.

Gewissermaßen als Auszeichnung, weil ich diesen Vertrag bei Borussia bekommen hatte, ließen mich die Leute bei Victoria Hamburg meine letzten Spiele in der Verbandsliga bei den Herren machen. Obwohl ich nur eingewechselt wurde, war das für einen Siebzehnjährigen eine Riesengeschichte.

Der Vertrag mit Mönchengladbach wurde dann bei uns zu Hause geschlossen. Mein Mutter putzte vorher stundenlang das Haus und rannte extra in die Stadt, um den besten Kuchen zu besorgen, den es bei uns nicht einmal an

Seite 16 – Nr. 105 – Hamburger Abendblatt — Sport — Mittwoch/Donnerstag, 7./8. Mai 1986

Traum eines Jungfußballers

Ein Hamburger Junge (16) wird Profi bei Borussia Mönchengladbach

Von Wolfgang Helm

Hamburg – Hamburg verliert ein weiteres Fußball-Talent: Stefan Effenberg, 17 Jahre alter A-Jugend-Spieler des SC Victoria, wechselt für drei Jahre zum ehemaligen Deutschen Meister Borussia Mönchengladbach. Im Elternhaus des Auswahlspielers in Niendorf wurden sich Effenberg und Gladbachs Manager Helmut Grashoff, der nur in dieser Angelegenheit für einige Stunden in die Hansestadt gejettet kam, rasch einig: Der junge Hamburger soll pro Saison rund 70 000 Mark verdienen.

Den Moment, als er seine Unterschrift unter das Schriftstück setzte, wird Stefan Effenberg so schnell nicht vergessen. „Es war ein einzigartiges Glücksgefühl", beschreibt der 17 Jahre alte A-Jugend-Fußballer des SC Victoria, der nun in den kommenden drei Jahren das blau-gelbe Trikot seines Stammvereins gegen das berühmtere grün-weiße der Gladbacher eintauschen wird, seine Empfindungen.

Ende Juli wird er seine Siebensachen packen und unten am Niederrhein bei seinen Pflegeeltern, die einst auch den jungen Allan Simonsen betreuten, ein neues Zuhause beziehen. Ein Jahr lang, so ist es im Vertrag festgehalten, soll das Mittelfeldtalent noch in der Gladbacher A-Jugend spielen, danach für zwei Jahre in den Profi-Kader übernommen werden. Mit einem Gehalt von rund 70 000 Mark pro Jahr hat ihm Grashoff den Wechsel schmackhaft gemacht.

Aufmerksam waren die Gladbacher Ende März auf ihn geworden, als er zusammen mit der Hamburger A-Jugend-Auswahl Länderpokalsieger in Duisburg wurde. Schon drei Wochen später hatte dann ein viertägiges Probetraining bei den Borussen stattgefunden, „und da muß ich wohl überzeugt haben", so Stefan, „sonst hätten sie mich doch nicht genommen, oder?"

„Der Junge wird seinen Weg machen", glauben die Eltern. „Er raucht nicht, trinkt nicht, arbeitet hart an sich." Vater Dieter Effenberg war zwei Jahrzehnte lang selbst ein bekannter Libero und Torhüter beim SC Victoria. Ehefrau Margrit achtete darauf, daß ihr Sohn in Mönchengladbach seine Ausbildung bei der Bundespost beenden kann: „So ist für die Zukunft des Jungen gesorgt."

Den Namen Effenberg wird in der Zukunft also Stefans Bruder Frank bei Victoria allein hochhalten müssen. Er gehört zum Liga-Kader der ersten Mannschaft. Trainer Dieter Schiller, dem auf diese Weise ein Talent für seine Mannschaft entgeht, hat jedoch volles Verständnis: „Stefan soll seine Chance nutzen."

Für Stefan steht fest, daß er den richtigen Weg gegangen ist: „Hier in Hamburg beim HSV, da haben sie mit jungen Leuten doch nicht so viel Geduld. Außerdem habe ich vom HSV ja auch noch nichts gehört. Wenn ich aber den Sprung in die Bundesliga schaffen will, dann muß ich es jetzt versuchen. Mit 20 oder 21 ist es vielleicht zu spät." Für seinen Traum, Bundesliga-Profi zu werden, gibt Stefan alle Freunde und ein gesichertes Zuhause auf. „Aber ich werde dort unten neue Freundchaften schließen", meint er. Und die Eltern werden ihn so häufig wie möglich besuchen.

Gerade ist der Profivertrag mit Gladbachs Manager unterzeichnet worden: Stolz präsentiert Stefan Effenberg zusammen mit seinen Eltern Dieter und Margrit das Schriftstück — Foto: BERGMANN

Geburtstagen gab. Helmut Grashoff, der ja selbst Hamburger war, kam mit seinem Köfferchen zu uns hochgeflogen. Man kannte ihn aus dem Fernsehen, von der Gladbacher Trainerbank, und nun saß er bei uns am Tisch. Auch mein Vater war ziemlich stolz. Ich unterschrieb beim Kaffeeklatsch. Mit dem Vertrag in der Hand mußte ich mich danach für ein Foto auf unserer Terrasse aufstellen. Das Bild erschien am nächsten Tag im *Hamburger Abendblatt*, ausgerechnet in der Zeitung, die ich jahrelang ausgetragen hatte.

2. HOCH HINAUS AM BÖKELBERG
Profi bei Borussia Mönchengladbach

Nach der Freude trat jedoch schnell die Ernüchterung ein, oder besser gesagt, das Heimweh. Meine Eltern und ich fuhren mit dem Auto nach Mönchengladbach, doch als sie sich wieder auf den Heimweg machten, wurde mir schon mulmig zumute. Ich war gerade siebzehn Jahre alt und heulte Rotz und Wasser, weil ich nun allein in einer fremden Stadt dastand. Sogar später im Bus, als ich mit den Profis zu einem Vorbereitungsspiel fuhr, kamen mir vor der ganzen Mannschaft die Tränen. Ich heulte vor der Truppe richtig los. Jupp Heynckes nahm mich in den Arm. »Komm, Junge«, sagte er. »Denke daran, daß du es hier schaffen kannst. Deine Eltern sind doch nicht aus der Welt!« Auch einige der älteren Spieler wie Hochstätter, Bruns und Rahn kümmerten sich um mich, redeten mir gut zu und bauten mich wieder auf.

Jupp Heynckes versuchte mich auch noch auf eine andere Weise zu motivieren. Einmal kam er nach dem Training in die Dusche, sah mich an und meinte: »He, paß auf, daß du nicht zu nah an den Abfluß kommst. Sonst rutschst du da noch durch.« Alles klar. Ich verstand den Hinweis. Fußball war ein Kampfsport, da mußte man es nicht nur in den Beinen haben. Ich war viel zu dünn und schmächtig, um mit richtigen Bundesligaspielern mithalten zu können. Doch ich arbeitete an mir, immer wieder vom Trainer an-

Auf Heimatbesuch bei Mama Margrit und Papa Dieter, 1989

gefeuert: »Du mußt mehr machen«, sagte er ständig. »Du hast den Willen und die richtige Aggressivität, doch geh nachher noch mal in den Kraftraum und häng dich richtig rein.«

Mit der Zeit spürte ich, daß der Abstand zu den Profis geringer wurde. Sie waren gut, keine Frage, aber ich hatte auch meine Klasse, und ich würde weiter trainieren und es schaffen.

Trotzdem war das Jahr als A-Jugendlicher richtig hart. Jede Gelegenheit nutzte ich, um nach Hause zu fahren, so sehr vermißte ich meine Familie in Hamburg. Mindestens ein- bis zweimal die Woche warf ich mir meine schmutzige Wäsche in den Wagen und bretterte mit meinem weißen Opel Kadett 1,3 die Autobahn hinauf Richtung Norden. Zum Glück hatte ich bereits drei Wochen vor meinem achtzehnten Geburtstag den Führerschein bekommen und durfte schon als Minderjähriger Auto fahren.

Neben dem Training mußte ich meine Lehre als Dienstleistungsfachkraft bei der Deutschen Post weiterführen. Die Hindenburgstraße, die größte Geschäftsstraße von Mönchengladbach, war mein Revier, da mußte ich Briefe austragen. Ausgerechnet in dieser Straße feierten wir 1995 unseren Pokalsieg. Allerdings hatte ich als Postbote einen sehr gnädigen Kollegen. Ich mußte zwar um halb sechs antanzen, mich sehen lassen und Briefe sortieren, aber um halb acht, wenn wir auf unsere Runde gingen, ließ er mich meistens nach Hause verschwinden, damit ich mich vor dem anstrengenden Nachmittagstraining mit den Profis noch einmal aufs Ohr legen konnte. Im Innendienst jedoch gab es kein Pardon: Da hatte ich den kompletten, langweiligen Dienst zu schieben. Ich glaube, ich habe bestimmt tausend Kilo Briefe gestapelt. Die anderen konnten trainieren, und ich mußte unzählige Briefe stempeln und sortieren. Grauenvoll, aber getan!

Tante Titti und das Gassigehen

Fußballinternate wie heute gab es damals, im Sommer 1986, noch nicht. Die Jugendspieler, die von auswärts geholt worden waren, wurden von Borussia bei Tante Titti untergebracht, einer resoluten älteren Dame, bei der ich mich aber nie so richtig wohl fühlte. Das war nicht meine Welt. Das Haus war uralt und ebenso uralt eingerichtet.

Außer mir wohnte nur Herbert, ein Amateurspieler, bei Tante Titti. Er war ihr erklärter Liebling, während sie sich mit mir schwertat. Tante Titti führte ein hartes Regiment, das heißt, wir mußten ordentlich im Haushalt mitarbeiten und sollten uns nicht wie in einem Hotel oder einer Pension fühlen. Jeden zweiten Abend drückte sie mir ihren Pudel auf, damit ich mit der Töle Gassi ging, was ich immer äußerst ungern tat. Meistens spazierte ich nur um die nächste Ecke, ließ den Pudel da kräftig abladen und kehrte sofort wieder zurück.

Herbert war ein echter Schleimer. Er hockte händchenhaltend mit Tante Titti auf dem Sofa und guckte allabendlich mit ihr in die Glotze. Ich verzog mich lieber auf mein Zimmer: Da stand zwar kein Fernseher, aber ich hatte wenigstens meine Ruhe und konnte Briefe an meine Eltern und Geschwister schreiben. Während ich mich nach einer eigenen Wohnung sehnte, wollte Herbert gar nicht weg. Er durfte auch mehr als ich. Zum Einkaufen bekam er den Mercedes von Tante Titti, ich hingegen mußte mit meinem alten Opel losschaukeln, den ich von meinem ersten Geld geleast hatte. Zum Geburtstag kriegte Herbert von Tante Titti einen nagelneuen Golf geschenkt; für mich hatte die gute Tante gerade einmal einen warmen Händedruck übrig.

Aber trotz des Heimwehs kam mir niemals der Gedanke, alles hinzuschmeißen. Im Gegenteil, ich wollte mich durchbeißen.

Einen Klotz konnte ich mir dann endlich am Ende meines Jahres in der A-Jugend vom Bein schaffen: meine Ausbildung bei der Post. Ehrlich gesagt, hatte ich so richtig keinen Bock mehr auf den Job. Warum, fragte ich mich immer wieder, muß ich diese verdammte Ausbildung fertig machen, wo ich doch einen Profivertrag in der Tasche habe? Die Antwort war einfach: weil meine Eltern und Grashoff, der Manager von Borussia, darauf bestanden. Irgendwie hatten sie natürlich recht. Wenn mir etwas passieren würde, hätte ich wenigstens einen beruflichen Abschluß. Ohne Fußball wäre ich dann wahrscheinlich

Paketzusteller geworden – im Außendienst! Denn mit einem Chef im Nacken wäre ich verrückt geworden.

Die Prüfung zur Dienstleistungsfachkraft hätte ich auch um ein Haar in den Sand gesetzt. Es wurde eine Katastrophe. Obwohl ich in den sechs Stunden Prüfung ungefähr vierundsechzig Mal zum Klo rannte, um meine Spickzettel nachzuschauen, nutzte mir das alles herzlich wenig. Mit 50 Punkten wäre man durchgefallen; mir gaben die Lehrer 53 Punkte – von meinem eigenen Gefühl hätte ich nicht einmal 40 Punkte verdient gehabt –, sie drückten wohl beide Augen zu, weil sie wußten, daß sie mich nun los waren.

Endlich Bundesliga

Im Sommer 1987 machte ich drei Kreuze: Endlich konnte ich bei Tante Titti ausziehen und mir eine eigene Wohnung in der Nähe vom Bökelberg nehmen: Schlafzimmer, Wohnzimmer, Küche, Bad, mehr brauchte ich nicht. Dann begann meine erste Vorbereitung bei den Profis. Jupp Heynckes war mittlerweile zum FC Bayern abgewandert, und Wolf Werner, der frühere Co, war unser Trainer geworden. Wir fuhren in die Nähe von Karlsruhe in die Sportschule Schöneck und zogen das komplette Programm durch. Ein echter Schlauch für einen Achtzehnjährigen, der gerade aus der Jugend kam. Anfangs war ich auch nicht im Kader, sondern mußte mir die Bundesligaspiele von der Tribüne aus ansehen.

Aber die Durststrecke war recht kurz. Im Herbst 87 wurde ich erstmals aufgeboten. Vor dem Europapokalspiel gegen Español Barcelona sagte mir der Trainer nach dem Training im Bus: »Du nimmst morgen deine Klamotten

Endlich Profi, 1987

mit. Du fliegst mit nach Spanien. Kannst dir mal anschauen, wie das international so läuft.«

Ich war absolut happy. Es ging voran. Das war der Lohn, daß ich echt geackert und mich im Training rein gehängt hatte. Ich wurde zwar nicht eingesetzt, doch die Freude, endlich dabei zu sein, war riesengroß. Leider verloren wir das Rückspiel in Barcelona und schieden damit aus dem Europa-Cup aus.

Am 21.11.1987 machte ich mein erstes Bundesligaspiel. Die Borussia spielte zu Hause gegen Kaiserslautern. Wir führten 1:0, aber die Partie stand auf des Messers Schneide. Besonders nach vorne lief bei uns nicht mehr viel.

Plötzlich kam das Zeichen von Wolf Werner. »Stefan, zieh dich um. Du kommst jetzt rein.«

Klasse, dachte ich. Jetzt ist es endlich soweit. Auf der Bank zu sitzen und nur zuzugucken, wie das Spiel sich mehr und mehr drehte, war nicht mein Ding gewesen.

Wolf Werner nahm mich beiseite. »Spiel einfache Bälle«, sagte er, »und sei nicht nervös. Ich vertraue dir.« Dann schickte er mich aufs Feld. Es waren noch ein paar Minuten zu spielen.

Sofort gelangen mir drei, vier gute Aktionen, und dann gegen Ende leistete ich mir noch ein gefährliches Ding. Über zehn, zwölf Leute spielte ich den Ball zu unserem Torwart zurück. Damals gab es die Rückpaßregel für die Torhüter noch nicht. Eine Aktion nichts für schwache Nerven. Wenn es schiefgegangen wäre, hätte man mich wahrscheinlich am nächsten Laternenpfahl aufgeknüpft. Wir retteten schließlich das 1:0 über die Zeit. In der *Rheinischen Post* hieß es danach: »Effenberg hätte eine Chance verdient! Er könnte eigentlich von Anfang spielen – auch wenn er noch jung ist …«

Bei der nächsten Partie gegen Bochum stand ich dann in der Anfangsformation: Ich trug die Nummer 6 auf dem Rücken und spielte im defensiven zentralen Mittelfeld, genau die Position, die ich seit Jugendzeiten innehatte. Endlich war ich am Ziel: Ich war Bundesligaprofi, und diese Position würde ich mir auch nicht mehr nehmen lassen. Dazu war ich fest entschlossen. Am 7.5.1988 schoß ich dann beim 4:2 gegen Hannover mein erstes Bundesligator. Auch wenn die Saison 87/88 für die Borussia eher mittelmäßig verlief – ich hatte mich als Stammspieler etabliert.

Uwe Rahn hat eine Schrankwand

In Gladbach hatte ich mehrere Wohnungen. In keiner hielt ich es länger als ein Jahr aus. Als Uwe Rahn aus seiner Wohnung auszog, hob ich gleich den Finger. »Ich will die haben«, sagte ich zu ihm.

Die Wohnung lag einen Steinwurf vom Bökelberg entfernt. Das zumindest war günstig. Sie war allerdings klein und wurde immer dunkler, je weiter man in die hinteren Räume kam. Ich glaube, viel mehr als ein oder zwei Fenster hatte die Wohnung gar nicht. Sie war nicht gerade das Gelbe vom Ei. Ich nahm sie aber trotzdem.

Uwe Rahn war zu der Zeit eine große Nummer in Gladbach, er war sogar Fußballer des Jahres geworden und hatte sicher auch ein bißchen was im Portemonnaie. Trotzdem versuchte er mir seine Schrankwand zu verkaufen – so ein häßliches Teil, wie es auch bei meiner Oma hätte stehen können.

»Was willste denn dafür haben?« fragte ich ihn. Ehrlich, Bock hatte ich nicht, ihm das Monstrum abzukaufen.

»So drei-, viertausend Mark«, sagte er. »Ist doch eine tolle Schrankwand und paßt 'ne Menge rein.«

»Nee, danke. Bau das Ding mal ruhig aus.« Ich hätte gar nicht gedacht, daß ein Haufen Holz so viel Geld kosten konnte. Aber selbst wenn ich gewollt hätte – so viel Geld hatte ich gar nicht. Manche Leute glauben, daß Fußballspieler mit Geld totgeschmissen werden, aber da gibt es große Unterschiede, besonders bei den jungen Spielern. Zumindest war es früher so. Ich war damals froh, daß ich mir ein Auto leisten konnte und einigermaßen über die Runden kam.

Rahn baute seine Schrankwand dann auch aus. Keine Ahnung, was er mit dem häßlichen Ding gemacht hat. Schrankwände waren früher schon nicht mein Fall und heute schon mal gar nicht.

Jörg Neun, Rennfahrer und Kunstschütze

Im Dezember 1987 kam Jörg Neun von Waldhof Mannheim zur Borussia. Auch wenn die Geschichte von den elf Freunden, die eine Fußballmannschaft sein sollen, längst der Vergangenheit angehörte – ich bezweifle, ob es sie je gegeben hat oder ob es sie jemals geben wird –, mit Jörg verstand ich mich auf Anhieb. Wir waren nicht nur im Trainingslager immer zusammen, sondern gründeten auch eine WG. Wenn er schon ständig bei mir hockte oder ich bei ihm, konnten wir auch gleich zusammenziehen. Wir hatten eine Wohnung unterm Dach, wo es im Sommer furchtbar heiß wurde. Wir kletterten dann auf das Dach und schliefen da, so schön in der Schräge, ohne Gitter und irgendwas. Als meine Mutter das bei einem Besuch mitbekam, kriegte sie fast einen Schlaganfall. »Ihr schlaft da draußen auf dem schrägen Dach?«

»Ja, klar! Ist sehr angenehm bei der Hitze«, sagte ich.

»Ihr seid ja völlig verrückt.« Meine Mutter konnte es nicht glauben.

Von Jörg läßt sich eine Menge sagen, aber nicht, daß er ein Kind von Traurigkeit war. Und richtigen Freunden

Kochstunde mit Jörg in unserer WG, 1987

konnte er nichts krumm nehmen. Er fuhr noch aus seiner Mannheimer Zeit einen BMW Alpina, ein echt protziges Teil. Als ich mir den Wagen einmal auslieh, zerlegte ich die Kiste gleich richtig. Auf der Autobahn fuhr ich in eine Leitplanke. Totalschaden. Doch Neuner nahm mir das nicht übel. »Junge«, sagte er immer wieder, »genieß den Tag. Morgen kannst du über die Straße laufen und tot sein.« Und so lebte er auch: sehr intensiv.

Mit Jörg war es nie langweilig. Allerdings brachte uns die Art, wie wir uns die Zeit vertrieben, gelegentlich Ärger ein. Der Masseur bei Borussia war damals Charly Stock, ein guter Freund von Jupp Heynckes, der ja schon, bevor er Trainer wurde, lange als Spieler am Bökelberg gekickt hatte und nun den FC Bayern trainierte. Heynckes hatte von Opel einen wunderschönen schwarzen Jeep bekommen. In der Münchener Innenstadt konnte er den wahrscheinlich nicht gebrauchen, daher hatte er ihn an Charly verliehen oder ihm geschenkt. Nach dem Motto: »Hier, Charly, kannste ein bißchen durch Gladbach fahren und den dicken Max spielen.«

Jeder wußte, wie stolz Charly auf den Jeep war. Eines Tages, während ich auf seiner Massagebank lag und er mich durchknetete, sagte ich zu ihm: »Mensch, Charly, kannst du mir den Jeep mal leihen? Hätte echt Spaß dran, ein bißchen rumzufahren.«

Charly willigte sofort ein. »Klar, Junge, kein Problem, hier ist der Schlüssel.«

Mit dem Schlüssel rannte ich zu Neuner. Wir waren im Trainingslager. Es war Dienstagabend, morgen hatten wir ein Bundesligaspiel. »He, Jörg«, sagte ich. »Ich hab den Schlüssel für den Jeep. Komm! Abfahrt!«

Wir sprangen in die Karre und fuhren zuerst auf die Autobahn. Der Jeep lief super, kein Vergleich zu meinem Opel Kadett. Ständig wechselten wir uns am Steuer ab, mal fuhr Jörg, dann wieder ich. Wir waren ein eingespieltes Team.

Ein paar Wochen vorher hatten wir uns einen weißen Buggy gekauft und waren mit dem Teil durch Gladbach geheizt. Auf einer abgesperrten Baustelle, wo wir die Kiste mal richtig testen wollten, hatte sie allerdings den Geist aufgegeben: Achsenbruch. Nach nur zwei Tagen mußten wir den Wagen zurückbringen.

Auf der Autobahn gaben wir richtig Gas und holten alles aus dem Jeep heraus. Bis es uns irgendwann zu langweilig wurde und wir die Superidee hatten, in den Wald zu fahren. Schließlich hockten wir in einem Jeep und nicht in irgendeiner Schnarchkiste. Da mußten auch ein paar steile Feldweg drin sein.

Jörg saß am Steuer und bretterte in den Wald, einen Hang hinauf. Doch schon nach fünf Metern ging nichts mehr. Der Jeep rutschte noch ein Stück zurück, daß ich schon Angst bekam, er würde umkippen, dann hingen wir fest. Mit knapper Not konnten wir noch aussteigen, ohne daß sich der Wagen überschlug. Zu unserer Überraschung standen wir mitten in einer Müllkippe.

Jörg schaute mich an. »Scheiße, wir stecken fest.«

»Egal«, sagte ich. »Wir lassen die Kiste stehen und bringen dem Charly morgen schonend bei, was passiert ist. Er soll dann den ADAC anrufen und die Kiste abschleppen lassen.«

Zum Glück grenzte der Wald direkt an unser Trainingscamp. Also mußten wir nur gut fünf Minuten durch die Dunkelheit laufen und waren wieder zurück.

Doch am nächsten Morgen war Charly nicht da. Er wohnte um die Ecke und war daher eher selten die ganze Zeit bei uns im Trainingslager. Wir mußten für das Abendspiel trainieren, ein bißchen laufen und lockere Übungen machen.

Plötzlich tauchte Charly wie eine Furie auf. »Wo ist mein Auto?«

»Tut mir leid«, entgegnete ich, »aber weißt du, wir hatten ein kleines Problem ...«

»Ich weiß schon alles«, unterbrach er mich ungewöhnlich barsch. »Heute morgen hat mich der Jupp Heynckes angerufen und mich gefragt, wo sein Auto ist. Und ich habe zu ihm gesagt: ›Keine Ahnung. Wo soll das Auto denn sein?‹ Und da hat der Jupp gesagt: ›Die Polizei hat mich aus dem Bett geklingelt. Der Jeep steht irgendwo bei euch in Viersen im Wald.‹«

Ich war sprachlos. Was war mit dem Auto passiert? Ein Spaziergänger hatte frühmorgens, als er seinen Hund spazieren führte, den Wagen entdeckt und die Polizei alarmiert, in dem Glauben, da hätte jemand eine Bank ausgeraubt und den Wagen als Fluchtfahrzeug im Wald stehenlassen. Die Polizei versuchte herauszufinden, wem der Wagen gehörte, und gelangte über eine Opelniederlassung in Rüsselsheim mitten in der Nacht zu Jupp Heynckes, der natürlich stocksauer war und sofort Charly Stock anrief.

Na herzlichen Glückwunsch, Stefan, dachte ich mir, das war's dann ja wohl.

Im Trainingslager wurde auf die Schnelle der Mannschaftsrat mit Bruns, Hochstätter, Criens, Kamps zu einer Sitzung einberufen. »Was machen wir jetzt mit denen?« fragte Wolf Werner, unser Trainer. »Entweder die spielen heute abend, oder die spielen nicht und bezahlen eine ordentliche Geldstrafe.«

Die Lösung war: Neun und Effenberg wurden für zwei Spiele nicht berücksichtigt – meine erste Suspendierung! – und kriegten eine saftige Geldstrafe aufgebrummt. Wir mußten 5000 DM zahlen. Da ich so viel Geld gar nicht hatte, durfte ich die Summe bei Manager Grashoff in drei monatlichen Raten abstottern.

Als die Mannschaft das erste Spiel ohne uns verlor, wurde unsere Strafe allerdings verkürzt, und wir waren dann wieder dabei. In München bei Bayern hätte eine solche Suspendierung hohe Wellen geschlagen, aber zu der Zeit in Mönchengladbach war ich noch 'ne kleine Num-

Die Jungstars vom Bökelberg – mit Jörg Neun, 1989

mer, und der Vorfall war der Presse glücklicherweise nicht mehr als eine kurze Notiz wert.

Bei der Borussia machte man sich immer mal wieder große Sorgen um Jörg und mich. Wir waren einfach ein zu wildes Duo. Einmal wurde bei Manager Grashoff im Büro Kriegsrat über uns abgehalten.

»Was machen wir nur mit den beiden?« fragte Grashoff. »Sicher, sie sind noch jung, haben Flausen im Kopf, aber trotzdem übertreiben sie es ein wenig.«

Der Trainer versuchte den Manager zu beschwichtigen. »Die beiden sind auf dem richtigen Weg. Sie sind schon viel ruhiger geworden.«

Im nächsten Augenblick rasten wir mit unserem neuen Wagen, einem Peugeot GTI, auf den Parkplatz von Borussia. Es war Training angesagt. Wir waren wie üblich spät dran. Eigentlich konnte man hier nur dreißig fahren, wir hatten mindestens achtzig drauf und bremsten so hart, daß wir schleudernd und mit quietschenden Reifen genau vor dem Fenster des Managers zum Stehen kamen. Als wir ausstiegen, hörten wir aus seinem Büro nur ein lautes, schallendes Gelächter, das wir uns erst mal nicht erklären konnten.

Gemeinsam mit Jörg bekam ich auch wegen einer anderen Sache Streß. Wir waren im Trainingslager in Stuttgart-Degerloch und saßen in unserem Zimmer. Uns war todlangweilig, und wir überlegten, wie wir uns die Zeit vertreiben sollten. Beide hatten wir eine Luftpistole dabei, die wir uns gekauft hatten, um zu Silvester Raketen abzuschießen. Ich nahm meine Knarre hervor und zielte spaßeshalber auf eine Lampe.

»Wetten, daß ich die Lampe mit nur einem Schuß auspuste?« sagte ich zu Jörg.

Er lachte nur. »Niemals«, hielt er dagegen. »So wie du die Knarre hältst, triffst du nicht einmal ein Wildschwein, das drei Meter vor dir steht.«

»Wirst schon sehen«, sagte ich und drückte ab. Die Lampe zerbarst in tausend Stücke.

Damit hatte ich Jörg natürlich heiß gemacht. Nun wollte er mir zeigen, was er als Kunstschütze draufhatte.

Nach und nach begannen wir uns alle Lampen im Zimmer vorzunehmen, egal, ob sie unter der Decke, an der Wand hingen oder auf dem Nachttisch standen. Es wurde ein richtiger Wettbewerb. Wer traf besser: Jörg oder ich? Am Ende, als wir mit unserer Luftpistole alle Lampen weggeputzt hatten, erwies ich mich als besserer Schütze. Ich hatte gewonnen.

Es konnte uns nicht verwundern, daß es einen Riesenzoff gab, als das Hotel eine gepfefferte Rechnung an den

Verein schickte. Stichwort: demoliertes Hotelzimmer. Für unseren Trainer Wolf Werner war es ein leichtes, herauszufinden, wer das besagte Zimmer bewohnt hatte. Vielleicht hatte er es sich auch schon gedacht. Wir mußten die komplette Einrichtung bezahlen plus 5000 DM Geldstrafe für jeden. Ein teurer Spaß!

Jörg blieb neun Jahre bei der Borussia und ging dann nach Duisburg. Mittlerweile hat er seine Karriere beendet und ist Versicherungsvertreter. Zuletzt habe ich ihn im Champions-League-Studio von RTL gesehen, ich als Co-Moderator, er als Zuschauer. Wir trafen uns dann nach der Sendung. Jörg ist fast verrückt geworden, als er mich mit einer Flasche Mineralwasser sah, und als ich auch noch die Zigarette verweigerte, grinste er mich spöttisch an. »Sag mal, Effe, was ist mit dir los? Bist du etwa seriös geworden?« Er jedenfalls schien immer noch ein wilder Feger zu sein.

Petra, Martina und die Eroberung der Königsburg

Durch Jörg Neun lernte ich auch Martina im März 89 kennen. Zuvor hatte ich in Mönchengladbach nur eine kurze, zweimonatige Liebschaft gehabt, die nicht der Rede wert war. Diese Frau hatte allenfalls die Note vier minus verdient. Ich weiß heute nicht einmal mehr ihren Namen. Sie kann sich an mich wahrscheinlich auch nicht mehr erinnern. Es war ausschließlich Sex. Gefühle waren damals nicht im Spiel.

Im Divi-Supermarkt, fünf Minuten vom Bökelberg entfernt, fiel Jörg und mir ein sehr attraktives Mädchen auf. Ein echter Schuß, lange Haare, gute Figur. Wir zogen mit unserem Einkaufswagen durch die Gänge und warfen ihr

Blicke zu, und sie zog durch die Gänge und blickte uns nach. Aber wir wechselten kein Wort miteinander. Als wir wieder im Auto saßen und das Mädchen weg war, schauten Jörg und ich uns an. »Die war wirklich nicht schlecht«, sagte er, und ich: »Darauf kannste einen lassen.«

Was wir da nicht schnallten – die Frau hatte sich in ihren Wagen gesetzt und fuhr uns nach. Wir wohnten damals ungefähr zwanzig Minuten vom Stadion entfernt. Als wir am nächsten Tag vom Training zurückkehrten, lief sie zu unserer großen Überraschung vor unserem Haus auf und ab. Wir rieben uns die Augen. Das ist doch die Braut aus dem Divi-Markt. Was wollte die denn hier?

Sie hieß Petra, und wir machten sofort einen auf Charmeur und luden sie in unsere gemeinsame Wohnung ein. Bald war klar, daß Petra eindeutig auf Jörg abfuhr. Sie hatte schon zwei Kinder, was ihn anfangs nicht störte – zumindest nicht, bevor er sie geplättet hatte. Okay, sagte ich mir, wenn Petra abends anrückte, macht ihr euer Ding. Ich ziehe mir ein Video rein.

Irgendwann kam sie damit raus, daß sie eine gute Freundin hatte. »Vielleicht etwas für dich, Stefan«, sagte sie zu mir. Die ist ja gut drauf, dachte ich, hatte aber nichts gegen eine Verabredung zu viert. An einem Dienstagabend fuhren wir, Jörg, Petra und ich, nach Krefeld zur Disko *Königsburg* und holten vorher ihre Freundin ab. Petra klingelte, und Martina kam auf die Straße: kurze Lederjacke, enge Jeans, recht kurze blonde Haare. Auf den ersten Blick sah sie wie eine echte Motorradbraut aus.

Damals lebte Martina noch mit einem Typen zusammen, war aber im Begriff, sich zu trennen, was wohl hieß: Sie schlief da und der Typ in der anderen Ecke.

Der Abend in der *Königsburg* wurde ein voller Erfolg. Gegen drei Uhr am Morgen zogen wir wieder ab. Vorher steckte ich dem Türsteher, einem Riesenkerl, zwei Meter hoch, ein Meter siebzig breit, noch zwanzig Mark zu. »Hier, für dich«, sagte ich ihm. »Kauf dir ein paar Eiweißriegel.« Für den Fall, daß er meine Freundlichkeit mißverstand, vertraute ich darauf, schnellere Beine zu haben als er. Daß man sich mit Türstehern gutstellen soll, ahnte ich damals schon. Später in München wurde es eine Notwendigkeit, wenn man einmal in Ruhe ausgehen wollte.

Wir fuhren alle in unsere WG zurück. Als wir endlich wieder zu Hause waren, war ich zu nichts mehr zu gebrauchen. Ich hatte viel zu kräftig getankt und mußte erst mal auf die Toilette und ordentlich über der Kloschüssel abhängen, um zu kotzen. Während ich noch wie eine Leiche im Bett lag, stand Martina bereits in aller Frühe wieder auf. Sie hatte ein Geschäft und mußte sich außerdem um ihr kleines Kind kümmern. Ich war ziemlich zerknirscht, als ich aufwachte. So wie du dich benommen hast, dachte ich, siehst du die wahrscheinlich niemals wieder.

Eines unserer nächsten Treffen ging auch gründlich schief. Sie hatte mich zum Frühstück in ihre neue Wohnung eingeladen, die sie nun mit ihrer Tochter bezogen hatte. Doch als ich vor ihrer Tür stand, öffnete mir niemand. Ich klingelte zehnmal, zwanzigmal und hätte fast die Tür eingetreten. Hatte ich nun doch die Quittung für mein Verhalten am ersten Abend bekommen? Ich hatte keine Erklärung. Warum sie nicht da war? Hinterher stellte sich heraus, daß ihre Partnerin krank geworden war und Martina sie in der Boutique vertreten mußte. Mich hatte sie nicht mehr rechtzeitig erreichen können.

Erst nach diesem Mißverständnis kamen wir uns wirklich näher. Martina begann sich für Fußball zu interessieren und war oft im Stadion. Sie lebte nur ungefähr sechs Wochen in ihrer neuen Wohnung, ich löste meine WG auf, und wir bezogen im Sommer 89 ein Reihenhaus in Mönchengladbach-Rheindahlen, ausgerechnet *Vogts*garten 75. Während die Sache mit Jörg und seiner Petra bald auseinanderging, heirateten Martina und ich am 29.12.1989. Im nachhinein betrachtet war diese Heirat der beste Schritt, den ich damals machen konnte. Wenn ich mit Jörg in unserer WG geblieben wäre, hätte ich wahrscheinlich einen passablen Bundesligaspieler abgegeben, mehr aber nicht. Die große Karriere, den Sprung zum FC Bayern München, hätte ich wahrscheinlich nicht geschafft.

Auch meine Eltern waren heilfroh, als ich aus unserer WG auszog und mit Martina zusammenkam. Unser Vermieter hatte ihnen schon in den Ohren gelegen, daß es mit Jörg und mir kein gutes Ende nehmen würde. Wir würden uns noch einmal totfahren, so wie wir die Straße runterrasten. Der Typ schleifte uns dann auch noch vor Gericht, weil er die Wohnung von uns komplett renoviert haben wollte. Okay, wir hatten auch an den Türen Zielscheiben aufgehängt und ein wenig mit der Luftpistole herumgeballert, aber er dachte, er könnte sich an uns eine goldene Nase verdienen. Er lud uns in seine Kneipe ein. Nach einem Spiel tranken wir Bier und Korn ohne Ende und konnten kaum noch aufrecht sitzen. Dann ließ er uns auf einem Bierdeckel die Rechnung unterschreiben. Später kopierte er unsere Unterschrift auf einem Wisch, auf dem wir ihm erklärten, die ganze Wohnung sanieren zu lassen. Ein klarer Fall von Fälschung. Damit kam er vor Gericht natürlich nicht durch.

Zum Glück kriegten meine Eltern von diesem ganzen Streß nichts mit. Mit Martina verstanden sie sich auf Anhieb. Allerdings hatte ich ihnen am Anfang nicht erzählt, daß Martina schon ein Kind hatte und älter war als ich. Ich war erst zwanzig und hatte ein wenig Schiß, wie sie auf das

Kind reagieren würden. Aber dann kam es natürlich doch heraus.

»Was ist denn da im Hintergrund?« fragte meine Mutter, als wir einmal telefonierten. »Hört sich wie ein Kind an.«

»Ja«, sagte ich. »Das ist Nastassja, Martinas kleine Tochter.«

Für einen Moment war Mutter still. Ich hörte, wie sie schluckte. Damit hatte sie nun nicht gerechnet. Bei unserem nächsten Besuch in Hamburg brachten wir Nastassja mit. Die Kleine hatte überhaupt keine Berührungsängste. Sie war damals dreieinhalb und tat so, als würde sie meine Eltern schon ewig kennen.

Essen-Kupferdreh und das Vaterland

Vom 1.4.88 bis zum 30.6.89 mußte ich in Essen-Kupferdreh meinen Wehrdienst ableisten. Vorher hatte ich ein Schreiben bekommen, daß ich mich bei meiner Einheit um 18 Uhr zu melden hatte. Als ich auf den Hof der Kaserne fuhr, ging das Theater schon los. Keine drei Sekunden nachdem ich ausgestiegen war, begann irgendein aufgeblasener Feldwebel oder Oberfeldwebel herumzuschreien: »Wem gehört das Auto? Dieser weiße Opel Kadett?«

»Das ist mein Auto«, erklärte ich ganz ruhig.

»Sind Sie eigentlich bescheuert? Das ist der Kasernenhof und kein Parkplatz«, schnauzte der Feldwebel mich an. »Sie müssen da hinten parken, eineinhalb Kilometer weiter.«

Das fängt ja obergeil an, dachte ich. Hier bist du bei der Bundeswehr, aber das ist nicht deine Welt, nie im Leben.

Zum Glück war am nächsten Tag ein Bundesligaspiel, und ich durfte wieder abrücken. Dem Trainer klagte ich mein Leid. »Trainer, ich kann das nicht, morgens um fünf aufstehen und mit 95 Leuten in einem Zimmer schlafen. Da mache ich lieber fünf Jahre Zivildienst als ein Jahr Bundeswehr.«

Der Grundwehrdienst wurde für mich zu einem Horrortrip. Neun Bundesligaspiele in der Woche wären für mich nicht so hart gewesen wie ein Tag in der Kaserne. Wir Sportler wurden besonders hart rangenommen, weil ja jeder wußte, daß unsere Bundeswehrzeit nach der Grundausbildung quasi beendet war. Einige der Unteroffiziere machten sich einen Spaß daraus, mich zu schikanieren. Ich war damals noch kein Star, aber immerhin ein gestandener Fußballprofi, über den schon einiges in der Zeitung stand.

Auf einer Übung mußten wir nicht nur marschieren, sondern auch durch den Wald robben. Eine ziemlich sinnlose Angelegenheit. Die anderen, die vor mir dran waren, mußten so acht, neun Meter kriechen. Als ich nach derselben Strecke aufstehen wollte, schrie mich der Vorgesetzte an: »He, Effenberg, hab ich was von Aufstehen gesagt? Du robbst bis zu dem Baum dahinten!«

Na, prima, dachte ich mir, der Typ will es dir aber richtig zeigen. Ich kroch und kroch, vierzig, fünfzig Meter. Bis der Knallkopf endlich seinen Spaß gehabt hatte. Solchen Leuten, die einen nur triezen wollten, begegnete ich bei der Bundeswehr ständig.

Irgendwann ging mir der Grundwehrdienst so auf den Keks, daß ich die Brocken hinwarf. Ich lief zum Parkplatz, um mein Auto zu holen und abzuhauen. Die anderen wußten sofort, was los war. Drei Leute versuchten sogar, die Straße abzusperren, und wollten mich aufhalten. Aber mir war in diesem Augenblick alles egal. Auch wenn ich morgen nicht mehr Profi bin, sagte ich mir, dieses Affentheater machst du nicht mehr mit.

Ich raste an den drei Soldaten vorbei aus der Kaserne. Gott sei Dank war die Schranke geöffnet, sonst hätte ich auch noch die Barriere rasiert.

Wolf Werner und der Verein bemühten sich am nächsten Tag, die Wogen zu glätten. Sie riefen bei der Bundeswehr an und überredeten mich, noch meine restlichen Tage Grundwehrdienst abzuleisten. Als Strafe für meine unerlaubte Entfernung von der Truppe, so ähnlich hieß wohl mein Vergehen, sollte ich an einem Wochenende am Ende meiner Ausbildung, wenn eigentlich alle frei hatten, Wache schieben.

Okay, sagte ich mir, ich akzeptiere die Strafe und ziehe das Ding durch, auch wenn es schwerfällt. Ich hatte mich wieder eingekriegt, und auf noch mehr Streß hatte ich keinen Bock.

Pünktlich rückte ich an meinem Wochenende zum Wacheschieben an. In der Wachbude guckte ich Fernsehen und legte mich für einen Moment aufs Bett, als plötzlich irgendein Uniformierter aufkreuzte und mich anpfiff. Es war das reinste Vergnügen. Der Typ schiß mich zusammen, weil ich auf dem Bett lag, als wäre er mein Vater und ich ein fünfjähriger Junge, der Mist gebaut hatte.

Am nächsten Tag kam dann endlich der Anruf der Sportfördergruppe. Ein freundlicher Oberfeldwebel meinte, daß ich nicht bis zum Sonntagabend bleiben müßte, sondern zu ihnen wechseln könnte. Mein Grundwehrdienst war damit beendet.

Doch auch das Ende meiner Bundeswehrzeit war bemerkenswert. Zum Abschluß machten wir mit der Sportfördergruppe eine fünftägige Fahrt in die Nähe von Füssen.

Mit der Nationalmannschaft der Bundeswehr – so etwas gibt es! – sollten wir da zwei Spiele absolvieren, ansonsten war geselliges Beisammensein angesagt. Mit anderen Worten: ein zweifelhaftes Vergnügen. Die pure Langeweile stand auf dem Programm.

Zum Glück war Jörg Neun auch dabei. Nach zwei Tagen hatten wir genug.

»Komm, Jörg, wir hauen ab!« sagte ich zu ihm.

»Alles klar, Stefan.« Jörg war sofort dabei. Ihn mußte man nicht lange überreden. Morgens um vier fuhren wir von Füssen mit dem Taxi für schlappe 180 Mark oder so zum Flughafen nach München. Da besorgten wir uns ein Ticket und flogen nach Düsseldorf. Martina holte uns vom Flughafen ab.

»Was ist mich euch?« fragte sie. »Wieso seid ihr schon zurück?«

»Wir haben das so geregelt«, entgegnete ich und ließ meine Bemerkung weich im Raum stehen.

Unser Ausflug in die Freiheit währte allerdings nicht lange. Mittags erhielten wir einen dringenden Anruf aus Füssen. »Ihr habt genau zwölf Stunden Zeit, um wieder hier im Hotel zurück zu sein, oder die Feldjäger kommen und holen euch.«

»Oh«, sagte ich zu Jörg. »Ich glaube, wir haben ein Problem.«

Mittlerweile hatte ich Martina erklärt, daß wir uns abgesetzt hatten, weil uns in Füssen die Decke auf den Kopf gefallen war. Außerdem wäre unser Dienst ja ohnehin in drei Tagen zu Ende. Die Bundeswehr drängte darauf, ein Exempel zu statuieren und uns noch einmal ihre Macht zu beweisen.

Also blieben Neuner und mir nichts anderes übrig, wenn wir größeren Ärger vermeiden wollten, als uns ins

Auto zu setzen und noch am selben Tag zurück nach Füssen zu fahren. Wir entschuldigten uns anständig bei unseren Vorgesetzten und brachten die letzten zweieinhalb Tage bei den Olivgrünen auch noch hinter uns.

Ich war so froh, die Bundeswehr endlich abhaken zu können, wie sich das wohl niemand vorstellen kann. Es war eine ungeheuer schwierige Zeit für mich. Als Profi mußte ich in der zweiten Saison bei Borussia meinen Mann stehen und zugleich meinen Wehrdienst ableisten, und auch wenn man bei der Sportfördergruppe sicherlich bevorzugt wurde, bedeutete das im Endeffekt, ein tierisches Programm durchzuziehen. Außerdem fiel es mir immer schwer, mich von irgendwelchen Leuten herumkommandieren zu lassen, die bei ihren Ehefrauen wahrscheinlich nicht mehr ran durften und das dann an ihren Untergebenen ausließen. So ein Verhalten konnte ich nicht ertragen. Wieso durfte jemand einen anderen zusammenscheißen, nur weil er einen Balken oder einen Stern mehr auf dem Schulterabzeichen hatte? Mehr als einmal kriegte ich die Krise.

Als ich ein paar Jahre später einen Brief von der Bundeswehr zu einer Nachschulung bekam, nahm ich den Schrieb, zerriß ihn und warf ihn in den Papierkorb. Ich war mittlerweile verheiratet und hatte eine Tochter und einen Sohn. Da konnten die Olivgrünen mit mir sowieso nichts mehr anfangen. Hätte ich aber gewußt, daß man als Vater nicht zur Bundeswehr braucht, hätte ich mir schon mit fünfzehn mächtig viel Mühe gegeben und bei irgendeiner Braut den richtigen Schuß gesetzt. Den *Playboy* hätte ich dann mit Sicherheit nicht gebraucht.

Die Bundeswehr hat sich später nie wieder bei mir gemeldet.

Die dritte Saison und der Anruf von Uli H. aus M.

Die Saison 89/90 war eine sehr schwierige Zeit für den Verein. Lange mußten wir gegen den Abstieg fighten. Doch obwohl ich noch sehr jung war, übernahm ich mehr und mehr Verantwortung. So am 17.3.1990 gegen Fortuna Düsseldorf. Ein echtes Derby, die Hütte war voll. In der achtzigsten Minute gab es beim Stand von 0:0 einen Elfmeter für uns. Keiner wollte schließen, also sagte ich mir: Okay, mach ich's eben. Ich versenkte den Ball, wir gewannen 1:0 und bekamen dadurch etwas Luft im Abstiegskampf. Das Tor widmete ich meinem Sohn Etienne, der ein paar Tage zuvor, am 6. März 1990, geboren worden war.

Zeitgleich begann Uli Hoeneß bei mir vorzufühlen, ob ein Wechsel für mich in Frage käme. Eines Abends rief er bei mir an. Ich war allein zu Hause und stolz wie nur was, endlich einmal persönlich mit dem großen Manager des FC Bayern sprechen zu können. »Stefan, wir wollen dich gerne verpflichten«, sagte er zu mir. »Du bist der richtige Mann für uns.«

Wahnsinn, dachte ich mir. Ich komme sofort. Beim FC Bayern zu spielen war mein Traum, seit ich überhaupt denken konnte.

Uli Hoeneß hatte auch gleich eine besondere Taktik für mich parat, damit ich vorzeitig aus meinem Vertrag herauskam. Um die Ablösesumme und die genauen Modalitäten eines Wechsels würde er sich schon kümmern, das würde er mit der Borussia regeln. Ich für meinen Teil sollte jeden zweiten, dritten Tag beim Manager Helmut Grashoff auf der Matte stehen und ihm klagen, wie unzufrieden ich sei und daß ich unbedingt den Verein verlassen wolle, um mich anderswo weiterzuentwickeln. Nachdem ich ungefähr zehnmal bei Grashoff auf der Geschäftsstelle war, winkte er nur noch ab und sagte: »Junge, geh mir nicht auf die Nerven!«

Bei 4,5 Millionen Mark Ablöse wurde die Borussia schließlich weich. Mit dieser Summe war der Verein erst mal saniert.

Ich war stolz ohne Ende. Der nächste Karrieresprung stand bevor, aber vorher hängte ich mich noch ordentlich für die Borussia rein, damit wir nicht abstiegen, was dann auch Gott sei Dank nicht geschah. Trotzdem war ich natürlich der Verräter für die Fans, der »Judas vom Bökelberg«. All die Pfiffe und Anfeindungen prallten jedoch an mir ab. Für mich gab es nur eines: Ich mußte meinen Weg gehen und das, was ich mir vorgenommen hatte, durchziehen. Und der Wechsel zum FC Bayern würde nicht der letzte Schritt sein.

Der Vertrag mit Bayern München wurde in einem Hotel in Düsseldorf unterschrieben. Klar, daß ich mich auch finanziell enorm verbesserte. Top-Verdiener bei Mönchengladbach waren zu der Zeit Uwe Rahn, Christian Hochstätter oder Jörg Criens, die vielleicht auf 300 000 bis 400 000 Mark brutto kamen. Eine Menge Geld, aber das könnte ich nun toppen. Der Vertrag lief über vier Jahre. Ich erhielt 10 000 Mark Grundgehalt im Monat und Leistungsprämien gestaffelt nach Spielen. Groß gehört wurde ich bei den Verhandlungen allerdings nicht, weil mein damaliger Berater Norbert Pflippen alles regelte. Insgesamt, so Pflippen, könnte ich auf eine Summe von 500 000 Mark brutto im Jahr kommen. Er vergaß allerdings zu erwähnen, daß ich dazu mit dem FC Bayern Meister werden und auch in den beiden Pokalwettwerben mindestens bis ins Halbfinale kommen mußte. Es mußte also alles perfekt laufen, was es dann jedoch nicht tat. Hinterher erreichte ich allenfalls die Hälfte des angegebenen Betrages. Getoppt hatte ich Rahn, Criens und Hochstätter also doch nicht. Ich will im nachhinein nicht sagen, daß Norbert Pflippen uns über den Tisch gezogen hatte, doch er versuchte auf jeden Fall nicht, uns alles haarklein zu erklären und Martina und mich in alles einzuweihen.

Natürlich hätte ich auch für die Hälfte des Geldes bei den Bayern gespielt. Allein schon wegen der Perspektive, hier Nationalspieler werden zu können. Schließlich wußte ich, daß es hier zehnmal einfacher sein würde, mich zu empfehlen. Ich würde im Europapokal spielen, und außerdem hatte der FC Bayern weitaus bessere Beziehungen zum DFB als Gladbach. Wer bei Gladbach vielleicht gerade mal ein Länderspiel machte, konnte es bei den Bayern locker auf fünfzig Spiele im Nationaldreß bringen. Und genau das war mein Ziel.

3. UNTER WELTMEISTERN
Die ersten Jahre beim FC Bayern

Mein Wechsel zu den Bayern verzögerte sich dann allerdings. Es gab auf einmal wieder Probleme mit der Ablöse zwischen Gladbach und Bayern. Die Saisonvorbereitung begann ich deshalb in Mönchengladbach. Mittelmaß statt Spitzenklasse. Ich dachte schon, ich werde verrückt, wenn das mit meinem Karrieresprung nicht klappt. Dann der erlösende Anruf von meinem Berater Norbert Pflippen Anfang Juli. Er hatte die Sache endlich in trockenen Tüchern. Der 8.7.1990 – mein erster Tag in München, und Deutschland stand im WM-Finale gegen Argentinien. Martina und ich konnten das Spiel gar nicht sehen. Wir hatten Streß, mußten mit den Kindern im *Sheraton Hotel* einchecken. Als wir aus dem Hotel wieder herauskamen, war die Hölle los, überall Jubel und Hupkonzerte ohne Ende. Erst dann begriffen wir: Deutschland ist Weltmeister. Andy Brehme hatte per Elfmeter das 1:0 geschossen – erzählten mir die Fans.

»Das wird nicht einfach werden«, sagte ich zu Martina, »mit so vielen Weltmeistern im Team.« Die halbe Stammelf des FC Bayern gehörte zur Nationalmannschaft. Angst hatte ich allerdings nicht. Das hatte ich immer so gehalten und tat es auch später: Mitspieler und Gegner hatten Respekt verdient, aber Angst mußte ich vor niemandem haben.

Mein erster großer Lehrmeister: Jupp Heynckes, 1990

Dann der erste Trainingstag. Ich war ziemlich selbstbewußt. Ich hatte mittlerweile etliche Bundesligaspiele absolviert und wußte, was ich konnte. Zwei Ziele hatte ich vor Augen, als ich bei den Bayern anfing: Ich wollte auf Anhieb Stammspieler werden und endlich zu den fünfzehn besten Spielern Deutschlands gehören, mich für die Nationalmannschaft empfehlen. Nach der grandiosen Weltmeisterschaft war klar: Es würde einen Umbruch geben, und neue Spieler würden eine Chance bekommen. Darauf hatte ich nur gewartet.

Die Saison begann allerdings recht zäh, wir liefen der Musik von Anfang an hinterher. Ich wurde zwar sofort Stammspieler, fand aber nicht so schnell wie erhofft meinen Rhythmus. Die ganze Mannschaft kam nicht so recht in Gang. Auch wenn sofort zu sehen war, daß die Spieler eine andere Klasse hatten als in Mönchengladbach. Im DFB-Pokal flogen wir am 4.8.90 in der ersten Runde gegen den SV Weinheim raus: 0:1. Neunzig Minuten spielten wir auf ein Tor, ohne auch nur einen Ball zu versenken. So ging mein erstes Pflichtspiel für die Bayern gleich gründlich daneben. Ein enttäuschender Start.

Die hochgesteckten Erwartungen, die nicht nur Heynckes, der Trainer, und Uli Hoeneß hatten, konnten wir in keiner Phase erfüllen. Das Problem: Viele Spieler der Bayern waren Weltmeister geworden: Reuter, Kohler, Thon, Pflügler, Augenthaler ... Sie hatten ein Riesenturnier gespielt, waren danach müde und ausgebrannt. Da sie erst einmal Urlaub machen mußten, fehlten sie in den ersten Wochen der Vorbereitung. Als die Weltmeister dann wieder ins Training einstiegen, stellten sie natürlich ihre Ansprüche; jeder meinte, einen Stammplatz sicher zu haben, auch wenn er noch längst nicht wieder in Topform war. Probleme waren da vorprogrammiert.

Augenthaler oder Spieglein, Spieglein, wer ist der schnellste?

Klaus Augenthaler war in Italien Weltmeister geworden und in München schon so etwas wie eine lebende Legende, schließlich hatte er noch mit Breitner, Müller und Maier zusammengespielt. Doch nach der WM wurden in der Mannschaft Stimmen laut, er sei als Libero zu langsam und müsse seinen Posten räumen. Stefan Reuter sei mittlerweile eindeutig der bessere Mann. Reuter selbst, der ein paar Jahre weniger auf dem Buckel hatte als Auge, machte keinen Hehl daraus, daß er scharf darauf war, Libero zu spielen.

Ohne den Trainer trafen wir uns bei Augenthaler im Keller, um Tacheles zu reden. Jeder wußte schon vorher, daß bei diesem Treffen die Fetzen fliegen würden. So eine Aussprache konnte nicht soft abgehen. Auch ich mischte bereits kräftig mit, schließlich war ich Stammspieler und ackerte auch auf dem Spielfeld, was das Zeug hielt.

Als Augenthaler mich fragte: »Und was meinst du, Stefan?«, wurde es für einen Moment still. Jeder sah mich gespannt an. »Klarer Fall«, sagte ich. »Stefan Reuter ist der richtige Libero.«

Für Augenthaler, der damals dreiunddreißig war und dessen Karriere sich dem Ende zuneigte, war mein Kommentar wie ein Keulenschlag. Da saß ihm ein Spund von zweiundzwanzig Jahren gegenüber, der noch nichts erreicht hatte, und sagte ihm laut und deutlich, sein jüngerer Konkurrent Reuter sei eindeutig der bessere Mann. Aber, sorry, er hatte mich nach meiner Meinung gefragt, also mußte er es auch ertragen, wenn ich sie ihm offen ins Gesicht sagte. Bis heute bin ich diesem Motto treu geblieben.

Hinterher war klar, daß Augenthaler und ich nicht mehr die besten Freunde werden würden – auch wenn der Respekt immer blieb. Mit seinen Spezis im Verein bekam ich ebenfalls Probleme. Besonders die älteren Spieler wie Pflügler, Aumann, Thon, Dorfner, Schwabl dachten: Was will der Effenberg denn? Was reißt der die Klappe auf? Im Training ließen sie mich spüren, daß ich nicht auf ihrer Seite stand. Da wurde manchmal gegen mich schon etwas härter zugelangt als bei anderen Spielern. Aber mir machte das nichts aus. Das war eine gute Schule. So lernte ich weiter, mich durchzusetzen.

Mein spezieller Freund Klaus Augenthaler würgte mir kurz vor Abschluß der Saison noch einen rein. Von ihm stammte das Gerücht, ich hätte Heynckes in einem Trainingslager in Nürnberg Prügel angedroht. Schlecht gelogen. Mein Verhältnis zu Heynckes war zwar nicht immer ganz ohne Spannungen: Mehr als einmal fetzten wir uns, aber verprügeln wollte ich ihn nie. Keine Ahnung, was Augenthaler genau dazu trieb, diese Geschichte in die Welt zu setzen. Er war bei dieser Sitzung im Trainingslager gar nicht dabei gewesen. Von den Zeitungen wurde die Story dankbar aufgenommen. München war schon damals ein heißes Pflaster. Während in Gladbach einmal in der Woche ein Journalist auf dem Hof stand, waren es beim FC Bayern täglich fünf oder sechs, die alle ihre Geschichte brauchten. Ein Stefan Effenberg als bad boy war immer eine Schlagzeile wert – bis heute ist das so.

Ich machte in dieser Phase aber auch im Umgang mit Journalisten einige Fehler. Ich war Anfang Zwanzig, redete, was mir gerade gefiel, und lehnte mich mitunter zu weit aus dem Fenster. Ich hatte eben eine große Schnauze. Auf die Idee, Interviews gegenzulesen, wie ich es heute tue, brachte mich damals leider keiner. So stand auch ziemlich viel Unsinn über mich in den Zeitungen.

Ein Interview, das ich dem *Kicker* gab, schlug besonders

hohe Wellen. Wir schwächelten, aber trotzdem konnte kein anderes Team einen Vorsprung herausspielen. »Die anderen sind zu blöd, um Meister zu werden«, lästerte ich. Natürlich wurde das Ganze groß aufgezogen, und alle dachten: dieses arrogante Arschloch. In der Öffentlichkeit ging mein Ruf immer weiter in den Keller. Bei einem Länderspiel gegen Wales in Nürnberg wurde ich schon beim Warmmachen gnadenlos ausgepfiffen. Hoppla, dachte ich, was ist denn hier los? Das kann doch wohl nicht wahr sein? Du spielst hier für Deutschand, hältst deine Knochen für die Nationalmannschaft hin, und die Leute pfeifen dich aus! So ging es in vielen Stadien weiter. Der FC Bayern – und ich – werden oft mit Pfiffen empfangen, schon immer haben viele die Bayern gehaßt, und für mich gab es immer noch eine Extraration Buhrufe. Ich wurde zu einem der meistgehaßten Spieler der Liga und wußte eigentlich nicht so richtig, warum. Nur weil ich das sagte, was ich dachte?

Doch mit Pfiffen war ich nicht kleinzukriegen. Sie stachelten mich eher und motivierten mich, alles zu geben! Ich wollte es den Zuschauern erst recht zeigen, was ich drauf habe. Je mehr Pfiffe, desto besser der Effe. Ich bin niemand, der bei Problemen gleich einknickt. Es kostete mich dennoch viel Kraft. Zum Glück hatte ich meine Familie: Martina, Nastassja und Etienne. Wäre ich da noch Junggeselle gewesen, hätte ich mir wahrscheinlich einen Betonklotz um die Beine gebunden und mich in die Isar geschmissen. So aber konnte ich abends bei ihnen auftanken. Wir hatten ein schönes Haus in Pullach, Gistlweg 94. Besonders für die Kinder war es ein Paradies.

Am Ende wurden wir trotz der Querelen sogar noch Vizemeister – ein Titel, für den wir uns allerdings nichts kaufen

Der Durchbruch als Profi bei den Bayern – mit modischer Vokuhila-Frisur, 1990

konnten. Kaiserslautern gewann die Meisterschaft. Im Europapokal der Landesmeister schafften wir es bis ins Halbfinale und scheiterten da an Roter Stern Belgrad, eine völlig unnötige Niederlage. Ich hatte eigentlich vom Sieg im Europapokal geträumt und war ziemlich enttäuscht. Der Verein sah jedoch, daß wir uns international super verkauft hatten. Trotz des Ausscheidens bekamen wir einen Teil unser Prämie ausgezahlt.

Eines stand für mich nach der Saison fest: Ich wollte den Verein verlassen. Ich fühlte mich nicht richtig wohl und stand mit meinem Freund Brian Laudrup, der auch neu war, ziemlich isoliert da. Wir brachten unsere Leistung, wurden jedoch besonders von den Älteren nicht wirklich ins Team aufgenommen. Zu viele Grabenkämpfe. Nach Niederlagen stichelte jeder gegen jeden. Doch sowohl beim Trainer als auch bei Hoeneß stieß ich mit meinem Wunsch zu wechseln auf taube Ohren. Erst viel später erfuhr ich von Jupp Heynckes, daß Real Madrid damals bei den Bayern für mich angefragt hatte – sie wollten ca. zehn Millionen Mark Ablöse zahlen. Weder Pflippen noch Hoeneß hatten mit mir darüber gesprochen. Wahrscheinlich wäre ich zu Fuß von München nach Madrid gegangen, hätte ich davon gewußt.

Das Seuchenjahr und wie Uli Hoeneß den Kopf verlor

In meinem Urlaub hatte ich noch gehofft, in der nächsten Saison bei einem neuen Verein zu spielen. Aber schon zu Beginn der Vorbereitung war mir klar: Die Bayern setzten auf mich und wollten mich nicht gehen lassen. Okay, sagte ich mir, reißt du dieses Jahr auch noch ab.

Mein damals bester Freund: Brian Laudrup, 1991

Waren die Dinge im Vorjahr schon schlecht gelaufen, spielten wir uns nun eine echte Katastrophe zusammen. Ein Spiel gewannen wir, die nächsten zwei verloren wir wieder. Wir krebsten im Mittelfeld herum und wurden am Ende Zehnter, solch eine schlechte Plazierung hatte es bei den Bayern noch nie gegeben – ich kann mich zumindest nicht daran erinnern. Die Quittung: Jupp Heynckes wurde im Herbst 1991 entlassen. Ein harter Schlag, denn unsere Beziehung war etwas Besonderes. Ich hatte ihm viel zu verdanken. Er war einer meiner Entdecker und Förderer gewesen. Schließlich hatte er mich damals, im Sommer 1986 als Jugendspieler nach Mönchengladbach geholt. Seine Klasse als Trainer stand für mich niemals in Zweifel, doch besonders in meinem zweiten Jahr verlor er immer mehr den Kontakt zur Mannschaft. Er hatte die Dinge nicht mehr richtig im Griff. Seine Entlassung aber war sicher verfrüht. Uli Hoeneß gestand mir das auch später ein. Er hätte einen großen Fehler gemacht. Man hätte trotz der schwierigen Lage am Trainer festhalten müssen.

Im Trainingslager am Tegernsee kam Jupp Heynckes noch mal zur Mannschaft. »Meine Zeit ist vorbei«, sagte er. Es war ihm anzusehen, daß er ein paar Tränen verdrückt hatte. »Ich wünsche jedem einzelnen von euch alles Gute. Es hat mir Spaß gemacht, euch zu trainieren. Schade, daß es so zu Ende geht.« Dann ging er reihum und drückte jedem Spieler die Hand zum Abschied.

Nach unserem ersten Bundesligaspiel ohne ihn fuhren Brian Laudrup und ich abends mit unseren Frauen noch einmal zu Heynckes nach Hause. Wir hatten zwei Flaschen Rotwein dabei und wollten uns bei ihm bedanken, daß wir unter ihm trainieren durften. Heynckes schien sich echt zu freuen. Bevor wir die Flaschen köpften, sagte er zu uns: »Ich habe genau gewußt, wenn noch jemand aus dem Mannschaft vorbeikommt, dann seid ihr beiden das.« Es wurde ein feucht-fröhlicher Abend …

Jupp Heynckes ging später nach Spanien, und immer wenn wir uns trafen, begrüßten wir uns wie alte Freunde, ein toller Mensch.

Der neue Trainer bei uns wurde Sören Lerby. Er war dänischer Nationalspieler gewesen und hatte lange bei den Bayern im Mittelfeld gespielt. Ein Klassespieler, keine Frage, aber als Trainer war er vollkommen überfordert. Er hatte keinen Plan, was er mit der verunsicherten Mannschaft anfangen sollte, und auch null Standing bei den Spielern. Jeder lief zu Hoeneß, der den Trainerwechsel eingefädelt hatte, heulte ihm über Lerby die Ohren voll und beschwerte sich. Daß ein guter Spieler beileibe kein guter Trainer sein muß, hat Hoeneß hier wie aus dem Lehrbuch erfahren.

In die unsägliche Lerby-Zeit fiel auch meine erste Suspendierung bei den Bayern.

Einige der alten Herren um Pflügler und Co. hatten sich wieder einmal über Äußerungen von mir aufgeregt und beschwerten sich. Der Trainer reagierte wie ferngesteuert. Er suspendierte mich für zwei Spiele. »Das ist doch nicht Ihre eigene Meinung«, sagte ich zu Lerby. »Das halten Sie doch selbst nicht für richtig.« Er schwieg nur, und ich wünschte ihm trotzdem viel Glück für die Partie gegen Rostock. Wir verloren mit 1:2. Einige der jüngeren Spieler rannten zum Trainer und meinten, ich müsse wieder zurück ins Team. Beim nächsten Spiel gegen Düsseldorf stand ich dann wieder in der Mannschaft. Wir siegten mit 3:1. Das war eine Genugtuung für mich. Ich hatte es allen gezeigt.

Ich war auch der einzige, der es wagte, gegen Franz Beckenbauer aufzumucken. Nach dem Gewinn des Weltmeistertitels war er als die Lichtgestalt des deutschen Fußballs aus Italien zurückgekehrt. Wenig später, nachdem er seinen Trainerposten an Berti Vogts weitergegeben hatte, wurde er Präsident beim FC Bayern – und Co-Kommentator beim Fernsehsender *Premiere*, eine Doppelrolle, die es wohl noch nie gegeben hatte. Bei der Kommentierung unseres Spiels in Kaiserslautern, das wir vollkommen zu recht mit 0:4 verloren, zog er gegen die eigenen Spieler Laudrup und Roland Wohlfarth so vom Leder, daß es nur so knallte. Als ich dann via Zeitung fragte, ob sich ein Präsident nicht öffentlich eher vor seine Spieler stellen sollte, brachte mir das intern unter den Spielern zwar große Anerkennung, nach außen hin stand ich trotzdem wieder einmal als Quertreiber da und hatte nun auch noch die Bayern-Bosse gegen mich.

In der Winterpause fuhren wir noch mit Trainer Lerby nach Bordeaux, um uns auf die Rückrunde vorzubereiten. Wenig später wurde er in die Wüste geschickt. Es war eine verfahrene Situation. Die Mannschaft war im Umbruch. Einige ältere Spieler waren satt vom Erfolg. In dieser Phase sah es aus, als hätte Hoeneß, der unumstritten das Sagen im Verein hatte, ein wenig den Überblick verloren. Purer Aktionismus brach aus. Uli Hoeneß versuchte eine Krise zu bewältigen und schuf damit quasi die nächste.

In Bordeaux wollte der Verein den Spielern zeigen, wo es lang ging. Statt Zuckerbrot war Peitsche angesagt, kein Luxus, sondern die einfachen Dinge des Lebens. Die Unterkunft war äußerst spartanisch eingerichtet, so gab es nur eine einzige Telefonzelle für alle Spieler; in einer Zeit, wo man noch keine Handys kannte, ein absoluter Alptraum. Aber irgendwie ging die Nummer nach hinten los. Ich glaube, kein Spieler fühlte sich wirklich wohl, jeder dachte nur daran, seine Haut zu retten und möglichst schnell wegzukommen. Wir spielten daher auch weit unter unseren Möglichkeiten.

Als nächster nach Lerby durfte Erich Ribbeck ran und sein Glück mit der Mannschaft versuchen. Ich persönlich kam mit Ribbeck gut zurecht. Ich blieb genau wie unter Heynckes und Lerby Stammspieler, und er erklärte mir immer wieder, wie wichtig ich für die Mannschaft sei. Er war ein absoluter Gentleman, stets gut gekleidet und top geföhnt. Er sah immer so braungebrannt und erholt aus, als würde er seine komplette Freizeit zwischen unseren Spielen auf Teneriffa verbringen.

Auch Silberlocke Ribbeck konnte nichts daran ändern, daß ich aus München weg wollte. Ich war Nationalspieler geworden, aber mehr hatte ich in München nicht erreicht: keinen bedeutenden Titel, weder national noch international. Gegen Ende der verkorksten Saison begann ich verschärft, die alte Taktik anzuwenden, die Hoeneß mir bei Borussia empfohlen hatte. Mit anderen Worten: Ich stand immer wieder bei ihm auf der Matte und klagte ihm mein Leid: »Ich möchte unbedingt weg, ich fühle mich nicht mehr wohl.« Hoeneß müssen die Ohren geklingelt haben. Natürlich schnallte er die Lage sofort. Er ist ein ganz toller Mensch, ein feiner, aufrechter Charakter und ein Top-Manager, der absolut beste in der Bundesliga. Vor allem ist er jemand, der aus seinen wenigen Fehlern lernt. So eine Sache wie mit Lerby ist ihm später nie wieder passiert. Uli Hoeneß gab mir auch zu verstehen, daß er mich bei einem guten Angebot ziehen lassen würde.

Im März 1992 beim Spiel Bayern gegen Stuttgart saßen dann Späher von Florenz im Publikum. Mein Berater Pflippen hatte mir das gesteckt. »Gib ein bißchen Gas«, sagte Pflippi vor der Partie zu mir. »Das ist deine Chance!« Stuttgart wurde in jenem Jahr unter Trainer Christoph Daum Meister. Im Vorfeld wurde in allen Zeitungen über das brisante Duell Effenberg gegen Sammer geschrieben. Ich war hochmotiviert und ließ Taten folgen. Nach einem Solo über sechzig Meter schoß ich das goldene Tor. Wir gewannen mit 1:0. Das müßte ja wohl reichen, dachte ich mir, so ein Tor sehen die Leute in Florenz auch nicht alle Tage. Wenn ich mich selbst unter Druck setzte, spielte ich immer am besten.

Pflippen war nach dem Spiel total erleichtert, und die

Späher vom AC Florenz waren begeistert. Ich wußte, nach dieser Leistung würden mich die Bayern nicht noch eine dritte Saison in München halten können.

Der Wechsel und warum Pflippi in den USA Händchen halten mußte

Ich spielte mit den Bayern irgendwo am Niederrhein. Martina und ich trafen uns mit der Delegation aus Florenz, vier Italienern, in einem Hotel in Düsseldorf. Mein Berater Norbert Pflippen glänzte durch Abwesenheit und hatte lediglich einen Rechtsanwalt geschickt. Mit Pflippi hatte ich mich anfangs gut verstanden, er war sogar der Taufpate bei meinem Sohn Etienne. Aber schon zu der Zeit, als ich in den Zeitungen zum bad boy wurde, hätte ich eigentlich seine Hilfe gebraucht. Doch da kam nichts. Sendepause. Pflippens Herz schlug für einen anderen Fußballer: Lothar Matthäus, den Weltmeister und Weltfußballer. Danach kam auf seiner Liste lange nichts mehr, bis irgendwann der Name »Effenberg« auftauchte. Als es mit Florenz akut wurde, war Pflippen daher auch nicht bei uns, sondern in den USA bei seinem Lothar. Matthäus war bei Dr. Richard Steadman in Colorado am Kreuzband operiert worden. Er brauchte wohl jemanden, der an seinem Krankenbett Händchen hielt und dafür sorgte, daß er nicht heulte, wenn er nach der Operation aufwachte. Mein Wechsel war Pflippi anscheinend nicht wichtig genug.

Es lief trotzdem ganz gut. Ich hatte meine Leistung gebracht, und die Italiener ließen keinen Zweifel daran, daß sie mich unbedingt haben wollten. Schwierigkeiten gab es eher mit dem Anwalt, den Pflippi uns mitgegeben hatte.

Als Martina meinte: »Was ist mit dem Umzug? Mit einem Auto und einem Haus in Italien? Das müssen die Italiener auch übernehmen«, verdrehte der Rechtsanwalt die Augen und erwiderte: »Unmöglich. Das sind Südländer. Die sind tough. So etwas übernehmen die nicht!«

Martina ließ sich nicht entmutigen. Selbst in München bekam jeder Spieler mittlerweile einen Wagen von Opel. Sie bat den Anwalt, der gebrochen Italienisch sprach, unsere Forderungen zu übersetzen. Die Italiener stimmten in drei Sekunden zu. »Si, kein Problem. Wir übernehmen die Kosten für den Umzug. Sie kriegen einen Wagen, und wir zahlen die Miete für ein Haus.«

Von wegen toughe Südländer. Es zeigte sich, daß der Anwalt von Tuten und Blasen keine Ahnung hatte und nur den dicken Max spielen wollte. Vielleicht hätte Pflippen doch besser bei uns am Tisch gesessen, statt in den USA Händchen zu halten.

Florenz besserte mein Gehalt so sehr auf, daß mir beinahe Hören und Sehen verging. Ich unterschrieb meinen ersten Netto-Vertrag, der über vier Jahr laufen sollte. Ich erhielt 750000 Mark im Jahr, ohne Leistungsprämien. Allerdings war es üblich, bei den großen Spielen, etwa gegen den AC Mailand oder Juventus Turin, noch eine besondere Prämie auszusetzen, an der ich dann natürlich auch beteiligt war. Im zweiten Jahr sollte ich 850000 Mark bekommen, im dritten eine Million und im vierten 1,2 Millionen. Die Verhandlungen waren ein Traum. Wahnsinn, dachte ich, jetzt bist du reich. Welten lagen zwischen München und Florenz, von meinen Anfängen in Gladbach ganz zu schweigen.

Ich bewunderte Martina dafür, wie sie die Verhandlungen mit Florenz geführt hatte. Klar, ich war kein Zweitligakicker, die Italiener hatten mich spielen gesehen und wollten mich unbedingt haben, aber man mußte es trotzdem erst einmal bringen, mit großen Vereinsbossen solch einen tollen Vertrag auszuhandeln. »Ab sofort regelst du die Dinge für mich«, sagte ich zu ihr. »Auf einen Berater, der sowieso nicht da ist, wenn man ihn braucht, können wir getrost verzichten.«

Pflippi zeigte ich die rote Karte und sagte ihm offen ins Gesicht, daß ich ihn nicht mehr brauchte. Ein Berater kassiert im Schnitt 15–20 % der Ablöse seines Spielers, dafür muß er einfach mehr bringen, als Pflippi zuletzt geleistet hatte. Der Vertrag zwischen uns wurde sofort aufgelöst. Ein Glück! Nach mir lösten noch viele andere Spieler wie etwa Oliver Kahn ihren Vertrag mit Pflippi auf. Mittlerweile wohnt Pflippi auf Mallorca und malt dort Bilder. Er vertritt nur noch wenige Spieler – ist auch besser so.

Natürlich paßte es einigen nicht, daß ich nun von einer Frau, noch dazu von meiner Ehefrau, vertreten wurde. Besonders in der Männerdömäne Fußball wurden Frauen immer noch schief angesehen. Doch Gaby Schuster und auch Angela Häßler hatten vorher schon bewiesen, daß sie es auch mit den härtesten Verhandlungspartnern aufnehmen und ihre Ehemänner erstklassig vertreten konnten. Und im Gegensatz zu Pflippen oder anderen Beratern, die auf dem Markt waren, konnte ich Martina immer zu hundert Prozent vertrauen. Wir mußten daher auch nicht zum Notar oder Anwalt rennen und einen Vertrag machen. Ich wußte, daß Martina in jeder Situation die Interessen der Familie vertreten würde. Wir sprachen unsere Forderungen gemeinsam ab, und Martina setzte sie dann in den Verhandlungen mit den Clubs um. So lief es danach immer ab, egal, ob wir mit Mönchengladbach oder Bayern oder sonst wem verhandelten.

Martina wurde auch schnell akzeptiert und respektiert. Jeder mochte und schätzte sie und ihre ehrliche, gradlinige Art. Für Uli Hoeneß, zum Beispiel, war sie eine seiner liebsten Verhandlungspartner, die er jemals hatte, wie er mir später selbst erzählt hat. Als in den Zeitungen verbreitet wurde, daß ich zusammen mit Sammer und Möller die 5-Millionen-Mark-Grenze überschritten hatte, fragten auch andere Spieler wie Alex Zickler bei uns an, ob Martina sie vertreten könnte. Das ging aber dann nicht, weil Martina keine Lizenz als Spielerberaterin hatte.

4. ITALIENISCHE VERHÄLTNISSE
Die Jahre in Florenz

Die Vorbereitung auf die Europameisterschaft lief gerade, und Martina fuhr runter, um uns ein Haus in Italien zu mieten. Ein Haus in der Toskana, so richtig in den Weinbergen. Wunderschön! Für einen Weintrinker wie mich ein echter Traum. Leider konnte ich das damals nicht so richtig genießen, weil meine Gedanken natürlich um den Fußball kreisten. Bevor die Vorbereitung begann, nahmen wir uns zehn Tage Zeit, um uns richtig einzuleben und uns die Gegend anzusehen. Wir trafen auch schon ein paar Spieler, die am Strand herumlagen, und gingen mit ihnen essen, obwohl wir kein Wort verstanden. Alles paßte. Ich freute mich auf die Saison.

Die Vorbereitung war ellenlang, fast acht Wochen bei ungefähr fünfundsiebzig Grad im Schatten. Ich dachte: Das überlebe ich nicht. Ich sterbe hier. Aber dann gewöhnte ich mich an die Bruthitze. Wir starteten von Beginn an richtig durch. Das erste halbe Jahr lief überragend. Nach dem AC Mailand, der absoluten Übermannschaft, lagen wir zur Hälfte der Saison ganz vorne in der Tabelle. Eine Sensation!

Ich als Kapitän von Florenz im Zweikampf mit Dino Baggio von Juve

Dänen ticken anders

In München war Brian Laudrup mein absolut bester Freund. Wir hingen immer zusammen und teilten alles miteinander, außer unsere Frauen, versteht sich. Auch unsere Familien kamen bestens miteinander klar. Martina mochte seine Frau Mette und umgekehrt. Brian war wie ein kleiner Bruder für mich. Wenn ich eine Frau gewesen wäre, hätte ich ihn wahrscheinlich geheiratet, so sehr stand ich auf ihn.

Kaum hatte ich meinen Vertrag in Italien unterschrieben, fragten mich die Bosse von Florenz nach Brian aus: »Stefan, sag mal was zum Brian Laudrup. Kann man den verpflichten? Ist der es wert, daß wir ihn holen?«

»Klar«, sagte ich. »Sofort verpflichten. Ein genialer Spieler mit überragenden Fähigkeiten. Wenn ihr den kriegen könnt, greift zu.«

Das wäre ja obergeil, dachte ich mir, wenn Brian auch noch käme. Er sprach meine Sprache. Wir waren echte Buddys. Also machte ich ihn bei den Bossen vom AC Florenz noch besser, als er in Wirklichkeit war.

Die Bayern gaben ihn tatsächlich ab, und Florenz holte ihn. Es war perfekt.

Ich hatte mich im Hotel *Villa La Massa* einquartiert, und da stieg auch Brian ab, als er sein Haus und seinen Vertrag klarmachte. Dann flog er kurz nach Dänemark zurück, um ein paar Sachen zu regeln, und ließ seinen Wagen in der Hotelgarage stehen. Kurz vorher war er mit Dänemark gegen uns Europameister geworden. Er wollte ein bißchen den Dicken machen und hatte sich ein neues Auto zugelegt: einen Mercedes SL Cabriolet.

Ich sah das Auto, und da wir beide beste Kumpels waren, ging ich zur Rezeption und fragte, ob sie eventuell den Schlüssel hätten.

»Si«, antwortete der Portier. »Wir haben den Schlüssel.«

»Den können Sie mir geben«, sagte ich. »Der Brian ist quasi mein kleiner Bruder. Da müssen Sie sich keine Gedanken machen. Das verantworte ich.«

»Alles klar, kein Problem.« Der Portier drückte mir den Schlüssel in die Hand.

Ich nahm das Auto und gondelte in der Gegend herum. Fährst mal ein bißchen durch die Berge, dachte ich mir, und dann an deinem neuen Haus vorbei, das bald bezugsfertig ist. Der Mercedes lief super. Es war echt klasse, da am Steuer zu sitzen. Hinterher tankte ich die Kiste wieder voll und stellte sie in der Garage ab. Das Ding hatte vielleicht hundert Kilometer mehr auf dem Tacho, und ich hatte mir einen schönen Tag gemacht.

Als Brian wiederkam, sagte ich zu ihm: »Hör mal, ich habe dein Auto genommen und bin ein bißchen rumgefahren.«

Er rastete komplett aus und schiß mich zusammen. »Das glaub ich doch nicht, daß du dir einfach meinen Autoschlüssel nimmst und irgendwo spazierenfährst.«

Ich war total baff. »He, Brian«, sagte ich. »Wie bist du denn drauf? Ich habe nicht deine Frau gepimpert, ich bin nur mit deinem Auto gefahren. Hast du einen Schatten, oder was?«

Er regte sich furchtbar auf, als hätte ich ihm einen Haufen Schrott vor die Tür gestellt, dabei hatte sein Mercedes bei dem kleinen Ausflug keinen Kratzer abbekommen.

Leck mich am Arsch, dachte ich, was soll das denn? Wenn er meinen Ferrari genommen hätte, wäre das für mich überhaupt kein Thema gewesen. Er hätte mit kaputten Reifen zurückkommen können, und ich hätte zu ihm gesagt: »Alles klar, ich lasse jetzt erst mal die Reifen wechseln, aber hat es dir gefallen?« So wäre ich gewesen. Aber vielleicht ticken Dänen irgendwie anders.

Innerhalb von fünfzehn Minuten ging jedenfalls unsere Freundschaft kaputt. Kein Doppelzimmer mehr im Trainingslager, nichts mehr gemeinsam unternommen.

In Florenz war ich nicht einmal in seinem Haus, und wir gingen mit unseren Familien nicht einmal zusammen essen. Mir tat das alles furchtbar leid, aber natürlich rutschte ich auch nicht auf Knien vor ihm rum und winselte: »Komm, Brian, bitte bitte, bleib weiter mein Freund.«

Wenn er keinen Kontakt mehr wollte, bitte schön, dann sollte er sein Ding durchziehen, aber ohne mich. »Leb du dein Leben«, sagte ich zu ihm, »und ich leb meines, und dann auf Wiedersehen.«

Warum er so ausflippte, konnte ich mir auch später nicht erklären. Vielleicht wurde er von seiner Frau Mette, von seinen Eltern, von irgendwelchen Freunden gesteuert. Keine Ahnung.

Nach einem Jahr ging er zum AC Mailand und dann nach Glasgow. Wir telefonierten noch zweimal miteinander und sahen uns nie wieder. Schade eigentlich. Aber wahrscheinlich waren wir doch nie so dicke Freunde gewesen, wie ich geglaubt hatte. Eine richtige Freundschaft wäre wegen so einer Lappalie nie in die Brüche gegangen.

Rausschmiß auf italienisch

Kurz vor Weihnachten, als wir ungefähr die Hälfte der Saison gespielt hatten, kamen meine Eltern zu Besuch. Alle waren bester Stimmung, Ich wollten mit ihnen die kurze Pause genießen. Die Dinge liefen glänzend. Ein Traumleben, dachte ich. Hier würde ich sofort für sieben, nein, für zehn Jahre unterschreiben.

Als wir abends beim Essen saßen, klingelte plötzlich mein Telefon. Stefano Carobbi, der Kapitän unserer Mannschaft, war dran.

»Unser Trainer ist weg«, sagte er.

»Klar«, sagte ich. »Der ist wahrscheinlich im Urlaub.«

»Nix Urlaub. Die haben ihn rausgeschmissen.«

»Wie bitte?« War Carobbi nicht mehr ganz dicht, oder verstand ich doch nicht so gut Italienisch?

»Ja, die haben unseren Trainer entlassen.«

Unser Trainer Gigi Radice war zu der Zeit bestimmt schon siebzig Jahre alt. Ein Riesentrainer und eine große Nummer in Italien; aktiv hatte er beim AC Mailand gespielt. Er kam mit der Mannschaft super aus. Ich mochte ihn total gerne, weil er eine gewisse Lockerheit reingebracht hatte. In Italien wurde sonntags um 14, 15 oder 16 Uhr gespielt, manchmal, wenn es besonders heiß war, noch später. Beim gemeinsamen Mittagessen so gegen 12 Uhr lief Radice immer freudestrahlend mit ein paar Weinflaschen durch die Reihen. Rotwein, Weißwein, die besten Sorten. Jeder Spieler durfte ein Glas trinken.

Als ich Radice beim ersten Mal mit seinen Flaschen hantieren sah, dachte ich: Das kann doch wohl nicht sein. Wie sind die denn drauf?

Ich als Deutscher ließ mir so kurz vor einem Spiel natürlich keinen einschenken, aber die Italiener langten gerne zu. Schaden tat es ihnen nicht, im Gegenteil, manche spielten nach einem Glas Rotwein besser als in der Woche, wenn sie stocknüchtern trainierten. Einigen Spielern gab ich dann den Tip, sich schon morgens zum Frühstück ein Glas Wein zu genehmigen, damit sie beim Training besser drauf waren.

Nach dem Anruf von Carobbi war mein Weihnachtsfest versaut, auch Silvester konnte ich nicht mehr richtig feiern. Ich war total enttäuscht und verstand die Welt nicht mehr. Wieso wurde ein Trainer entlassen, wenn die Mannschaft super spielte und vorne in der Tabelle stand?

Eine Erklärung für den Rausschmiß gab es von offizieller Seite nie. Da hätte ich noch fünf Jahre gesessen, ohne daß mir jemand etwas erklärt hätte. Trotzdem sickerte der Grund irgendwann durch. Einige Spieler steckten mir, daß die ganze Sache gar nichts mit Fußball zu tun hatte. Der Sohn vom Trainer, ein junger Typ von vielleicht Mitte Zwanzig, hatte angeblich ein Verhältnis mit der Frau des Vizepräsidenten Vittorio Cecchi Gori. Sie war ein richtiger Schuß. Sie war früher Model gewesen, hatte lange wasserstoffblonde Haare und Brüste wie Melonen. Mir wäre es schon zu extrem gewesen, wie die rumlief. Aber Radices Sohn hatte wohl richtig zugelangt, so kräftig, daß es seinen Vater den Job kostete. Denn es gab noch ein Problem: Vittorio war nicht nur Vizepräsident, sondern auch der Sohn vom mächtigen Mario Cecchi Gori, dem Präsidenten und absoluten Macher beim AC Florenz. Ohne ihn wurde in Florenz nicht einmal das Flutlicht eingeschaltet, und jetzt ritt offenbar der Sohn vom Trainer seine Schwiegertochter zu! Das war eine absolute Todsünde.

Der Absturz

Wir konnten zum damaligen Zeitpunkt alle nicht begreifen, warum man unseren Trainer gefeuert hatte. Dementsprechend war unsere Leistung. Wir wurden in der Tabelle nach unten durchgereicht. Es ging abwärts, wie auf einer Rutschbahn. Von vier auf sechs, auf elf, auf vierzehn, fünfzehn, bis wir dann auf einem Abstiegsplatz landeten. Aldo Agroppi wurde Trainer; er hatte komische Augen und guckte immer ganz traurig aus der Wäsche. Wie ein Bobtail sah er aus. Viel zu kamellen hatte er nicht. Einmal kam Vittorio Cecchi Gori, der mittlerweile Präsident war, vor einem Spiel in die Kabine. Er sah mich an und sagte: »Du bist ab heute Kapitän. Damit das für alle klar ist.« Agroppi stand daneben und hielt den Mund.

Wenige Spieltage vor Schluß warf man Agroppi wieder raus. Giancarlo Antognoni, der für Florenz und in der Nationalmannschaft gespielt hatte, wurde Teamchef, und Luciano Chiarugi machte man zum Trainer, weil er eine Lizenz hatte. Sie versuchten das Ruder herumzureißen, aber es half nichts mehr. Wir holten zwar noch ein paar Punkte, den Abstieg konnten wir nicht mehr vermeiden.

Die Fans in Florenz waren etwas ganz Besonderes. Das hatte ich vorher in Deutschland so noch nicht erlebt. Alle vier bis sechs Wochen hockten sie sich ins Clubhaus und wollten nach dem Training mit uns diskutieren. Wie richtige Lehrer führten sie sich auf, besonders als die Dinge bei uns nicht mehr so liefen: »Wir erwarten, daß da mehr kommt. Ihr müßt mehr für den Verein tun.« Blablabla.

He, dachte ich mir, was geht denn hier ab? Bin ich wieder in der Schule? Fehlte nur noch, daß sie anfingen, Schulnoten zu verteilen. Es war jedenfalls irre, welche Rechte die Fans in Florenz hatten. Okay, sie bezahlten ihre Eintrittskarte, jeder Verein braucht gute Fans, aber hier wurde es echt übertrieben. Sie waren nicht unsere Lehrer und wir nicht ihre Schüler.

Als unser Abstieg besiegelt war, drehten die Fans richtig durch. Nun zeigte sich, daß der harte Kern wirklich gefährlich war. Vor allem wir ausländischen Spieler kriegten den Megastreß. In den Augen der Fans verdienten Laudrup, Batistuta und ich ein Schweinegeld und waren schuld, daß die Mannschaft unten stand. »Paßt auf«, sagten einige Leute im Verein zu uns, »die Fans können euch das Leben zur Hölle machen.«

Wir konnten kaum noch ordentlich trainieren. Meistens gingen wir ins Stadion und sperrten die Fans aus, damit wir unsere Ruhe hatten. Nun wollten sie nicht mehr mit uns reden, sondern uns verprügeln. Ohne Polizeischutz ging gar nichts mehr. Die Sache lief voll aus dem Ruder. »Die wissen, wo ihr wohnt«, hieß es. »Die könnten euch auflauern, und dann gnade euch Gott.«

Scheiße, dachte ich, ich will doch nur Fußball spielen. Wohin bin ich hier geraten?

Nach einem Spiel, wo wir sauschlecht spielten und verloren, rasteten die Fans total aus. Die Sache eskalierte. Martina und ich wurden unter Polizeischutz nach Hause gebracht. Polizisten mit Maschinengewehren im Anschlag suchten unser Grundstück ab und sahen nach, ob sich jemand in unserem Haus versteckt hatte. Es war wie im Film, nur daß es kein Film war. Die italienische Polizei nahm die Drohungen gegen uns superernst. Mit Kreide hatten irgendwelche Verrückte vor unser Haus auf den Gehsteig geschrieben: »Wir kriegen euch!« Die Nacht verbrachten wir dann auch im Hotel. Vorher hatten wir schon unsere Kinder zu meinen Eltern nach Deutschland geschickt, weil sie bei uns nicht mehr sicher waren.

Einige Jahres später mußte auch Giovanni Trappatoni erfahren, wie die Fans von Florenz so drauf sind. Er ist in Italien als Trainer eine Legende. Nach einer Niederlage fingen sie ihn am Flughafen ab, beschimpften und attackierten ihn. Erst mit einem Bodyguard schaffte er es, sich in seinen Wagen zu retten. Die Fans rüttelten anschließend so an seinem Auto, daß sie es fast umgekippt hätten.

Adios, amicos, und der große Berlusconi

Nachdem unser Abstieg durch war, redete ich mit den Leuten vom AC Florenz Klartext. »Ich möchte weg«, sagte ich zu den Offiziellen. »Ich bin deutscher Nationalspieler. Meine Karriere ist kaputt, wenn ich hier zweite Liga spiele.«

»Bleib mal ganz ruhig«, erklärte man mir. »Wir kriegen das schon hin. Bald kommt ein neuer Trainer, und der entscheidet.«

Es war ohnehin klar, daß einer von drei Ausländern gehen mußte. In der zweiten italienischen Liga durften nur zwei spielen. Zu diesen zwei wollte ich auf keinen Fall gehören. Außerdem hatte ich ein Superangebot auf dem Tisch liegen. Der AC Mailand wollte mich haben. Sie sagten sich: Florenz ist abgestiegen, also ist bei dem Effenberg was möglich.

Keine Frage, daß Martina und ich an Verhandlungen interessiert waren. Mailand hatte eine Supermannschaft, war national top und auch international groß dabei. Genau die richtige Mannschaft für mich nach dem Katastrophenjahr in Florenz.

Eine ganze Delegation rückte aus Mailand an und machte auf Optimismus. »Paß auf«, sagten sie zu mir. »Wir wollen dich unbedingt verpflichten. Berlusconi, el presidente, klärt das mit Cecchi Gori. Die beiden sind gut befreundet. Du kommst auf jeden Fall zu uns.«

Alles klar. Wir machten einen Vorvertrag, nicht mehr als ein DIN-A4-Zettel, auf dem die groben Daten standen, und unterschrieben. Laufzeit vier Jahre. Ich würde im ersten Jahr auf fast eine Million Mark netto kommen, später würde ich beinahe 1,5 Millionen kriegen. Den richtigen Vertrag, den dann auch der italienische Verband gegenzeichnen müßte, würden wir nach meinem Urlaub machen. Erst mußte Berlusconi alles klären, aber das würde für ihn ja ein Kinderspiel werden.

Die Mailänder steckten ihren Schrieb ein und schüttelten mir glücklich die Hand. »Herr Effenberg, machen Sie sich keine Gedanken. Sie spielen nächstes Jahr beim AC Milan.«

Ja, sagte ich mir, so müssen die Dinge laufen, und wenn Berlusconi tatsächlich so ein guter Kumpel von Vittorio Cecchi Gori war, würde es ja klappen.

Im Urlaub beschäftigte mich vor allem die Frage, wohin wir zurückfliegen würden, gleich nach Mailand oder doch nach Florenz. Die Dinge liefen aber nicht so, wie ich es mir gedacht hatte. So richtig tolle Kumpels schienen Berlusconi und Cecchi Gori nicht zu sein. Claudio Ranieri, der neue Trainer in Florenz, entschied, daß ich bleiben mußte. Es war vollkommen irre. Ich wollte zum AC Mailand und durfte nicht. Brian Laudrup aber wollte bleiben und mußte nach Mailand gehen. Ihm wäre es egal gewesen, auch in der zweiten Liga zu kicken. Mir aber nicht. Ich hatte keinen Bock, über die Dörfer zu ziehen und vor 7340 Zuschauern zu spielen.

Herzlichen Glückwunsch, Stefan, sagte ich mir, das wird ja das pure Vergnügen. Der einzige Vorteil war, daß ich nun wirklich alle Städte Italiens kennenlernte.

Schon in der Vorbereitung verging mir der Spaß. Als Nationalspieler in der zweiten Liga – wunderbar! Da konnte man wirklich die Lust am Fußballspielen verlieren.

Ja, komm, sagte ich mir immer wieder, das mußt du machen, also mach's auch, und zwar ordentlich.

Die Mannschaft startete glänzend. Wir führten schon bald haushoch die Tabelle an. Nach zehn Spieltagen konnte man uns quasi nicht mehr einholen, so dominant waren wir.

Mit dem neuen Trainer Ranieri kam ich aber von Anfang an nicht klar. Ich mochte ihn nicht, er mochte mich nicht. Zumindest nicht richtig. Er hatte auch völlig komische Trainingsmethoden. Er trainierte mit uns so viel Taktik, als würde er glauben, wir ständen erst seit einem Jahr auf dem Fußballplatz. Wir begannen nachmittags um fünf Uhr, wenn es nicht mehr so heiß war, und waren um acht Uhr immer noch dran. Einmal lief ich an ihm vorbei, tat so, als müßte ich auf die Uhr schauen, und sagte: »Oh, schon zehn vor zehn. Nun muß ich aber langsam nach Hause.« Da guckte er mich bitterböse an.

Warum ein Kapitän keine Zahnschmerzen haben darf

Um Weihnachten herum hatten wir fünf oder sechs Tage frei. Martina und ich fuhren mit den Kindern nach Mönchengladbach, um Freunde und die Familie zu sehen und Weihnachten zu feiern. Kurz vor Silvester mußten wir ohnehin wieder zurück sein, weil wir am 2. Januar wieder ein Spiel hatten. Ich war wenig begeistert. Na, super, dachte ich mir, wie soll das denn gehen? Wenn ich Silvester feiere, wie ich es immer tue, kann ich unmöglich am 2. Januar wieder Fußball spielen. Aber alles klar. Wenn es sein muß, dann muß es wohl sein.

Am 27.12.1993 kriegte ich auf einmal wahnsinnige Zahnschmerzen – wirklich! Es half nichts. Ich mußte zum Zahnarzt. Dringend. Röntgen und sofort aufmachen, entschied der Arzt. Die Behandlung dauerte insgesamt zwei Tage. Erst am 29.12.93 kehrte ich wieder nach Florenz zurück, einen Tag nach dem offiziellen Trainingsbeginn. Ich hatte mich aber ordentlich abgemeldet und Bescheid gesagt. Also konnte es normalerweise keine Probleme geben, und was Zahnschmerzen sind, hätte man eigentlich auch in Florenz wissen müssen. Wußte man anscheinend aber nicht.

Am 30.12.93 kreuzte ich pünktlich zum Training auf. Auch meine Röntgenbilder hatte ich dabei und den Bericht des Zahnarztes, auf deutsch zwar, aber den hätte man sich ja übersetzen lassen können, wenn man daran interessiert gewesen wäre.

Um 10 Uhr holte der Trainer die Truppe auf dem Trainingsplatz zusammen und haute mir kräftig eine rein. »Eine Unverschämtheit, was du dir da geleistet hast. Alle sind rechtzeitig da, die ganze Mannschaft, nur du nicht. Gehst statt dessen in Deutschland zum Zahnarzt!«

Ich versuchte zu erklären. »Ich habe doch Bescheid gesagt. Ich habe auch die Röntgenbilder dabei. Wirklich, ich hatte irrsinnige Zahnschmerzen!«

Ranieri hörte mir gar nicht zu. Für ihn war das alles eine Riesenverarschung. Er glaubte mir kein Wort, und die Röntgenbilder, die alles bewiesen hätten, beachtete er gar nicht. »So was macht man nicht, schon gar nicht, wenn man Kapitän ist. Ein Kapitän ist immer bei der Mannschaft.«

Da wurde es mir zu blöd. Ich hatte Zahnschmerzen gehabt, die ich nicht einmal ihm gewünscht hätte, und dafür mußte ich mich vor versammelter Mannschaft im nachhinein zusammenscheißen lassen? »Kapitän?« sagte ich. »Wieso Kapitän? Ich muß hier nicht Kapitän sein. Das ist mir viel zu bescheuert, um hier über meine Zahnschmerzen zu diskutieren. Ich bin ab sofort kein Kapitän mehr!«

Da guckte der Trainer wie ein Auto. »Okay, du bist kein Kapitän mehr. Wir trainieren jetzt.« Gabriel Batistuta war ab sofort der Kapitän.

Mir war klar, daß ich am Ende der Saison nicht mehr weitermachen wollte. Der Bruch mit Ranieri war nicht mehr zu kitten. Als unser Aufstieg perfekt war, mußte ich auch nicht mehr groß zum Training auflaufen. Ich konnte eine Oberschenkelverletzung auskurieren und mich auf die Weltmeisterschaft vorbereiten. Wir gingen uns aus dem Weg. Ranieri war froh, mich nicht mehr zu sehen, aber ich auch.

Da wir ja am 2. Januar wieder spielen mußten, hatte die Vereinsführung die glorreiche Idee, Silvester zusammen zu feiern, mit Frauen und Kindern. So nach dem Motto: Wir sind alle eine große Familie und haben uns furchtbar lieb. Na, wunderbar! Ich hatte da herzlich wenig Lust zu, aber mir blieb nichts anderes übrig. Die Party in Mönchengladbach hatten wir uns ja abschminken müssen. Also feierten wir alle in einem wunderschönen Hotel. Wir hatten mit den Kindern ein großes Apartment und wollten uns die Stimmung auch von Ranieri und Co. nicht vermiesen lassen.

Die Italiener haben eine besondere Art, Silvester zu feiern. Sie hocken bis Mitternacht zusammen und trinken ein bißchen, und um 12 nach 12 liegen alle friedlich in der Kiste. So war es auch hier. Wir brachten darum unsere Kinder ins Bett und feierten mit zwei Spielern in unserem Apartment weiter. Plötzlich holte einer der beiden eine Tüte zum Rauchen raus.

»Ist leichtes Kraut«, sagte er und grinste. »Macht gute Laune.«

Ich glaube, er rauchte ein paar Tüten in der Woche und hatte immer etwas bei sich. Ich nahm auch ein paar Züge. Daran, daß bei der nächsten Dopingprobe vielleicht etwas herauskommen könnte, dachte ich in diesem Moment gar nicht. Ich war einfach nur neugierig. Zehn Minuten ging es mir dann blendend, dann begann es mich zu zerlegen.

O Gott, dachte ich, jetzt mußt du dich zwei Wochen ins Bett legen und pennen. So mies fühlte ich mich plötzlich. Nee, das war nicht mein Ding. Ich kotzte und schwitzte und wußte sofort: Nie nie wieder. Bis heute weiß ich nicht, was das für ein Zeug war.

Am 2. Januar bei unserem Spiel war ich dann aber

extrem gut in Form. Na, dachte ich, vielleicht sollte ich häufiger zwei Tage vor einem Spiel 'ne Tüte rauchen. Ich ließ es aber natürlich bleiben.

Das Sushi-Desaster und Karaoke für alle

An einem gepflegten Montagabend, wo in Florenz eigentlich nicht viel los war, wollten Martina und ich lecker Sushi essen gehen. Wir zogen los, fanden auch ein Lokal und bestellten uns gleich ein Sechs-Gänge-Menü. Aber als wir den ersten Gang sahen, winkten wir den sofort durch. Das Essen sah widerlich aus. Da konnte einem schon vom Hinschauen schlecht werden, also sagten wir nur »Prost« und hielten uns an den Wein. Der zweite Gang wurde aufgefahren. Wieder kam uns der Fisch komisch vor. »Nee«, sagten wir zum Kellner, »laß mal stecken. Das essen wir auch nicht!« Statt dessen tranken wir den Wein weiter. Auch der dritte Gang ging sofort retour, und wir sagten wieder nur: »Prost. Vielleicht lernt der Koch das Kochen noch!« Erst beim vierten Gang und der zweiten Flasche Wein hatten wir das Gefühl, daß alles in Ordnung war. Außerdem war uns schon ein bißchen schwindelig vom Wein. Wir mußten dringend etwas in den Magen bekommen. Der fünfte Gang sah wieder komisch aus. Wir probierten nicht einmal, sondern öffneten lieber eine neue Flasche. Mittlerweile waren Martina und ich echt gut drauf. Zwei, drei Flaschen Wein hatten uns in Stimmung gebracht.

Jetzt können wir noch nicht nach Hause gehen, sagten wir uns und zogen weiter.

Dann fragten wir, wo in der Stadt noch was los war. »Da

51
51

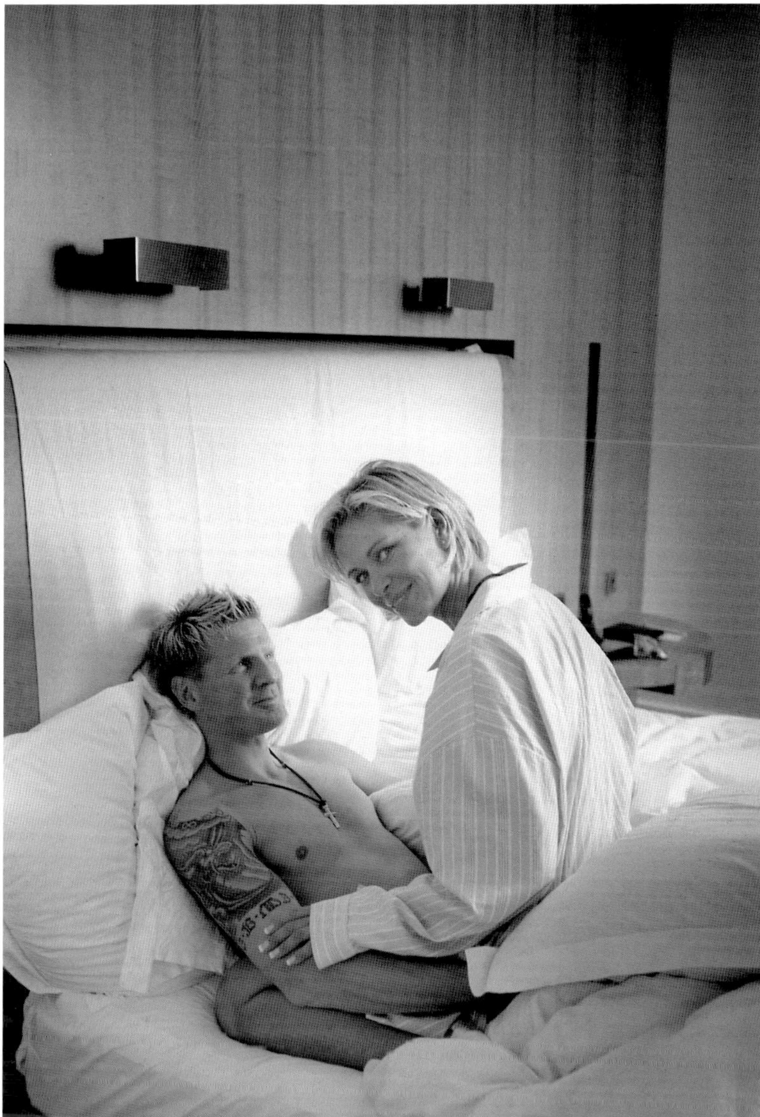

unten ist ein Keller«, sagte uns ein Taxifahrer. »Da läuft gute Musik.«

Alles paletti. Wir marschierten in den Laden. Eine Disko in einem Keller. Ein geiler Schuppen. Wir saßen super, und die Musik war klasse. Ab und zu wurde ein Mikro rausgeholt, und man konnte Karaoke singen.

Martina und ich waren bester Laune. Kein Wunder nach drei Flaschen Wein. »Komm mal her«, sagte ich zu dem Typ mit dem Mikro. »Gib mir mal das Ding!« Und dann schmetterte ich einen los. Da wäre Pavarotti neidisch geworden.

Plötzlich merkte ich, daß immer mehr Leute in den Keller strömten, um mich zu sehen, aber eindeutig von der falschen Seite, nicht vom Eingang her.

»Was ist denn hier los?« fragte ich. »Woher kommen die ganzen Leute?«

»Ja, dahinten geht es noch weiter«, war die Antwort. »Der Laden hier ist riesengroß. Nach diesem Keller kommen noch zwei Räume.«

O scheiße, dachte ich und legte das Mikro sofort beiseite. Das war gar keine hübsche kleine Disko. Ich hatte da für halb Florenz gesungen.

Morgens um halb sechs kamen wir nach Hause. Ich hörte schon die Vögel zwitschern, oder vielleicht zwitscherten sie auch nur in meinem Kopf, weil ich eindeutig zu viel getrunken hatte. Um zehn Uhr hatte Ranieri ein Training angesetzt, aber daran war nicht zu denken. Ich rief im Club an und sagte: »Tut mir leid. Ich kann nicht zum Training. Unmöglich. Ich habe gestern Fisch gegessen, Sushi. Mir ist sauschlecht.«

Ich wußte, daß in Italien die Vereinsärzte sofort alles stehen und liegen ließen und zu einem kranken Spieler nach Hause fuhren. Ich hatte kaum aufgelegt, da klingelte der Arzt auch schon an der Tür. Aber ich war gewarnt und hatte reichlich Hustenbonbons gegessen. Der Doc bekam auch nichts von meiner Fahne mit, er guckte mich nur mitleidig an.

»Das Sushi muß wirklich ziemlich schlecht gewesen sein, so wie du aussiehst«, sagte er. »Leg dich erst mal ins Bett.«

Kaum war er aus der Tür, lag ich schon wieder. Ich pennte den ganzen Tag durch. Dann konnte ich wieder einigermaßen auf zwei Beinen stehen. Beim nächsten Training machte sogar der Trainer einen auf Mitgefühl. »Das Sushi war wohl nicht so gut.«

»Ja«, sagte ich. »Das Sushi war echt mies.«

Die totale Verarschung

Als unser Aufstieg klar war, wollte ich mich eigentlich um einen neuen Verein kümmern. Ich hatte zwar noch zwei Jahre Vertrag, aber ich wollte weg, wegen Ranieri und überhaupt. Doch plötzlich kam Florenz damit raus, daß sie meinen Vertrag nochmals um zwei Jahre verlängern wollten. Ich sollte also noch vier Jahre bleiben. Sie legten mir einen neuen Vertrag auf den Tisch. Ich sollte noch besseres Geld verdienen.

»Paß auf«, sagte ich zu Martina, »wir stellen jetzt unsere Bedingungen und knallen denen noch ein paar ordentliche Geräte rein.«

Doch bei den Offiziellen von Florenz hieß es nur: »Si, si, kein Problem.« Sie akzeptierten alles, was wir forderten. 1,3 Millionen Mark netto sollte ich im Jahr bekommen, und eine Staffelung nach oben war garantiert.

»Kann doch nicht sein, daß die alles akzeptieren«, sagte ich, doch so war es. Man ging auf jede unserer Forderungen ein. Wir unterschrieben einen Vorvertrag und kauften uns ein Haus am Strand von Marina di Pietrasanta. Hier fühlten sich unsere Kinder wohl, hier gab es gute Schulen, und Martina machte sich sofort daran, daß Haus umbauen zu lassen. Wenn ich von der Weltmeisterschaft zurückkam, wollten wir einziehen. Nun hatten wir die Gewißheit, daß wir noch eine Weile in der Toskana bleiben würden. Der einzige Nachteil, den das Haus hatte, war der Weg zum Trainingsgelände. Zirka achtzig Kilometer wären mit der Zeit vielleicht schon etwas nervig geworden.

Nach der Weltmeisterschaft hatte sich der Wind in Florenz aber komplett gedreht. Mein Vorvertrag interessierte nun niemanden mehr, damit hätte ich mir sonstwas abwischen können. Sie hatten Rui Costa und noch den Schweden Stefan Schwarz gekauft. Insgesamt waren wir nun vier Ausländer. Drei durften aber nur spielen. Mir wurde nahegelegt, den Verein zu verlassen.

So, was machst du jetzt, Stefan? fragte ich mich. Willst du dich durchbeißen oder gehen?

Normal wäre das keine Frage für mich gewesen. Ich mußte mich vor niemandem verstecken, und wenn sie fünf Ausländer geholt hätten, ich hätte mich durchgesetzt und immer gespielt. Aber nach dem ganzen Hin und Her mit dem Vorvertrag hatte ich überhaupt keinen Bock mehr auf Florenz. Ich hatte immer geglaubt, hier würde seriös gearbeitet.

Bis dahin hatte ich keine Schwierigkeiten mit der Vereinsführung gehabt. Das Gehalt war immer pünktlich überwiesen worden. Von den finanziellen Machenschaften, die später aufflogen, bekam ich damals nichts mit. Da liefen zwar ein paar suspekte Gestalten rum, aber ansonsten schien

Vittorio Cecchi Gori die Dinge im Griff zu haben. Das hatte er aber wohl nicht. Nach einem Zwangsabstieg wegen finanzieller Unregelmäßigkeiten spielt der AC Florenz heute in der vierten italienischen Liga, ein Niedergang ohne Beispiel. Anscheinend waren da einige Leute am Werk, die nur an sich, aber selten an den Verein gedacht hatten.

Die Saisonvorbereitung machte ich noch mit. Doch man zeigte mir jeden Tag klar und deutlich, was man von mir hielt. Man quartierte mich nicht direkt bei der Mannschaft ein, sondern in einem Apartment einhundert Meter entfernt. Angeblich weil das Hotel voll war und ich nach der WM Verspätung gehabt hatte.

Das kann doch alles nicht sein, dachte ich. Vor acht Wochen lagen sie noch auf Knien vor mir, damit ich unterschrieb, und nun sagen sie: »He, du bist zuviel an Bord. Du kannst den Verein verlassen.«

Mein Trainingseifer war auch dementsprechend. Während die Mannschaft trainierte, drehte ich meine Runden um den Platz. Manche Trainingseinheiten machte ich auch gar nicht mit. Ich sagte zu Ranieri: »Trainer, ich muß mal kurz weg und was erledigen«, und er: »Si, kein Problem, geh nur!« Ich hatte mein Auto dabei und konnte auch abends oft nach Hause fahren. Das störte niemanden.

Doch so konnte es natürlich nicht weitergehen. Verarschen lassen wollte ich mich hier nicht.

Willi Lemke kauft eine Unterhose

Meine Karriere stand auf dem Spiel, aber die würde ich mir von nichts und niemandem kaputtmachen lassen.

»Was machen wir jetzt?« fragte ich Martina. Wir überlegten gemeinsam, und dann kam plötzlich Werder Bremen ins Spiel. Der Spielerberater Wolfgang Vöge stellte einen Kontakt her. Es war mittlerweile allgemein bekannt, daß ich für gar nicht soviel Geld Florenz sofort verlassen konnte.

In der Schweiz traf ich Otto Rehhagel. Martina und die Kinder kamen auch mit. Es wurde ein richtig nettes Treffen. Rehhagel erzählte von Bremen, was er da vorhatte und daß er mich unbedingt für seine Mannschaft haben wollte. »Der Verein regelt alles«, sagte Rehhagel, als wir uns verabschiedeten.

Die Sache mit Bremen wurde heiß.

Ein paar Tage später rief auch noch Beate Rehhagel bei uns an und meinte, wie toll es wäre, wenn wir nach Bremen kämen. Sie würde sich schon richtig auf uns freuen.

Okay, wir waren nicht abgeneigt. Werder hatte zu der Zeit eine wirklich gute Mannschaft.

Schließlich hieß es: »Der Willi Lemke kommt und verhandelt mit dem AC Florenz und mit euch.«

Wir trafen uns im Clubhaus. Stundenlang saßen wir zusammen, redeten und redeten. Laberlaberlaber. Es ging um die Ablöse, es ging um die unmöglichsten Kleinigkeiten. Ein ewiges Hin und Her. Jeder wollte der Gewinner sein, keiner wollte nachgeben und sich bewegen. Die Situation war am späten Nachmittag so verfahren, daß wir die ganze Sache abbrechen mußten.

Der gute Lemke kam ziemlich ins Rotieren. Er war morgens mit dem Flieger gekommen und hatte gedacht, daß er am Nachmittag mit dem Vertrag in der Tasche in seine Maschine steigen und abends wieder bei Mutti in Bremen sein würde. Pustekuchen. Statt dessen mußte er erst mal in die Stadt rennen und sich Socken und eine Unterhose kaufen, weil er merkte: Ich werde hier wohl übernachten müssen.

Am nächsten Tag trafen wir uns wieder, doch wir traten weiter auf der Stelle. Man hätte die Hände über den Kopf zusammenschlagen können, um was für Dinge es da ging. Fragen ohne Ende, Probleme mit dem Vertrag, der Ablöse, mit allem.

»Es kann doch nicht sein, daß alles so kompliziert ist«, sagte ich zu Martina. »So kommen wir niemals zu einem Abschluß.«

Wir beschlossen, daß jeder nach Hause fuhr und sich überlegte, wie es weitergehen könnte.

Willi Lemke zog also wieder ab, entschwand einen Tag später als geplant in Richtung Bremen. Ohne einen Vertrag, aber immerhin mit einer neuen Unterhose. Das war sein einziger zählbarer Erfolg, den er vorweisen konnte.

Rüssmann geht aufs Ganze

Ich wurde immer skeptischer, was den Wechsel nach Bremen anging. So wie er sich hier präsentiert hatte, kriegte der Willi Lemke das niemals gebacken. Am Abend rief ich Rolf Rüssmann an, den Manager von Mönchengladbach. Wir waren befreundet und telefonierten gelegentlich miteinander, so wie ich heute manchmal noch mit Carsten Jancker, Alex Zickler oder Giovane Elber telefoniere. Ansonsten hatte ich keinen Kontakt mehr zur Borussia.

»Hör zu, Rolf«, sagte ich. »Du hast genau vierundzwanzig Stunden Zeit, mich nach Gladbach zu holen. Wie du das machst, auf Leihbasis oder kaufen, ist mir scheißegal. Vierundzwanzig Stunden, mehr nicht. Überleg dir das, sonst muß ich ’ne andere Entscheidung treffen!«

Keine zwölf Stunden später flog Rüssmann mit einem Privatjet ein und rief mich an. »Komm sofort zum Airport Florenz. Ich habe das Ding schon fast in trockenen Tüchern. Die Sache läuft.«

Wir lagen gerade am Strand, als er anrief. Fünfunddreißig Grad im Schatten und die Füße hoch. Schnell brachten wir unsere Kinder bei Freunden unter und fuhren zum Flughafen. Noch in Badelatschen stiegen Martina und ich zu Rüssmann in die Maschine. Dann ging es ab nach Mönchengladbach. Für den nächsten Tag hatte er schon die ärztliche Untersuchung geplant.

Ich sagte zu Rüssmann: »Du bist dir sicher, was du hier machst?«

Er nickte. »Ich mache das. Kein Problem.« Ihm fehlte noch eine bestimmte Summe für den Transfer, aber die würde er schon noch aufbringen. Die Gespräche mit Florenz liefen auch bereits. »Mach dir keine Sorgen. Ich ziehe das Ding durch. Nächste Saison bist du bei der Borussia. Verlaß dich drauf!«

»Alles klar«, sagte ich. »Wenn du meinst.«

Im Flieger gingen wir schon einige Details unseres Vertrages durch, auch wenn ich mir immer noch nicht sicher war, daß die Sache wirklich klappen würde.

In Gladbach wollten wir bei Martinas Eltern übernachten. Auf dem Weg vom Flughafen in die Stadt machte Martina ihr Handy wieder an, und drei Sekunden später klingelte es auch schon.

»Ja, Rehhagel hier.«

»Ach, Herr Rehhagel, wie geht es Ihnen?«

»Ja, wir sitzen hier zusammen und haben gerade eine Lösung gefunden …«

»Herr Rehhagel, hören Sie mich noch … Hallo, sind Sie noch da …?« Martina schaute mich augenzwinkernd an.

Sie war eine gute Schauspielerin. Die Geschichte mit Bremen war beendet. Martina schaltete das Ding ab, und wir lachten. Es war besser so.

Am nächsten Tag hatte ich meine ärztliche Untersuchung. Als der Doc feststellte, daß ich fit war, brachte Rüssmann den Transfer zum Abschluß. In absoluter Rekordzeit. Er ging volles Risiko. Ihm allein war es zu verdanken, daß ich nach Mönchengladbach zurückkehrte. Er sagte sich: Irgendwie mach ich das! Und er hatte Erfolg.

Der Vertrag wurde unterschrieben. Ich wurde für ein Jahr vom AC Florenz ausgeliehen. Danach, wenn man sah, wie es lief, konnte die Borussia mich für die fixe Summe von 7 Millionen Mark kaufen. Unsere Bedingung war, auf jeden Fall dasselbe Geld wie in Florenz zu verdienen.

Heutzutage würde wahrscheinlich kaum ein Manager ein so gewaltiges Risiko eingehen und solch eine Nacht-und-Nebel-Aktion durchziehen. Doch Rolf schreckte nicht davor zurück. Das konnte ich ihm nicht hoch genug anrechnen. Im Gegensatz zu Willi Lemke hatte er sofort Verantwortung übernommen und gezeigt, was er wollte. Richtig große Manager wissen, daß sie nur weiterkommen, wenn sie auch einmal aufs Ganze gehen. Rüssmann wurde dann auch durch unsere Erfolge für seinen Mut belohnt.

Uns gefiel der Gedanke, zur Borussia zurückzukehren. Wir hatten hier ein komplett eingerichtetes Reihenhaus: Hier waren unsere Wurzeln, hier waren unsere Kinder geboren, und Martinas Eltern und unsere Freunde wohnten hier. So mußten wir also nur die Haustür aufschließen und waren quasi zu Hause.

Das Haus in der Toskana behielten wir noch für zwei Jahre, dann verkauften wir es wieder.

Aus Bremen hörte ich nichts mehr. Sie wußten dort natürlich sofort, daß ich in Gladbach unterschrieben hatte.

Ich hätte aber gerne Mäuschen gespielt und mitgehört, was Rehhagel dem Lemke geflüstert hatte, als er mit einer neuen Unterhose, aber ohne Vertrag nach Bremen zurückgekommen war. Für Rehhagel wäre es das absolute Highlight gewesen, wenn ich bei Werder gespielt hätte. Angeblich, so hörte ich später von verschiedenen Leuten, war ein Grund für den Bruch zwischen Rehhagel und Lemke auch der gescheiterte Deal um meinen Wechsel. Rehhagel ist dann ja auch nicht mehr lange in Bremen geblieben, obwohl viele dachten, er würde bei Werder in Rente gehen. Und Willi Lemke ist mittlerweile auch da, wo er hingehört – er ist Schulsenator in Bremen. Das große Fußballgeschäft war nicht seine Welt.

5. EUPHORIE UND KATERSTIMMUNG

Die Rückkehr nach Mönchengladbach

Meine Rückkehr nach Mönchengladbach löste eine ungeheure Euphorie aus. Die ganze Stadt war im Fußball-Taumel. Der Verkauf von Dauerkarten stieg von 9500 auf fast 15 000. Auch der Trikotverkauf lief glänzend. Als ich in Düsseldorf landete, stand Rolf Rüssmann mit einem Fahrrad von Borussia Mönchengladbach vor mir.

»Was soll das denn?« fragte ich ihn. »Soll ich damit jetzt etwa nach Gladbach fahren?«

Rolf grinste. »Du hast doch erzählt, du würdest sogar mit dem Fahrrad zu uns kommen. Jetzt ziehen wir hier mal 'ne richtige Show ab.«

»Okay, aber hoffentlich hast du schon die Autobahn sperren lassen. Ich brauch die Überholspur.«

»Nee, Effe, schon gut. Ein Verkehrschaos können wir jetzt nicht gebrauchen.«

Ich schnappte mir also das Fahrrad und fuhr schon am Flughafen einige Runden.

Es gab einen Riesenrummel. Alle Journalisten waren da. So was hatte man hier noch nicht gesehen. Die Fotos in allen Zeitungen waren eine gute PR für den Verein. Alle schienen von meinem Wechsel zu profitieren.

Ich war plötzlich so etwas wie der »Messias vom Bökelberg« geworden. Mir machte das aber keine Angst, im Gegenteil. Ich wollte mit der Mannschaft etwas erreichen. Ich

Mit dem Fahrrad von Florenz nach Mönchengladbach, 1994

hatte auch keine Schwierigkeit, mich einzugewöhnen. Ich war wieder da, wo meine Karriere begonnen hatte.

Unser Saisonstart war durchwachsen, wir gewannen, verloren, gewannen, verloren wieder. So ging das ein paar

Wochen, bis wir uns als Mannschaft fanden und richtig durchstarteten. Dann spielten wir immer oben mit und wurden am Ende Fünfter. Ein grandioser Erfolg.

Der Triumph

Man hatte in Mönchengladbach sechzehn Jahre auf einen großen Sieg gewartet, und dann spielten wir nicht nur in der Bundesliga herausragend, sondern standen auch im Pokalfinale in Berlin.

Die Mannschaft war zu einer verschworenen Gemeinschaft geworden. Wir waren keine elf Freunde, so ein Gerede ist Schwachsinn, aber wir waren Typen, die wußten, was sie wollten, und die das Wort »Neid« nicht kannten. Keiner fragte, was der andere verdiente, und keiner stänkerte, daß er lieber drei Mark achtzig im Monat mehr hätte. Außerdem hatten wir einen Trainer, der ein gutes Training machte und unsere Sprache sprach. Bernd Krauss hatte ein Händchen für diese Mannschaft. Er wußte, wann er das Tempo anziehen mußte und wann er uns Freiheiten lassen konnte. Manches sah er auch nicht so eng. Als ich einmal vormittags auf der Kö in Düsseldorf shoppen war, klingelte plötzlich mein Telefon.

»Willst du nicht mal zum Training kommen?« Krauss war am Apparat.

»Training?« fragte ich verblüfft. »Wieso Training? Ich habe gedacht, wir trainieren heute nachmittag um vier.«

»Hör mal, wir haben jetzt Training. Wo bist du gerade?«

»In Düsseldorf, auf der Kö. Ich wollte mir ein paar Klamotten kaufen.«

Mein erster großer Titel: DFB-Pokalsieger 1995 mit der Borussia

»Alles klar, geh einkaufen, mach dir schönen Tag. Wir sehen uns morgen um zehn beim Training.«

Andere Trainer hätten da ganz anders reagiert, mit Wutanfall, Geldstrafe und Suspendierung oder allem zusammen. Krauss kapierte, daß ich mich wirklich nur geirrt hatte, und machte keine große Sache daraus.

Die Mannschaft belohnte seine Arbeit mit Leistung. Am 24.6.1995, dem Tag des Pokalfinales, waren wir topfit. Wir gewannen 3:0 gegen den Zweitligisten VfL Wolfsburg. Mein erster großer Titelgewinn! Damit waren wir im nächsten Jahr international dabei – genau wie der FC Bayern.

Die Münchener waren in der Bundesliga nur Sechster geworden, aber weil wir Pokalsieger wurden, schafften auch sie es in einen internationalen Wettbewerb. Eine Genugtuung für uns, daß wir den großen Bayern helfen konnten.

Zusammen mit meinem alten Kumpel Jörg Neun genoß ich unseren Triumph. Während die anderen Jungs schon im Bus saßen und ins Hotel fahren wollten, lagen wir nach dem Endspiel noch im Entmüdungsbecken, tranken Champagner und rauchten eine gepflegte Zigarre. Wie oft hatten wir damals in unserer WG davon geträumt, einmal diesen Pokal zu gewinnen! Und nun war es Wirklichkeit geworden! Erst als ein Betreuer kam und rief: »He, wir warten alle auf euch«, stiegen wir aus dem Becken und zogen uns an.

Im Hotel tranken und tanzten wir ohne Ende. Wir zischten uns ein Bier und einen Champagner nach dem anderen rein. Als wir an der Hotelbar saßen, begann uns ein Typ furchtbar zu nerven. »He, Effenberg«, brüllte er zu uns rüber und nervte ohne Ende. Er fing an uns zu beleidigen – immer und immer wieder.

»Komm, Junge, mach dich vom Acker«, rief ich und forderte ihn zweimal auf zu gehen, doch er wollte nicht hören. Den Rest erledigte dann der Neuner. Er verpaßte dem Typen eine, und wir hatten unsere Ruhe.

Wegen so etwas ließen wir uns die Laune an diesem Abend nicht verderben. Wir wollten weiter feiern, und Jörg wollte uns mit einem besonderen Kunststück überraschen – einem Strip. Im Aufzug probte er seinen Auftritt, nicht ohne Folgen. Er verfuhr sich, statt in die Hotelbar fuhr er in die Lobby zurück. Die Tür ging viel früher auf, als er dachte, und plötzlich stand die Tochter von Rolf Rüssmann vor ihm.

»Was ist denn mit dir los, Jörg?« fragte sie.

»Ich wollte zum Effe und den anderen Jungs«, stammelte er.

Sie guckte ihn entsetzt an. Er war fast nackt. Das arme Mädchen war ganz geschockt und dachte wohl, wir würden irgendwo noch eine Orgie feiern.

Auf der Party im Hotel lief Martina mit ein paar Spielerfrauen durch die Reihen und nahm den Männern ihre Krawatten ab. Erst guckten die meisten ganz komisch. »Was ist denn hier los?« Die Stimmung war zwar wie Karneval, aber Weiberfastnacht, wo den Männern die Krawatten abgeschnitten wurde, war nun doch nicht.

»Keine Angst, es ist für einen guten Zweck«, erkärte Martina, während sie und die anderen Frauen die Männer um ihre Krawatten erleichterten. Dann gingen sie fünf Meter weiter und verkauften die Krawatte – für hundert, zweihundert, dreihundert Mark. So gab es auf der Party einen richtigen Krawattentausch. Das Geld ging an »Zornröschen«, einen Verein in Mönchengladbach, der sich um mißbrauchte Kindern kümmerte. So hatten die auch etwas von unserem Pokalsieg, denn es kam einiges zusammen.

Nach unserem Sieg brachen auch in Mönchengladbach alle Dämme. So eine Begeisterung hatte ich noch nie erlebt. Fast zweihunderttausend Menschen empfingen uns. Es war der schiere Wahnsinn. Wir fuhren mit dem Mannschaftsbus vom Flughafen zum Stadion und dann weiter mit einem gemieteten offenen Doppeldecker-Bus über die Hindenburgstraße zum Alten Markt. Doch irgendwann hielt der Busfahrer an, weil er Schiß hatte, die Decke über ihm würde zusammenbrechen, so sehr hüpften und tanzten wir. Die letzten fünfhundert Meter mußten wir zu Fuß gehen. Auf dem Balkon, als man uns richtig feierte, flippten wir Spieler völlig aus. Jörg Neun und noch ein, zwei andere Spieler begannen die Blüten der Balkonpflanzen in die Menge zu werfen, erst eine Blüte, dann die nächste und noch eine. Bei jeder Blüte, die runterflog, brüllten die Fans begeistert auf. Dann flogen ganze Blumen mit Wurzel und Erde in die Menge, und schließlich versuchten ein paar von uns, die Balkonkästen abzunehmen und runterzufeuern. Zum Glück waren die Kästen fest montiert, sonst hätte es vielleicht noch Verletzte gegeben.

Eine Spende für Effe

Schon während der Saison war klar, daß der Verein mich unbedingt halten wollte. Rüssmann versuchte alles, um die Ablösesumme aufzubringen, die Florenz für mich forderte. Auch die Fans machten mit. Vor einem unserer letzten Heimspiele kam es zu einer richtigen Spendensammlung. »Eine Mark, damit der Stefan bleibt« hieß die Aktion der Borussia-Fans. Noch Tage später wurde Geld an der Geschäftsstelle abgegeben. Rolf Rüssmann erzählte mir von einem alten Mann, der in sein Büro kam. »Herr Rüssmann, ich habe von dieser Aktion mitbekommen, eine Mark zu spenden, damit der Stefan in Gladbach bleibt. Ich gebe Ihnen hier zwanzig Mark. Wir müssen ihn unbedingt halten. Sorgen Sie dafür, daß er nächstes Jahr auch noch hier ist. Wir haben doch gerade wieder Erfolg.«

Schließlich einigte sich die Borussia mit dem AC Florenz, und ich bekam einen erstklassigen Vertrag für vier Jahre. Ich war mit einer der Großverdiener der Bundesliga.

Ärger gab es auch noch in meinem ersten Jahr, nicht in Gladbach, aber in Köln. Allerdings lag es nicht daran, daß sich die Borussia und der 1. FC Köln nicht richtig grün waren. Mit Lothar Rhönisch war ich in den *Alten Wartesaal* gefahren, eine Disko am Kölner Hauptbahnhof. Eigentlich ein guter Schuppen, aber kaum hatten wir einen Fuß in den Laden gesetzt, ging die Pöbelei schon los. »Da ist ja der Blinde! Was will der Effenberg denn hier?« Diese Nummer! Als ich einen dieser Idioten sacht wegschob, machte der einen auf Krawall, dabei war wirklich nichts passiert. Aber ich fing mir eine Anzeige wegen Körperverletzung ein.

Die Sache wurde eingestellt. Doch natürlich war ich wieder in den Schlagzeilen. Irre, wie dreist Leute sein konnten und welchen Scheiß sie erzählten. Daß an der Sache nichts dran war, interessierte nachher natürlich kaum noch jemanden. Es war nur eine kleine Meldung in der Zeitung wert.

Später gab es noch einmal Ärger. Nach einer Sportlerwahl in Mönchengladbach liefen wir über den Parkplatz an der Kaiser-Friedrich-Halle: Lothar Rhönisch mit seiner Frau, Martina und ich. Es war ein netter Abend gewesen. Wir wollten nach Hause fahren. Plötzlich tauchte zehn Meter hinter Martina ein Typ auf, so um die Fünfzig, Marke: äußerst unangenehm. Als er uns sah, fing er sofort an herumzuschreien: »Du kannst doch gar nicht Fußball spielen. Und da ist ja auch deine Frau, die Schlampe. Ihr seid doch völlig bescheuert. Ihr arrogantes Pack!«

Er hörte überhaupt nicht mehr auf, und ich wollte schon zu ihm hingehen. Was glaubte der Kerl, daß er hier so über uns herziehen konnte? Doch Lothar Rhönisch schob mich weiter. »Komm, Effe, bleib ruhig und geh weiter. Da stehst du doch drüber.«

Der Typ lief uns nach und schimpfte immer weiter. Es wurde echt unangenehm. Eigentlich wollte ich mir das nicht länger bieten lassen, aber es war klar, was für Schlagzeilen es am nächsten Tag geben würde, wenn ich ihn wegputzte. Also tat ich nichts, obwohl ich einen dicken Hals kriegte.

Plötzlich hörte ich dann hinter mir: klatsch, klatsch. Als ich mich umdrehte, lag der Typ wie vom Stein getroffen da und bewegte sich nicht mehr. Lothar grinste mich nur an. »Effe, du setzt dich jetzt ins Auto und gibst keinen Ton von dir«, sagte er, und dann wurde ich ins Auto verfrachtet. »Du bleibst hier drin und kommst nicht mehr raus!«

Ich hätte mir den Typen gerne noch mal angeguckt, wie er da im Dreck lag, er hatte es wirklich verdient. Aber Lothar hatte recht. Es war besser, wenn ich im Auto saß und mit der ganzen Sache nichts zu tun hatte.

Es dauerte nicht lange, und die Polizei war da. Der Typ hatte schlechte Karten, sich zu beklagen. Zu viele Leute hatten gesehen, daß er uns belästigt und böse beschimpft hatte. Es kam trotzdem etwas vor Gericht. Lothar mußte dann aber lediglich eine geringe Geldstrafe bezahlen. Es war nämlich eine Kurzschlußreaktion von ihm gewesen.

Aber diese Erfahrung mußte ich leider immer wieder machen. Egal, wo ich auftauchte, wenn da hundert Leute waren, irgendein Idiot war immer drunter, der sich aufspielen mußte und herumpöbelte. Wenn ich dann reagierte, kriegte natürlich ich die schlechten Schlagzeilen und nicht der Typ, der mich angemacht hatte. An anderen Dingen waren die meisten Journalisten nicht interessiert. Die Headline »Stefan Effenberg schlichtet in der Disko einen Streit« würde niemand schreiben. Viel zu langweilig und bringt nichts für die Auflage!

Ich gehe heutzutage nicht in eine VIP-Lounge, weil ich das so toll finde und mich so wichtig nehme. Das hat mit Arroganz nichts zu tun. Nein, es ist oft die einzige Möglichkeit, in Ruhe etwas zu trinken und seinen Spaß zu haben. Manche Leute kapieren das nicht. Es ist eben nicht immer einfach, bekannt zu sein, aber so ist es halt. Auch das gehört dazu.

Mach mir den Tiger

Thomas Gottschalk lud mich zu seiner Late Night Show bei RTL ein. Er spielte den großen Fußballkenner und Bayern-Fan und bot mir eine Wette an.

»Ich wette, daß die Bayern wieder deutscher Meister werden«, sagte er.

»Niemals! Die Bayern packen's dieses Jahr nicht.« Ich hielt spontan dagegen. Frankfurt hatte einen beruhigenden Vorsprung. Die Truppe würde das Kind schon schaukeln. Eigentlich waren sie schon so gut wie Meister.

»Okay«, sagte Gottschalk. »Was machst du, wenn du verlierst?«

»Ich verliere nicht.« Ich war mir da ganz sicher. »Wenn du verlierst, rasierst du dir deine Locken ab. Wenn ich verliere, lasse ich mir einen Tigerkopf ins Haar malen.«

Gottschalk war sofort einverstanden, und wir schlugen ein. Er schien keinen Moment Angst um seine Locken zu haben und den Bayern voll zu vertrauen.

Frankfurt vergeigte tatsächlich die Meisterschaft, und die Bayern schafften es wider Erwarten doch noch. Ich hatte ein Problem. Eigentlich hatte ich keine Lust, mit einem Tigerkopf rumzulaufen, aber kneifen wollte ich

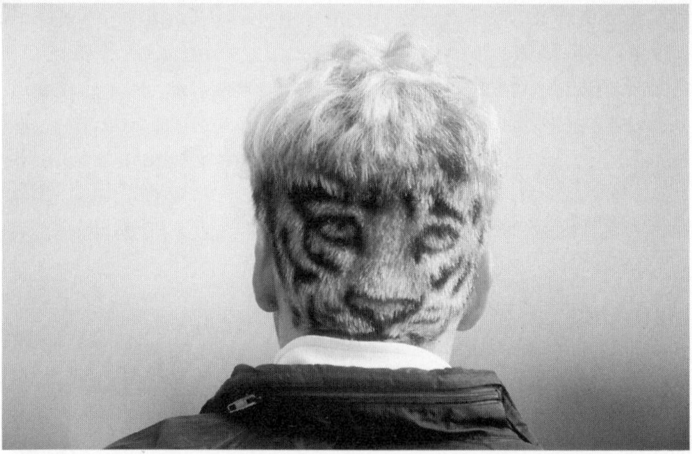
Die Geburt des Tigers, 1994

auch nicht. Also ging ich Wochen später wieder in die Show. Ich wunderte mich nur, daß ich schon fünf Stunden vorher da sein sollte. Die wollten ein echtes Kunstwerk aus mir machen und hatten extra einen Friseur, einen total verrückten Typen aus London, einfliegen lassen. Er machte nicht nur ein bißchen mit meinen Haaren rum, sondern färbte mir einen fetten Tigerkopf rein. Es sah total geil aus, richtig furchterregend. Mit schnell rauswaschen war da nichts.

Einen Tag später beim Training hatte ich natürlich sofort einen Spitznamen weg: »Effe, der Tiger.«

Nur Bernd Krauss mäkelte rum. »Mußte das sein?« fragte er. »Mußt du wirklich so rumlaufen?«

»Immerhin habe ich mir da keinen Terrier reinmachen lassen«, sagte ich.

»Laß bloß den Berti Vogts aus dem Spiel. Mit dem hattest du schon genug Streß.« Krauss grinste.

Auch in den Zeitungen zerriß man sich das Maul über

meine Frisur. Doch nach unserem nächsten Spiel war sofort wieder Ruhe. Wir gewannen zu Hause 7:1 gegen Bochum, ich schoß zwei Tore und bereitete eines vor. Plötzlich gefiel auch Bernd Krauss mein Tigerkopf. »Der Effenberg kann die ganze Saison so rumlaufen, wenn er immer so spielt.«

Als »Tiger Effe« ließ ich mir auch neue Kapitänsbinden machen – mit einem Tigerkopf in allen Farben. Sie wurden ein echter Verkaufsschlager.

Erst nach ein paar Wochen wuchs der Tigerkopf so langsam raus. Den wilden Typen aus London wollte ich aber nicht noch mal ranlassen. Der »Tiger« war ja schließlich schon geboren.

Gekicke

Die zweite Saison lief eigentlich hervorragend für uns. Wir wurden Vierter und schieden im Europapokal unglücklich im Viertelfinale gegen Rotterdam aus, aber irgendwie begann sich die Stimmung zu drehen. Einige Leute im Verein fingen das Spinnen an. »Da muß eigentlich mehr drin sein«, hieß es plötzlich. »Warum sind wir nicht Dritter oder Zweiter, sondern nur Vierter? Wir müssen auch mal wieder Meister werden.« So, als wären wir eine echte Übermannschaft.

In meinem dritten Jahr, der Saison 1996/97, wurde es noch schlimmer. Die Saison konnte man eigentlich knikken. Die Bezahlung war okay, aber sonst brachte das Jahr mir und der Mannschaft nichts. Wir dümpelten im Mittelfeld rum, absoluter Durchschnitt. Und die großen Verstärkungen, die man uns versprochen hatte, kamen nicht. Rolf

Rüssmann kündigte einen Spieler groß an, der aus England ausgeliehen war. »Der macht mindestens zehn bis zwölf Kisten!« Klar machte der Junge seine Tore, aber nur im Training.

Plötzlich hieß es auch: »Der Effenberg verdient viel zu viel!« Nach der zweiten Saison hatte der Verein meinen Vertrag nochmal um ein Jahr verlängert. Mein Verdienst war dementsprechend und stand plötzlich überall in den Zeitungen. Präsident Drygalski hatte diese Summe in die Welt gesetzt, so wurde es mir jedenfalls gesagt. Mir war diese Diskussion eigentlich egal. Ich wußte, was ich für die Mannschaft wert war, aber ich war enttäuscht, wie unprofessionell sich plötzlich einige im Verein verhielten. Denn jetzt war ich wieder jeden Tag in den Schlagzeilen. Ich wurde nicht mehr nach meiner Leistung gefragt, sondern es wurde nur über mein Gehalt gesprochen. Das ging mir auf den Sack, daß immer über diese fünf Millionen geredet wurde – es waren nämlich in Wirklichkeit noch mehr.

Auf der Kanzel

Am 20.11.1995 hatte ich noch einen großen Auftritt – nicht als Fußballspieler und nicht in einem Stadion, sondern in einer Kirche. Ein paar Leute wußten, wie wichtig mir Kinder waren. Klaus Hurtz, der Pfarrer der Franziskus-Gemeinde in Mönchengladbach-Geneicken, fragte mich, ob ich nicht in seiner Kirche eine Predigt halten wollte. »Ich gebe Ihnen Material und schreibe Ihnen was auf«, sagte er. »Zum Thema ›Für unsere Kinder sei du die Zukunft‹. Und Sie halten dann Ihre Predigt in meiner Kirche.«

Ich überlegte eine Weile. Dann sagte ich zu, aber mit

einer Bedingung. »Ich schreibe selber was«, sagte ich zu dem Pfarrer. »Wie ich glaube, daß man mit Kindern umgehen soll. Ich habe drei Kinder. Da kenne ich mich ein bißchen aus.«

Pfarrer Hurtz war total begeistert, als ich ihm mein Manuskript brachte. Wir kamen uns auch sonst näher. Ich wurde für ihn der »Stefan« und er für mich der »Klaus«.

Die Kirche war vollkommen überfüllt, so viele Leute kamen nicht mal Weihnachten. Was macht der Effenberg denn jetzt? dachten sich viele. Jetzt fängt er auch noch an zu predigen! Ich glaube, meine Ansprache wurde sogar irgendwo im Radio übertragen. Ich begann zu reden. Über meine Kinder, über die Kinder auf der ganzen Welt. Kinder sind für mich das Wichtigste im Leben, viel wichtiger als Geld und alles andere. Sie sind ein heiliges Geschenk, und deshalb muß man sich besonders viel Mühe geben, wenn man Kinder großzieht. Meine Eltern hatten das bei ihrer Erziehung beachtet, und ich versuche das auch. Und so sollte es eigentlich auf der ganzen Welt sein. Egal, wo – jeder sollte Kinder als etwas ganz, ganz Besonderes betrachten, denn für uns sind sie ja wirklich die Zukunft.

Als ich fertig war, gab es Beifall in der Kirche. Standing ovations. Obwohl doch eigentlich in einer Kirche gar nicht geklatscht werden durfte.

»Du hast ja verborgene Talente«, sagte Klaus hinterher zu mir. Und meine Schwiegermutter meinte: »Dir fehlt jetzt nur noch der Talar, und dann bist du Pfarrer Effenberg.« Na ja, so eine Karriere wollte ich dann doch nicht machen.

Nachher kamen Anfragen ohne Ende, ob ich nicht da und dort eine Ansprache halten könnte. Aber ich wollte, daß diese Predigt eine einmalige Sache blieb, und sagte alles ab.

Die Horrorgeschichten, wenn wieder irgendwo ein

Kind entführt und mißbraucht worden ist, regen mich immer furchtbar auf. Und vor allem die Eltern tun mir unendlich leid. Ich habe da auch eine klare Meinung. Die Strafen für Kinderschänder sind bei uns in Deutschland viel zu niedrig. Kinderschänder müssen weggesperrt werden und dürfen keinen Schritt mehr in die Freiheit setzen. Wir sind oft viel zu gnädig zu den Tätern und vergessen die Opfer. Wenn jemand eines meiner Kinder entführt und ihm etwas antut, könnte ich für nichts garantieren. Die Todesstrafe ist für mich kein Tabu. Nur – und ich betone nur – wenn hundertprozentig gentechnisch erwiesen ist, daß jemand ein Kind mißbraucht und umgebracht hat, hat er nichts anderes verdient als die Todesstrafe. Jeder hat seine eigene Meinung zu diesem Thema. Ich habe diese, und ich weiß, daß ich damit wahrscheinlich mächtig Gegenwind bekomme, aber dann soll man mal die Eltern fragen, die betroffen sind, wie die wirklich denken.

Ein Krug sieht rot

Der Bökelberg: Gladbach gegen Düsseldorf am 28.4.96. Ein echtes Derby. Das Stadion war voll. Wir lagen 0:1 hinten, ich hatte deswegen schon einen dicken Hals. Beim Spiel nach vorn sah ich aus den Augenwinkeln irgendwo Hellmut Krug, den Schiedrichter, rumlaufen. Er lief rückwärts, und ich konnte plötzlich nicht mehr ausweichen. Zumindest mein Arm war irgendwie im Weg. Volle Kanne prallte Krug gegen mich und legte sich lang hin. Wie ein Maikäfer, der auf den Rücken gefallen war, lag er auf dem Boden. Das Stadion grölte, ich schmunzelte nur im ersten Moment.

Shit, dachte ich dann, nun habe ich ein Problem.

Mühsam rappelte sich Krug wieder auf und griff in seine Hosentasche. Rote Karte.

»Vielen Dank«, sagte ich und spielte das Unschuldslamm. »Aber für was? Dafür, daß ich hinten keine Augen habe?« beschwerte ich mich.

Es half nichts, ich mußte vom Feld. Wir machten aber zum Glück noch das 1:1.

Wenig später gab es eine Verhandlung vor dem Sportgericht. Ich mußte mir dreitausend Mal das Videoband anschauen. Da war zu sehen, daß ich irgendwie den Arm ausgefahren hatte, aber so ein Arm macht ja manchmal, was er will ... Irgendwie komisch. Eine klare Absicht konnte man mir jedenfalls nicht unterstellen. Ich hatte Glück: Freispruch! Tage später wurde ich dann doch noch für zwei Spiele gesperrt. Schwer zu verstehen, oder? Das Sportgericht war in die Berufung gegangen und hatte doch noch eine Sperre durchgedrückt.

Fette Lügen

Das dritte Jahr lief nicht nur sportlich so lala. Ich kriegte auch sonst noch einen Riesenärger. Ich glaubte schon begriffen zu haben, wie das Geschäft mit den Medien so ablief, aber was es bedeutete, wenn eine Geschichte mal in der Welt war, bekam ich nun ganz handfest zu spüren.

Am 1.12.1996 war ich mit Uwe Kamps, seiner damaligen Frau, mit meinem Freund Lothar Rhönisch, dessen Frau und Martina essen. Hinterher fuhren wir noch zu uns nach Hause.

»Da hat eben jemand geklingelt«, sagte unser Babysitter, ein junges Mädchen, als wir kamen. »Ich habe nicht aufgemacht, sondern nur durch die Glasscheibe geguckt, aber vor der Tür war keiner. Zum Glück sind die Kinder nicht wach geworden.« Eigentlich war Heyen ein Kaff, in dem nichts passierte; ich ging trotzdem mit Kamps und Rhönisch nachschauen, ob sich da jemand rumtrieb. Draußen in der Einfahrt war nichts zu entdecken. Es war saukalt. Also gingen wir schnell wieder ins Haus, und unser Babysitter wollte wegfahren.

Sie war nach zwei Minuten aber wieder da. »Ich kann nicht rausfahren«, sagte sie. »Da liegt jemand hinter meinem Auto. Wahrscheinlich der Typ, der eben hier geschellt hat.«

Tatsächlich. Hinter dem Auto lag ein älterer Mann. So was hatten wir noch nie gesehen! Bei keinem Besäufnis, nirgendwo. Der Typ war rabenstramm, vier Promille, mindestens, aber nicht nur das: Er hatte sich vollgepißt, hatte sich in die Hose geschissen und war dann auch noch hingefallen. Sein Gesicht war voller Blut. Schon vom Hingucken kriegte ich den absoluten Ekel, aber nicht nur ich, vor allem Martina und die anderen Frauen, die auch mit rausgekommen waren. Den Kerl hätte man mit der Kneifzange nicht angefaßt.

Vorsichtig berührte ich ihn mit dem Fuß. »He, Meister, alles klar?« Ehrlich gesagt, taten mir meine Schuhsohlen leid, so widerwärtig war mir der Kerl.

»Lebt der überhaupt noch?« fragte Kamps. Bei der Kälte konnte man sich schon was abfrieren.

»Der ist stockbesoffen und hingefallen«, sagte ich. Der Typ gab irgendwelche röchelnden Geräusche von sich.

»Und was machen wir jetzt mit dem? Sollen wir die Polizei rufen?« fragte Kamps. »Oder einen Krankenwagen?« Niemand wollte den Typen anfassen.

Auf der anderen Straßenseite, in einem Eckhaus,

wohnte ein Landwirt. Er hatte vom Fenster aus gesehen, daß wir da ratlos auf der Straße standen, und kam auf uns zu.

»Was ist denn bei euch los?« fragte er.

»Hier liegt einer«, sagte ich, und wir riefen schnell ein Taxi.

Der Nachbar lud sich den Besoffenen auf die Schulter. Wahnsinn, dachte ich und bewunderte ihn ehrlich dafür. Ich hätte die Krätze gekriegt, wenn ich den Kerl angefaßt hätte. Auf der Gartenbank vor seinem Haus setzte der Landwirt den Mann ab.

Endlich fuhr das Taxi vor. Der Fahrer warf nur einen kurzen Blick auf den Besoffenen. »Nee, Leute«, sagte er, »euren Sportsfreund da nehme ich bestimmt nicht mit. Der versaut mir den ganzen Wagen.«

Also blieb uns nichts anderes übrig, als die Polizei zu rufen. Sie kamen und schafften es immerhin, irgendwie aus dem Besoffenen herauszukriegen, wo er wohnte. Dann legten sie ihre Rückbank mit einer Plastikfolie aus und verfrachteten ihn in ihren Streifenwagen. Es war ihnen anzusehen, daß sie heute nicht ihren Glückstag hatten. So einen Typen durch die Gegend zu schaukeln war absolut kein Vergnügen.

»Möchten Sie Anzeige erstatten?« fragte der eine Polizist mich noch. »Wegen nächtlicher Ruhestörung oder Belästigung?«

»Um Gottes willen, nein. Schauen Sie sich den Mann doch an! Der kann froh sein, daß er noch lebt. Nehmen Sie ihn mit, und dann ist gut«, sagte ich.

Aber was hatte der Typ bei uns gewollt? Für einen Einbrecher war er viel zu betrunken gewesen. Und wie war er überhaupt zu uns hingekommen?

Ein paar Monate später, während ich im Trainingslager

war, rief mich Martina aufgeregt an. »Da ist ein Strafbefehl von der Staatsanwaltschaft gekommen. Über 390000 Mark.«

»Wie bitte?« Ich dachte, ich hätte mich verhört.

»Ja, dich hat jemand angezeigt, weil du diesen Besoffenen vor unserer Tür zusammengetreten haben sollst.«

Zu sagen, daß ich aus allen Wolken fiel, wäre die Untertreibung des Jahres gewesen. Ich hatte schon viel Scheiß gehört, aber das war eindeutig der Oberscheiß.

Eine Frau, die uns gegenüber wohnte, war zur Polizei gerannt. Sie wollte gesehen haben, wie ich den Besoffenen in unserer Einfahrt zehnmal mit voller Wucht in die Seite getreten hatte. Der Typ hatte irgendwo gefeiert und hatte eigentlich zu ihr gewollt. Statt nach links war er aber in seinem Vollrausch nach rechts getaumelt und hatte sich in unserer Einfahrt langgelegt. Die Frau war Kellnerin in einem Dorf in der Nähe und schien sich öfter selbst ordentlich was einzuschenken, und der Mann war so was wie ihr Saufkumpan – so jedenfalls berichteten es mir Freunde. Die beiden hatten wohl auch ein Verhältnis. Vielleicht war die Alte auch nur frustriert gewesen, daß der Typ bei uns in der Einfahrt gelegen hatte und nicht bei ihr halbwegs nüchtern in der Kiste.

Die Geschichte stand natürlich sofort in allen Zeitungen und ging ab wie eine Rakete. Der Tenor war überall derselbe: Stefan Effenberg tritt einen wehrlosen Mann zusammen.

Das kann doch wohl nicht sein, dachte ich. Wer die Schnapsdrossel anguckt, weiß nach fünf Sekunden Bescheid, was hier läuft. Und so jemandem wird geglaubt? Für mich war sie krank, irre im Kopf. Aber die Geschichte funktionierte. Es wurden Schlagzeilen gemacht, die den Lesern nicht mehr aus dem Kopf gingen.

Die Sache kam Monate später vor Gericht.

Meine beiden speziellen Freunde schlurften ganz geduckt in den Gerichtssaal. Der Mann traute sich gar nicht, mich anzugucken.

Der liebe Gott wird dich für den Scheiß bestrafen, den du hier gemacht hast, dachte ich. Das ist mal ganz sicher.

Und dann ging es los. Märchenstunde im Gerichtssaal.

»Bei aller Liebe«, sagte ich zu meinem Anwalt. »Ich soll diesem Herrn da zehnmal mit voller Kraft in die Seite getreten haben? Ich bin Profifußballer. Mit einem Tritt breche ich ihm alle Rippen.«

Die Frau brachte alles durcheinander, wußte nicht mehr, ob ich ihren besoffenen Lover rechts oder links getreten hatte. Es wurde jedem klar, daß sie völlig neben sich stand. Ich glaube, sie war sogar im Gerichtssaal rabenstramm. Na, hatten die beiden sich wahrscheinlich gesagt, wenn wir Glück haben, können wir hier ein paar Mark Schmerzensgeld rauskriegen, stecken uns die Kohle in die Tasche, und dann fliegen wir mal eine Woche nach Mallorca und lassen es richtig krachen. Denn so wie die aussahen, waren sie aus dem Rheinland noch nie rausgekommen.

Eine Zeitlang hörte der Richter sich den Unsinn an, aber irgendwann wurde es ihm zu dumm. »Ich kann gar nicht mehr ertragen, was Sie hier erzählen«, sagte er. »Ich breche das hier jetzt ab. Ich muß gar nichts mehr hören.« Und damit war die Sache vom Tisch. Am 24.9.1997 wurde ich freigesprochen.

Aber was stand in den Zeitungen? Nichts oder eben nur ein kleiner Artikel, zehn Zeilen. »Freispruch erster Klasse!« Nichts da Freispruch erster Klasse! Es war Verarschung erster Klasse. Als die Geschichte losging, war sie für fette Balken gut gewesen und hinterher nur für eine Minimeldung.

»Was ist, wenn irgendwann eine Frau auftaucht, die

erzählt, ich hätte sie vergewaltigt?« sagte ich zu Martina. »Dann muß ich monatelang als Vergewaltiger in der Gegend rumrennen. Bis irgendwann drei Zeilen in der Zeitung stehen, daß ich es doch nicht war.« Wahnsinn!

Noch Jahre später erschienen Artikel, in denen die Geschichte aufgewärmt wurde. In manchen Berichten wurde sogar geschrieben, ich sei verurteilt worden – unglaublich! Ich weiß aber genau, meine beiden Freunde werden noch ihre gerechte Strafe bekommen. Der liebe Gott wird es schon richten.

For President

Nach meinem Freispruch hatte ich mich öffentlich darüber aufgeregt, daß solch eine Verhandlung nicht nur eine Riesenverarschung, sondern auch eine Verschwendung von Steuergeldern war. Irgendwie war dieser Spruch Jörg Zschoche, einem Reporter der *Bild-Zeitung*, zu Ohren gekommen. Er war ein besonders schlaues Kerlchen und machte sich seinen ganz eigenen Reim darauf. Nach einem Training lauerte er mir auf.

»Hallo, Stefan«, sagte er. »Ich habe läuten hören, du willst in die Politik.«

»In die Politik? Wie kommst du denn darauf?«

»Ja, ich habe gehört, du willst in Niederkrüchten Bürgermeister werden.«

He, dachte ich, was soll das denn? Ist heute schon der 1. April. Wenn ich eines nicht werden will, dann Papst oder Bürgermeister in Niederkrüchten. Doch dann ging ich auf das Spiel ein. Ziemlich ernst sagte ich: »Ja, stimmt, aber woher weißt du das denn schon wieder?«

»Das geht in deinem Ort rum«, sagte der Reporter.

»Ja, dann schreib das mal schön«, sagte ich. »Das liegt mir am Herzen. Hoffentlich schaffe ich das auch.«

Zu Hause erzählte ich die Geschichte Martina. Wir krümmten uns vor lachen, aber sie glaubte nicht, daß die Sache wirklich in die Zeitung käme. »Der wird doch nicht so verrückt sein, das tatsächlich zu schreiben«, sagte sie.

»Es steht so viel Mist in der Zeitung«, sagte ich. »Wirst sehen, der schreibt das. Dem traue ich das zu.«

Am nächsten Tag stand es fett in der Zeitung. Und viele glaubten die Story. Es gab sogar richtige Umfragen in Niederkrüchten.

»Was halten Sie davon, wenn Effenberg hier Bürgermeister wird?«

»Tolle Idee«, sagten einige. »Das ist Schwachsinn«, sagten andere. »Der soll lieber Fußball spielen.«

Ich glaube, dem Bürgermeister ging schon der Arsch auf Grundeis, daß an der Geschichte wirklich etwas dran sein könnte.

Auch meine Mitspieler reagierten. Als ich zum Training kam, hatten sie ein großes Plakat gemalt und aufgehängt: *Effe for President.*

Zehn Tage lang hatte ich einen Wahnsinnsspaß. Diesmal war die Sache echt zum Lachen, aber eigentlich konnte ich daran wieder sehen, was so ein falsches Wort auslöste.

Ich bin Henry

Martina und ich waren Mitte Dezember 1996 zu einer Sportlergala in Frankfurt eingeladen. Auf der Party hinterher lernten wir Graciano Rocchigiani und seine damalige

Frau Christine kennen. Wir saßen zusammen am Tisch und unterhielten uns prächtig. Als der Kellner kam, um einzuschenken, sagten wir: »Laß mal gleich die Flasche hier stehen, dann brauchst du nicht so oft kommen.« Er mußte trotzdem alle fünfzehn Minuten wieder antreten. Es wurde ein ziemlich feucht-fröhlicher Abend, der erst morgens um sieben zu Ende ging.

An Schlafen war nach der Party nicht mehr zu denken. Gegen acht Uhr wollten Martina und ich von Frankfurt nach Miami in Urlaub fliegen. Graciano hatte seinen Wagen dabei und fuhr uns ins Hotel. Wir holten unsere Klamotten und rasten dann zum Flughafen. Nicht mal Zeit zum Duschen hatten wir noch. Es war sehr unangenehm – richtig eklig! Wir waren trotzdem echt gut drauf. Im Flughafen begrüßten wir jeden, der uns entgegenkam, mit »Hallo, frohe Weihnachten! Alles Gute im Neuen Jahr!« Es fehlte nicht viel, und wir hätten jedem noch die Hand geschüttelt.

Leider war unsere Maschine weg. Wir waren zu spät. Zum Glück konnten wir jedoch ohne Schwierigkeiten umbuchen und leicht verspätet fliegen.

Graciano und Christine wollten uns eigentlich in Key West besuchen. Doch daraus wurde nichts. Ich rief ihn an, und er sagte ab. Es war ihnen zu kurzfristig. »Und was macht ihr Silvester?« fragte ich ihn dann.

»Och«, sagte Graciano. »Noch haben wir nichts vor.«

»Dann kommt doch zu uns. Wir sind gerade in unser neues Haus in Heyen gezogen. Wir feiern da mit ein paar guten Freunden.«

»Alles klar. Wir kommen.«

Ich holte Graciano und seine Frau an Silvester so gegen Mittag vom Düsseldorfer Flughafen ab. Er hatte ein Videoband dabei: seinen ersten Kampf gegen Henry Maske, den ich noch nicht gesehen hatte und mir unbedingt anschauen wollte.

Wir fuhren zu uns nach Heyen, guckten uns den Kampf an, den er eigentlich gewonnen hatte, und gönnten uns schon ein paar Biere. Wir hatten eine Menge Spaß. Es wurde ein spannender Abend. Ich kriegte einen ungefähren Eindruck, wie Boxer feiern. Auf jeden Fall ging das, was Graciano so anstellte, über die zwölfte Runde hinaus. Nicht schlecht, nicht schlecht, kann ich da nur sagen.

Von Alfons Schuhbeck hatten wir ein edles Holzschränkchen geschenkt bekommen, mit edlem hochprozentigem Alkohol. Wenn man den anzündete, brannte der sofort. Sechs wunderschöne Flaschen mit Gläsern. Innerhalb kürzester Zeit hatten Graciano und seine Frau einige Gläser weggeputzt. Ich würde lieber eine Kiste Bier trinken als eine von diesen Flaschen. Für Graciano und seine Frau kein Problem.

Irgendwann, als wir schon alle echt in Stimmung waren, legte ich die Hymne auf, zu der Henry Maske immer zu seinen Kämpfen in die Halle einmarschiert war. Dann zog ich mir einen Bademantel und Boxhandschuhe über und baute mich vor Graciano auf.

»Komm, Rocky«, sagte ich zu ihm und wedelte mit den Boxenhandschuhen provozierend vor seinem Gesicht rum. »Ich bin Henry. Komm!«

Zum Glück machte Graciano nichts und blieb ruhig. »Junge«, sagte er nur, »zieh die Dinger besser aus, sonst hast du gleich ein Problem.«

Graciano ist ein intelligenter Mann. Klar, er lebt als Boxer in seiner eigenen Welt, aber er ist ein interessanter, witziger Typ, ein echter Fighter. Er redet nicht geschwollen, sondern sagt geradeaus, was er denkt. Leider kam er später ins Gefängnis. Ich mußte häufiger an ihn denken, als man in den

Zeitungen über ihn herfiel. Mittlerweile ist er wieder aus der Haft entlassen worden. Ich hoffe, daß er noch den ein oder anderen Kampf macht und vielleicht ganz Deutschland überrascht. Wenn er noch mal eine große Nummer boxen sollte, nicht irgendeinen Heiopei aus der Provinz, würde ich mich sogar an den Boxring setzen und ihm die Daumen drücken. Graciano ist wirklich in Ordnung.

Auge um Auge, Ohr um Ohr

Ich brachte meinen Sohn Etienne morgens oft zum Schulbus und holte ihn mittags wieder ab. Das war so eine feste Gewohnheit geworden. Mit seinen Klassenkameraden kam ich immer sehr gut aus. Eine Zeitlang hatten wir in Gladbach direkt neben einer Grund- und Berufsschule gewohnt. Klar, daß da oft an unserer Tür geklingelt wurde und irgend jemand nach einem Autogramm fragte. Manchmal wurde es echt lästig. Bis ich einen Deal aushandelte. »Ihr könnte so viele Autogramme bekommen, wie ihr wollt«, sagte ich zu den Schülern. »Aber schleppt uns nicht die ganze Stadt an, und sonntags laßt ihr uns in Ruhe, okay?« Sie hielten sich alle daran. Ich schrieb fleißig Autogramme, und sonntags hatten wir tatsächlich unsere Ruhe.

Auch am Bus gab es eigentlich nie Ärger. Mit zwei Ausnahmen. Als ich Etienne einmal abholte, wurde er von einem Jungen im Bus wüst beschimpft, nur weil er mein Sohn war und Effenberg hieß. Diese Rotznase hatte so viele Schimpfwörter darauf, daß man nur staunen konnte. Und er hörte auch gar nicht mehr auf. »Reiß dich mal zusammen, Freundchen,« rief ich ihm zu. Doch er dachte gar nicht daran. Also stieg ich zu ihm in den Bus und kaufte ihn mir. Ich zog ihn am Ohr und sagte: »Wer hat dir diese Wörter beigebracht? Benimm dich mal lieber.« Er hielt dann auch den Mund, doch richtig Spaß machte die Aktion erst Wochen später. Ich hatte immer noch den Ärger mit dem Besoffenen am Hals, als ich mich die Eltern der Rotznase verklagten, weil ich ihren Sohn am Ohr gezogen hatte.

Wieder ein Fall fürs Amtsgericht. Doch vor dem Richter half mir der Busfahrer. »Eine riesige Unverschämtheit, was sich der Junge da geleistet hat«, sagte er, so nach dem Motto: Eigentlich hätte der Lümmel eine Tracht Prügel verdient gehabt.

Der Richter stellte die Sache dann wegen Geringfügigkeit ein. Auch die Eltern von diesem Rotzlöffel hatten es nicht geschafft, mit mir Kasse zu machen.

Die zweite Sache passierte Monate später. Ich hatte Etienne gerade am Schulbus abgesetzt, als mir ein Junge ins Auto rotzte. Ich hatte das Fenster nur einen Spalt offen gehabt, aber er landete einen echten Treffer. Volle Motte auf meine Schulter. Das glaube ich jetzt nicht, dachte ich mir. Ich sprang aus dem Auto und rannte in den Bus. Zum Glück hatte ich das Bürschchen genau gesehen.

»Was hast du denn für eine Erziehung abgekriegt?« sagte ich zu ihm. Und dann ließ ich mir seine Adresse geben und rückte mit Martina bei den Eltern an.

Die staunten nicht schlecht, als wir da aufliefen – und zwar nicht, um Autogramme zu geben. Unbeschreiblich, in was für Verhältnissen der Junge wohnte! Kein Wunder, daß er so schräg drauf war. Unter solchen Bedingungen dürfte man keine Kinder großziehen. Das sagte ich auch der Mutter und machte ihr ordentlich Druck. »Das sollte mal das Jugendamt sehen, wie Sie hier Ihren Jungen aufwachsen lassen.«

Da wurde sie noch richtig frech und kam mir mit Sprüchen wie: »Was wollen Sie überhaupt? Lassen Sie ja mein Kind in Ruhe« und so weiter.

Ich hätte wirklich zum Jugendamt laufen sollen, aber dann hätte es wahrscheinlich die Schlagzeile gegeben: »Effe nimmt armer Mutter ihr Kind weg!« Also ließ ich es lieber bleiben.

Als Weihnachtsmann

In Niederkrüchten-Heyen wohnten wir an einem Naturschutzgebiet, ganz ruhig auf dem Land. Wir gingen da oft mit den Kindern und unserem Hund spazieren. Irgendwann vor Weihnachten fiel Martina und mir auf, daß es in der Gegend ein Kinderheim gab. Wir klingelten und ließen uns das Haus zeigen. Dort wohnten ganz kleine Kinder bis rauf zu Fünfzehnjährigen. Sie waren alle total begeistert, uns zu sehen. Ich gab Autogramme und erzählte von unseren letzten Spielen. Die Kinder hörten ganz aufgeregt zu. Sie konnten es nicht fassen, daß ich da saß, aber mir machte es genauso viel Spaß wie ihnen.

Hinterher überlegten wir mit dem Heimleiter, was wir für sie tun könnten. Geld wollten wir nicht spenden. Das taten wir schon seit längerer Zeit für den Verein »Zornröschen« in Gladbach. Wir sagten deshalb nicht: »Hier habt ihr zweitausend Mark! Macht euch ein schönes Weihnachtsfest«, sondern fuhren zu Toys 'Я' us. Wir kauften Spielzeug und vor allem Gesellschaftsspiele. Ich glaube, wir packten uns fünf Einkaufswagen voll. Wir sahen aus wie Möbelpacker.

Unvorstellbar, wie sich die Kinder freuten. Wir machten

auch keine große Sache daraus. Wir riefen also nicht ein paar Journalisten an, so nach dem Motto: »Schießt ein paar Fotos und macht ein schöne Geschichte, damit ich mal positiv in den Schlagzeilen bin.« Das interessierte mich überhaupt nicht. Für mich war wichtig, die Dankbarkeit in den Augen der Kinder zu sehen, und nicht, das Ganze als eine Image-Kampagne zu benutzen.

Am Abgrund

In meinem vierten Jahr ging bei Borussia alles drunter und drüber. So etwas hatte ich in Deutschland bisher noch nicht erlebt. Die Geschichte mit meinem Gehalt ging weiter durch die Presse, obwohl unser Präsident Drygalski eifrig dementierte, er hätte nie was gesagt und schon gar nicht ein Problem daraus gemacht. Auch Karlheinz Pflipsen machte Schlagzeilen. Er klagte sein Urlaubsgeld ein, irgendwie eine schräge Nummer, die bei den Fans gar nicht gut ankam. Pflipsen war ein echter Gladbacher Junge, da legte man sich nicht mit seinem Verein an, dem man alles zu verdanken hatte. Ein schlechter Witz! Als Fußballmillionär konnte er sich den Urlaub auch so leisten. Außerdem litt seine Leistung darunter. Ich hatte nie wirklich Schwierigkeiten mit ihm, aber ich hatte immer das Gefühl, er hätte ein ganz Großer werden können, mit zig Länderspielen und Meistertiteln, wenn er mehr aus sich rausgekitzelt hätte. Pflipsen war immer zu schnell mit sich zufrieden. Schade drum!

Bernd Krauss hatte schon in der Saison 1996/97 seinen Hut nehmen müssen. Als er merkte, daß die Luft für ihn dünn wurde, stellte er sein Training um, doch dabei verlor er nur seine Lockerheit und seine klare Linie. Und wenn ein Trainer von seiner Linie abgeht, dauert es nicht mehr lange, bis er rausgeschmissen wird.

Hannes Bongartz übernahm. Der Lange mochte vielleicht ein ganz guter Spieler gewesen sein; als Trainer konnte ich wenig mit ihm anfangen. Er schaffte es fast, mir den Spaß am Fußball zu nehmen. Das war vorher nicht einmal Ranieri in Florenz gelungen. Meine Leistung ging bei ihm daher auch voll in den Keller. Als ich nach einem Abschlußtraining statt vier, nur zwei Minuten auslief und vor allen anderen im Bus saß, machte er mich an: »Was ist denn das für ein Verhalten, daß du schon im Bus sitzt! Die anderen Jungs laufen noch!« Es war eine Lappalie, aber er suspendierte mich für das Spiel gegen Köln. Ich akzeptierte die Strafe. Was blieb mir anderes übrig? Von den Jungs in der Mannschaft wagte keiner ein Wort dagegen zu sagen, obwohl sie es auch für schwachsinnig hielten. Heute arbeitet Bongartz in der dritten Liga in Wattenscheid. Da ist er mit Sicherheit gut aufgehoben. Ein Amateur zu den Amateuren, Profis in die Bundesliga.

Bongartz bereitete uns auf die Saison 1997/98 vor, aber sehr lange hielt auch er nicht durch. Zu sehr war die Mannschaft auf Talfahrt. Norbert Meier, eigentlich Trainer der Amateurmannschaft, durfte sein Glück versuchen. Er war ein echter Kumpel, körperlich absolut fit, so daß es sogar noch als Spieler für die Bundesliga gereicht hätte. Er versuchte, wieder eine gewisse Lockerheit reinzubringen, aber richtig erfolgreich waren wir mit ihm auch nicht. Also mußte auch er gehen.

Die letzten Spiele machten wir unter Friedel Rausch.

Friedel war ein echt geiler Typ, ein klasse Trainer, ganz anders als Bongartz. Er hatte Erfahrung, er hatte Humor und immer einen guten Spruch auf Lager. Rausch trainierte auch öfter bei uns mit. Er war dann immer bei mir in der Mannschaft – und er liebte es zu gewinnen. Wenn wir um drei Uhr mit einem Trainingsspiel anfingen, konnte sich die Sache hinziehen. Einmal stand es um vier Uhr 0:7 gegen uns, um fünf 4:7, um sechs 7:7. Kurz vor halb sieben führten wir endlich 8:7. Da griff Rausch sofort zu seiner Pfeife, pfiff ab und sagte: »Danke, das war's für heute.« So war er halt der Friedel.

Rausch schaffte es, die Mannschaft aufzuwecken. Trotzdem war unser Abstieg vor dem letzten Spieltag so gut wie perfekt. Karlsruhe durfte in Rostock nicht verlieren, und wir mußten in Wolfsburg unbedingt gewinnen. Karlsruhe führte früh 1:0, doch das Ding drehte sich. Ich machte das 1:0, und wir gewannen 2:0 gegen Wolfsburg. Karlsruhe aber fing sich in Rostock noch vier Tore ein, verlor 2:4 und war damit in der zweiten Liga. Der liebe Gott war an diesem Tag ein Gladbacher. Wir hatten uns in letzter Sekunde gerettet.

Die Erleichterung bei uns und den Fans war unbeschreiblich. Tausende stürmten das Feld, umarmten und küßten uns. Es war eine phantastische Sache, Pokalsieger zu werden, aber es war etwas ganz anderes, den Nicht-Abstieg zu feiern. Ein Abstieg, der erste in der Gladbacher Bundesliga-Geschichte, hätte die Fans und den Verein bis ins Mark getroffen. Auch in Mönchengladbach gab es eine Riesenparty. Die ganze Stadt war auf den Beinen. Und ich brauchte zum Glück kein schlechtes Gewissen zu haben, daß ich den Verein verließ. Bei einem Abstieg wäre das sicherlich anders gewesen. An Gladbach hängt mein Herz. Ich liebe diese Stadt und werde mich immer mit ihr verbunden fühlen, weil ich hier Profi wurde, weil ich hier Martina kennenlernte und weil meine Kinder hier geboren wurden. Auch in der Mannschaft hatte ich gute Freunde wie Uwe Kamps, Jörg Neun, Christian Hochstätter und Michael Sternkopf.

Bei der Feier zum Abschied sagte ich: »Erinnert euch an die ersten zwei Jahre, nicht an die beiden letzten. So etwas werdet ihr hier lange nicht mehr haben.« Ich sollte recht behalten ...

Mein Abschiedsspiel würde ich am liebsten am Bökelberg machen. Denn an diesem Verein hänge ich noch immer und werde die wunderschöne Zeit in Gladbach nie vergessen.

Zurück an die Isar

Ich ging 98 zum FC Bayern zurück. Die Perspektiven waren in Gladbach nicht mehr gegeben. Ich wollte noch etwas anderes erleben, als gegen den Abstieg zu spielen oder im Mittelmaß der Bundesliga zu versinken. Außerdem hätte der Verein mich sowieso verkaufen müssen, um überhaupt die Lizenz für das nächste Jahr zu kriegen. Für keinen anderen Spieler konnte man mehr Geld einnehmen.

Ein paar Wochen bevor die Saison zu Ende ging, meldete sich Uli Hoeneß bei mir: »Stefan, wir wollen dich unbedingt haben.« Hitzfeld würde Trainer werden, und beim Golfspielen hatten die beiden über die neue Bayern-Mannschaft gesprochen und sich gesagt: Wir müssen den Effenberg holen, der marschiert und powert. Auch Hitzfeld rief mich zweimal zu Hause an. »Junge, komm zum FC Bayern. Ich kann dich gut gebrauchen.« Da war für mich klar, daß ich nach München wechseln würde. Deshalb redeten wir auch mit gar keinem anderen Verein mehr.

In Düsseldorf traf Martina sich dann mit Hoeneß und Rummenigge. Die Verhandlungen waren recht kurz. Martina machte unsere Forderungen klar, und die Bayern akzeptierten. Der Vertrag sollte über drei Jahre laufen.

Ich war wieder ein Bayer und hatte außerdem Mönchengladbach durch die Ablöse viel Geld beschert und wahrscheinlich die Lizenz gerettet. Leider stieg die Borussia ein Jahr später ab. Meinen Weggang hatten sie sportlich nicht wegstecken können.

6. ERFOLGE OHNE ENDE

Die besten Jahre beim FC Bayern

Der FC Bayern München hatte nach der Saison 97/98 einen Schnitt gemacht.

Sie hatten mit Ottmar Hitzfeld einen neuen Trainer geholt, der vorher in Dortmund alles erreicht hatte. Außerdem kamen fünf relativ fertige, aber sehr hungrige Spieler: Salihamidzic, Jeremies, Linke, Ali Daei und ich. Dementsprechend waren der Druck und die Erwartungen. Unter dem Meistertitel würde nichts laufen. Im Vorfeld wurde auch schon kräftig gegen mich gestänkert. »Der Effenberg kann nur in einer Mannschaft glänzen, in der es keine Stars gibt«, hieß es, und: »Der war schon mal da, und da hat es nicht geklappt. Wieso soll es diesmal besser laufen?«

Selbst Edmund Stoiber, der Ministerpräsident, meldete sich zu Wort und lehnte sich ziemlich aus dem Fenster. Er kannte mich zwar gar nicht, meinte aber, einen Stefan Effenberg würde der FC Bayern nicht brauchen. Ich wußte damals gar nicht genau, wer Stoiber war. »Wer ist denn dieser Mann?« fragte ich. »Das ist unser bayrischer Ministerpräsident«, erklärte man mir. Auch gut, dachte ich, wenn der sonst keine Probleme hat, soll er ruhig was gegen mich haben. Stoiber gehörte auch dem Verwaltungsrat der Bayern an und feierte immer brav mit, wenn es etwas zu feiern gab. Das erste Mal traf ich ihn dann bei unserer Meisterfeier auf dem Balkon am Marienplatz.

Die erste Deutsche Meisterschaft, 1999

»Mensch, Herr Effenberg, herzlichen Glückwunsch. Sie haben sich wirklich toll gemacht in München.«

»Sie haben ja schnell Ihre Meinung geändert, Herr Stoiber. Ich dachte, man könnte mich hier gar nicht gebrauchen.«

Edmund feierte mit, als hätte er selbst die Meisterschaft gewonnen. Nach dem Motto: »Ich bin der beste Freund von Effe.« Bei der Meisterfeier – und das macht ihn wieder sympathisch – revidierte er sogar öffentlich seine Meinung. Eigentlich untypisch für Politiker. Aber das hatte Stil.

Hitzfeld ging auf diese Miesmacherei im Vorfeld gar nicht ein. Er gab mir sofort das Gefühl, daß ich sein Mann war und er mir vertraute. Das half mir unwahrscheinlich. Auch in der Mannschaft wurde ich sofort akzeptiert. Wir wurden mit fünfzehn Punkten Vorsprung Meister. Ich glaube, so überlegen war noch kein Team gewesen.

Einmal blasen, bitte

Im September 1998 hatten wir einen Mannschaftsabend. Richtig zünftig in einem Hofbräuhaus mit Weißwurst und Weizenbier. Hinterher zog ich mit Thorsten Fink, Sven Scheuer und ein paar anderen Jungs noch nach Schwabing, in irgendeine Bar, die gerade angesagt war. Die Stimmung war gut, die Musik in Ordnung, und es wurde auch einiges getrunken. Ich hielt mich allerdings zurück. Als ich in meinen Wagen stieg, fühlte ich mich fit. Ich fuhr nach Hause, langsam und vorsichtig, und hielt mich an alle Verkehrsregeln. Ich wollte bloß nicht auffallen und schnell ins Bett.

Als ich schon fast zu Hause war, sah ich einen Polizeiwagen an einer Ecke stehen.

Oh shit, dachte ich, hoffentlich haben die hier was anderes vor, als mich anzuhalten und zu kontrollieren. Aber was konnte das anderes sein? Was machte ein Polizeiwagen morgens um drei Uhr in einer total ruhigen Wohngegend? Das letzte Auto war hier wahrscheinlich vor drei Stunden vorbeigekommen. Es sah fast so aus, als hätten die hier auf der Lauer gelegen und auf mich gewartet.

Ich hatte natürlich kein Glück. Die Polizisten folgten mir mit Blaulicht. Vor meiner Haustür hielt ich an, und sie stiegen aus.

»Ihren Führerschein und den Fahrzeugschein bitte. Haben Sie etwas getrunken?«

»Ja«, sagte ich. »Ich hab' was getrunken, zwei, drei Bierchen vielleicht, aber ich fühle mich fit.«

»Na, dann machen wir mal einen Test«, sagte der eine Beamte. »Blasen Sie mal da rein.«

0,89 Promille zeigte das Gerät, nicht gerade schlimm, aber zuviel. Ich bin sicher, andere Polizisten hätten kein großes Theater gemacht und die Sache anders geregelt. So in dem Stil: »Herr Effenberg, Sie haben etwas zuviel getrunken, passen Sie beim nächsten Mal ein bißchen besser auf.« Irgendwas in dieser Art hätten sie gesagt und hätten sich noch zwei Autogramme geholt, und ich wäre ins Haus marschiert.

Nicht diese beiden Sportsfreunde. Sie schienen richtig Spaß zu haben, mich zappeln zu lassen.

»Wir warten jetzt noch einen Moment und machen den Test noch mal. Dann steigt der Wert noch etwas.«

»Wie bitte?« sagte ich. »Das kann doch wohl nicht Ihr Ernst sein.«

Irgendwie hatte ich immer stärker das Gefühl, daß sie tatsächlich auf mich gewartet hatten. Hatte mich jemand verpfiffen und bei der Polizei angerufen? So nach dem Motto: »Hört mal her, der Effenberg hat bis eben in Schwabing gefeiert und steigt jetzt in seinen Wagen. Den könnt ihr vor seiner Haustür abfischen.«

Durch das Blaulicht, das sich unaufhörlich drehte, war Martina wach geworden und kam auf die Straße.

»Was ist denn hier los?« fragte sie mich.

»Die beiden haben mich pusten lassen«, sagte ich. »Alkoholtest.«

Die zweite Probe ergab 1,07 Promille.

»Und was nun?« fragte ich die Beamten.

»Jetzt geht es ab zur Blutabnahme. Steigen Sie bitte in unseren Wagen.«

Ich setzte mich nach hinten in den Streifenwagen. Handschellen hatten sie mir nicht angelegt, aber ich fühlte mich trotzdem wie ein Schwerverbrecher. Ich hatte vorher noch nie in einem Polizeiwagen gesessen.

Die Blutabnahme war eine Sache von ein paar Minuten. Es war mittlerweile fast fünf Uhr morgens.

»Sollen wir Sie wieder nach Hause fahren?« fragte mich einer der Polizisten.

Ich war inzwischen echt genervt. »Was glauben Sie denn? Soll ich etwa zu Fuß gehen oder mit der U-Bahn fahren?«

Auf dem Rückweg regte ich mich so auf, daß die Polizisten drohten, mich irgendwo abzusetzen. Als ich dann wieder zu Hause war, hätte ich ihnen beinahe noch Geld in die Hand gedrückt, weil ich für einen Moment dachte, ich säße in einem Taxi. Ich konnte mich noch für drei Stunden aufs Ohr legen, dann mußte ich zum Training.

Es war irre, wie schnell die Geschichte rund ging. Die Pressestelle der Polizei leistete ganze Arbeit. Nach dem Training fing mich Markus Hörwick, der Pressesprecher der Bayern, ab. »Hör mal, Stefan, die Zeitungen melden morgen, daß du bei einer Alkoholkontrolle mit 1,07 Promille erwischt worden bist. Sprich lieber mit dem Trainer und erklär ihm das, bevor er es von anderen Leuten erfährt.«

Okay, ich rief Hitzfeld sofort an. Er reagierte ziemlich gelassen. »1,07 Promille ist ja nicht so schlimm«, sagte er. Mir war trotzdem klar, daß ich eine Geldstrafe kriegen würde. So kam es dann auch. Die Standardstrafe bei den Bayern: 10000 Mark. Diese Summe mußte man schon ungefähr dafür bezahlen, wenn man auf dem Klo nicht richtig abgespült hatte. Damit war das Thema für den Verein erledigt, für mich eigentlich auch. Aber nicht für die Zeitungen.

Am nächsten Tag war die Story auf allen Titelseiten. Mein ahnungsloser Vater bekam einen Riesenschreck, als er früh morgens zur Arbeit fuhr und am Axel-Springer-Haus in Hamburg auf einem News-Band die Schlagzeile las: »Stefan Effenberg – Führerschein weg.« Er hatte noch nichts davon gewußt. Erst am Abend konnten wir telefonieren. Tagelang beschäftigte man sich mit meiner angeblichen Alkohol-Eskapade. »Darf ein Fußballspieler so etwas machen? Ein paar Tage vor einem wichtigen Spiel?«

Was ist denn jetzt los? dachte ich. Haben die keine anderen Sorgen? Als ich dann auch noch in einem Interview sagte: »Tagtäglich werden Leute erwischt, die zuviel getankt haben«, gab es jede Menge Lesebriefe. In einem stand: »Sicherlich werden Leute mit Alkohol im Blut erwischt, aber die heißen nicht Effenberg.«

Mir war es letztlich auch egal, was die Leute dachten. Nur daß ich die nächsten vier Wochen öfter mit dem Taxi zum Training fahren mußte, nervte mich gewaltig.

Giovane Elber und Marcelinho von Hertha BSC Berlin wurden später auch mit Alkohol am Steuer erwischt und verloren ihren Führerschein. Über sie wurde nicht viel geschrieben. Nur bei mir schlug es hohe Wellen. Ich fühle mich deswegen immer noch ungerecht behandelt. Ehrlich, manchmal kommen mir sogar heute noch die Tränen …

Nicht nur in der Meisterschaft – auch in der Champions League starteten wir durch. Bis zum Endspiel gegen Manchester United in Barcelona. Wir waren überlegen, führten 1:0 und hatten dreimal das 2:0 auf dem Fuß. Okay, dachte ich, dann schaukeln wir eben ein 1:0 über die Zeit. Manchester spielte nicht sonderlich zwingend und erarbeitete sich auch keine richtigen Chancen mehr. Das Spiel war fast vorbei, doch in der 90. Minute fingen wir uns das 1:1 ein. Shit, dachte ich, jetzt müssen wir noch mal richtig Gas geben. Sekunden später fiel nach einem Eckball das 2:1 für United. Die Mega-Katastrophe!

Ich konnte es nicht fassen. Die Niederlage war total unverdient. Die Spieler von ManU liefen in ihre Kurve und ließen sich mit dem Pokal feiern, und wir lagen am Boden. Einige von uns heulten in der Kabine, und auch ich weinte. Niemand sagte ein Wort. Wer jetzt eine lange tröstende Rede gehalten hätte, wäre wahrscheinlich gelyncht worden. So eine Leere hatte ich noch nie gefühlt. Ich war fast 31 Jahre alt. Wer konnte wissen, ob ich überhaupt jemals wieder in einem solchen Endspiel stehen würde. In zwei Minuten hatten wir alles verloren und uns um den Lohn einer ganzen Saison gebracht. Es war unglaublich traurig. Ich habe mir bis heute übrigens dieses Spiel nie mehr auf Video angeschaut. Keine Szene von diesem Spiel habe ich jemals wieder gesehen.

Trotzdem, sagte ich mir, wir haben großartig gespielt, und wenn die Mannschaft zusammenbleibt, kann sie es nächstes Jahr schaffen.

Zusammen mit unserem Ersatztorwart Bernd Dreher mußte ich auch noch zur Dopingkontrolle. Sheringham von Manchester, der auch darauf wartete, daß er pinkeln konnte, war total euphorisch und drehte beinahe durch. Ich konnte mir das nicht mit ansehen und kippte mir die Biere wie Wasser rein, damit ich endlich aufs Klo konnte. Dann ging's ab zum Bankett. Auf den meisten Beerdigungen war wahrscheinlich eine angenehmere Stimmung als auf dieser Feier. Wir waren völlig erledigt und wären am liebsten sofort in den Urlaub gefahren. Aber wenig später, am 12.6.1999, stand das nächste Endspiel an: Pokalfinale in Berlin gegen Werder Bremen.

Wieder klebte uns das Pech an den Stiefeln. Nach neunzig Minuten und der Verlängerung stand es immer noch 0:0, obwohl wir eigentlich die etwas bessere Mannschaft waren. Elfmeterschießen. Ich war der letzte Schütze, und da Bremen schon vorher einen Elfmeter verschossen hatte, hätte ich das Spiel entscheiden können. Ich habe keine Angst, Elfmeter zu schießen, meine Quote ist sehr gut, doch an diesem Tag versuchte ich es irgendwie anders zu machen. So jedenfalls hatte ich noch nie geschossen. Ich wollte den Ball hoch links oben ins Tor dreschen und semmelte das Ding einen halben Meter über den Winkel. Damit war alles wieder offen – pari. Bis Lothar Matthäus ranmußte. Als er verschoß und Frank Rost den nächsten Elfer versenkte, war das Spiel entschieden. Bremen war Pokalsieger. Wir hatten das zweite Finale innerhalb weniger Tage verloren. Grauenvoll!

Hinterher ging das große Geschrei los. Wer war an der Niederlage schuld? Es fiel fast nur mein Name. Von Matthäus redete keiner. Was wird denn hier diskutiert? dachte ich. Mich macht man persönlich an, und alle anderen haben mit der Niederlage nichts zu tun? Unglaublich!

Der einzige, der absolut hinter mir stand, war wieder einmal Ottmar Hitzfeld. Er redete nicht groß, versuchte nicht, uns mit vielen Worten wieder aufzubauen, sondern handelte. Noch auf dem Bankett nach dem Pokalfinale nahm er Oliver Kahn und mich beiseite. »Stefan, du wirst in der nächsten Saison Kapitän«, sagte er. »Und du, Olli, wirst Stefans Stellvertreter. Ich möchte, daß ihr das als erste wißt.«

Damit gab Hitzfeld das Zeichen für die nächste Saison, richtig anzugreifen.

Blöde Mädchen

Auf dem Bankett nach dem verlorenen Finale tauchten spät am Abend plötzlich zwei Mädchen auf, die sich zu uns in die Runde setzten. Es war ein sehr intimer Kreis, nur wir Spieler mit unseren Frauen und den Funktionären. Erst fielen uns die beiden Mädchen gar nicht richtig auf. Wir waren gefrustet und mit uns selbst beschäftigt, aber die taten so, als gehörten sie schon jahrelang dazu, setzten sich in die Runde und machten einen auf dicke Freunde. Auch unsere Frauen fanden die beiden mächtig aufdringlich und meckerten schon. »Woher kennt ihr die denn?«

Als die eine ein Foto mit mir machen wollte, sagte ich zu ihr: »Jetzt nicht. Wir möchten unter uns sein.« Ich lasse sonst immer Fotos machen. Ich bin da nicht so, aber die beiden Nüsse gingen allmählich allen auf die Nerven. Außerdem war ich durch die Niederlage genervt.

Die eine war besonders penetrant. Sie gab mir plötzlich eine Backpfeife und haute dann ab. Ein paar Spieler und ich liefen ihr zur Damentoilette nach, wo sie sich einschloß. Sie hatte mich geohrfeigt. Jetzt hatte sie ein Problem. Wir machten einen auf Psycho-Terror. »Warte,

warte, gleich kommen wir und kriegen dich. Dann wirst du was erleben.« Wir schlugen mit den Fäusten gegen die Tür und rüttelten an der Klinke. Das Mädchen fing an zu heulen. Wir dachten schon, die dreht in ihrem Klo komplett durch, als auf einmal der Hoteldirektor auftauchte. »Was ist denn hier vorgefallen?« Wir erklärten ihm die Sache, und der Fall war eigentlich erledigt. Sie hatte Glück, daß der Direktor kam, sonst hätte ich sie mir mal richtig vorgenommen – mit Worten versteht sich.

Am nächsten Tag gab es aber mal wieder ein paar fette Schlagzeilen gegen mich. Die Mädchen gehörten angeblich zu einer Girlie-Band und hatten einen Manager, der den kleinen Vorfall an die große Glocke hing. Wahrscheinlich brauchten die Girls ein bißchen Publicity. Mehr als La Paloma pfeifen konnten die beiden jedenfalls nicht draufgehabt haben. Sie waren vor dieser Sache nichts und waren hinterher nichts. Null Hits, null Erfolge.

Den Verein interessierte die Sache überhaupt nicht; das war weder Hoeneß, Hitzfeld noch Beckenbauer wichtig. Ich legte mir danach einen Bodyguard zu, jemanden, der solche Leute direkt in die Tonne haute, die nur darauf aus waren, mich anzumachen. So konnte ich der Zukunft streßfrei ausgehen, ohne gleich wieder Ärger am Hals zu haben.

Adrenalin pur

Für die neue Saison hatten wir uns einiges vorgenommen. Sie fing jedoch beschissen an. Ich verletzte mich in der Vorbereitung: Syndesmoseriß – Gips! Es dauerte daher einige Zeit, bis ich meinen Rhythmus fand. Wir waren auch nicht so überlegen wie in der Saison zuvor. Am letzten Spieltag lag Leverkusen drei Punkte vor uns, wir hatten aber das bessere Torverhältnis. Sie spielten ausgerechnet in Unterhaching, am Stadtrand von München. Wir mußten zu Hause gegen Bremen ran.

Schon im Bus, auf dem Weg ins Stadion, hatte ich ein gutes Gefühl. »Leute«, sagte ich, »ich hab's im Gefühl, wir werden deutscher Meister.«

Wir machten früh die Tore, führten sehr schnell mit 3:0. In Haching tat sich nichts. Dann unterlief Ballack das Eigentor. Im Olympiastadion war die Hölle los, Jubel und Beifall ohne Ende.

Wir packen es, dachte ich immer wieder während des Spiels. Mein Gefühl hatte mich nicht getrogen. Kurz vor dem Ende kam Markus Hörwick, unser Pressesprecher, an den Spielfeldrand. »Zwei zu null für Unterhaching«, sagte er zu mir.

Im Stadion breitete sich ein Gänsehaut-Feeling aus. Ich wollte gar nicht mehr weiterspielen. Mir zitterten die Knie. Es war unbeschreiblich. Adrenalin pur. Wir waren wieder deutscher Meister, weil Unterhaching gefightet und Leverkusen 2:0 besiegt hatte.

Auf dem Marienplatz, bei der Meisterfeier vor Tausenden von Fans, stimmte ich dann das Lied vom »Vizemeister Daum« an. Ich wollte Daum keine reinbügeln, wie es viele Zeitungen schrieben. Ich respektierte ihn als Trainer, nein, es war der pure Überschwang, die Freude, daß wir es doch noch geschafft hatten. Es war einfach unbeschreiblich. In so einem Moment überlegt man nicht mehr jedes Wort, das man sagt. Sorry, Christoph.

Die Revanche

In der Champions League lief es in dieser zweiten Saison anfangs ähnlich gut für uns wie im Vorjahr. Im Halbfinale trafen wir auf Real Madrid. Wir verloren in Madrid 2:0. Wegen einer Verletzung hatte ich nicht mitspielen können. Doch groß enttäuscht zu sein konnten wir uns nicht leisten. Wir hatten wenige Tage später ein Finale zu spielen: das Pokalendspiel gegen Bremen. Zum Glück war ich wieder fit. Mein Arzt Doktor Müller-Wohlfahrt und mein Masseur Fredi Binder hatten wieder einmal ganz tolle Arbeit geleistet. Diese Revanche wollte ich mir nicht entgehen lassen.

Frank Rost, Bremens Torwart, hatte nach ihrem Pokalsieg im letzten Jahr getönt, wie schön es sei, gerade die Bayern zu besiegen. Auch mein besonderer Freund Willi Lemke hatte die ein oder andere Rakete in unsere Richtung abgeschossen. Wir waren richtig heiß. Diese Sprüche hatten wir nicht vergessen. Die Quittung folgte. Da mußten uns weder Beckenbauer noch Hitzfeld anstacheln. Wir wußten, daß wir die Bremer auseinandernehmen würden.

3:0 gewannen wir das Spiel. Ich glaube, Kahn bekam höchstens drei oder vier Schüsse aufs Tor. Er hätte sich auch in seinem Garten einen schönen Nachmittag machen können. Wir hatten es geschafft. Die Revanche war geglückt. Und das ohne große Probleme.

Aber wir hatten natürlich noch mehr vor. Mit sehr viel Selbstvertrauen gingen wir in das Rückspiel gegen Madrid. Wir hatten das Gefühl: Wir packen das. Wir putzen auch Real weg. Aber es reichte nicht, so sehr wir uns auch reinhängten. Wir gewannen nur 2:1. Erneut waren wir gescheitert. Nichts war es mit dem Pott. Wir waren trotzdem stolz auf uns und schworen uns noch in der Kabine: Wir werden

Das Double – deutscher Meister und Pokalsieger 2000

deutscher Meister und schaffen damit das Double – was uns ja auch gelang.

Es war eine großartige Mannschaft, voller Siegertypen. Es war die beste Truppe, in der ich jemals gespielt hatte – und ich war ihr Kapitän. Wir hatten alles erreicht, nein, fast alles. Der Pott der Champions League fehlte immer noch in unserer Sammlung.

Welches Bein hätten Sie denn gerne?

In unserem letzten Spiel der Bundesligasaison gegen Bremen hatte ich mich verletzt. Ich dachte, ich hätte mir einen Muskelfaserriß in der rechten Wade eingefangen und die Sache wäre nach zehn, zwölf Tagen wieder in Ordnung. Im Urlaub wollte ich wie üblich mit meinem Sohn Etienne laufen. Ich kam gerade bis zur nächsten Ecke. Dann hatte ich totale Schmerzen.

»Etienne, wir müssen aufhören«, sagte ich. »Ich kann nicht mehr weiterlaufen.«

Er reagierte ganz cool. »Ja, dann drehen wir um und frühstücken.«

»Superidee!« Was anderes blieb mir auch gar nicht übrig.

Am ersten Trainingstag, im Sommer 2000, ging ich zu Hitzfeld. »Trainer, ich kann nicht trainieren. Ich habe totale Schmerzen.«

Er schickte mich sofort zu Müller-Wohlfahrt. Ich hatte jetzt keine Probleme mehr in der Wade, sondern auf einmal Schmerzen in der rechten Achillessehne.

Mull versuchte es eine Zeitlang mit irgendwelchen Mittelchen, um eine Operation zu vermeiden. Es sah auch anfangs ganz gut aus. Ich konnte laufen und meine Übungen machen. Doch bei einem Testspiel war nach siebzig Minuten Schluß. Ich konnte mich kaum noch bewegen und humpelte am Mittelkreis rum. Ich schrie nach dem Spiel in der Umkleide vor Schmerzen. So etwas hatte ich noch nie erlebt. Ich konnte mir keinen Schuh mehr anziehen, so weh tat das. In der Nacht tat ich kein Auge zu.

Am nächsten Morgen ging ich zu unserem Doc in die Praxis. Er untersuchte mich und fragte mich dann: »Hast du schon was gegessen?«

»Nicht viel«, sagte ich, »ich habe einen Cappuccino getrunken und eine Banane gegessen.«

»Alles klar, dann fahr mal nach Hause und pack ein paar Klamotten zusammen. In einer Stunde wirst du operiert. Deine Achillessehne ist eingerissen.«

Ich bekam echt Angst. Ich war 32 und war bisher als Fußballprofi von größeren Verletzungen verschont geblieben. Es war die erste Operation in meiner Karriere.

Mit Martina fuhr ich in eine Klinik nach München-Bogenhausen. Ein Arzt kam mit einem Zettel auf uns zu und machte die Aufnahme, Name, Adresse und das alles.

»Es geht um die Achillessehne links«, sagte er dann und machte auf seinem Schrieb an einer bestimmten Stelle ein Kreuzchen.

»Wie bitte?« sagte ich. »Sind Sie sicher, daß das hier ein Krankenhaus ist? Es geht um meine rechte Achillessehne.«

»Auch gut.« Der Arzt strich etwas durch und machte an einer anderen Stelle ein Kreuz.

»Paß auf, daß die hier nichts falsch machen«, sagte ich zu Martina. »Nicht, daß die mir die Leber entfernen oder sonstwas anstellen.«

Man gab mir ein paar Tabletten, von denen ich angeblich müde werden sollte, doch bei mir tat sich nichts. Ich wurde nicht müde, sondern blieb hellwach. Mein OP-Hemd war naß vor Angstschweiß. Erst vor dem Operationssaal, als man mir eine Maske aufdrückte, gingen bei mir die Lichter aus.

Die Operation verlief perfekt. Schon am nächsten Tag konnte ich Übungen machen, damit die Achillessehne sich nicht verklebte. Abends gegen zehn Uhr ließ ich immer den Pizza-Service kommen. Das Abendessen im Krankenhaus war miserabel, und halb fünf am Nachmittag die letzte Scheibe Brot und einen lauwarmen Tee serviert zu kriegen war mir sowieso ein paar Stunden zu früh.

Nach drei Tagen konnte ich wieder nach Hause.

Mull sagte: »Keine Sorge, in drei Monaten bist du wieder dabei.«

Mein erstes Spiel machte ich dann in der Champions League in Trondheim. Wir spielten 1:1.

Eine teure Verarschung

Im Herbst 2000 ließ ich es mir auf dem Oktoberfest richtig gutgehen. Wegen meiner verletzten Achillessehne mußte ich am nächsten Tag nicht trainieren und konnte wunderbar Gas geben. Es war Samstagabend, Martina und ich saßen mit ein paar Freunden im *Käfer* auf der Theresienwiese. Brazzo Salihamidzic und seine Freundin Esther waren auch dabei und noch gute andere Freunde. Wir amüsierten uns prächtig, tanzten und gönnten uns die ein oder andere Maß.

Als sie auf dem Oktoberfest das Licht ausknipsten, so gegen Mitternacht, zogen wir ins *P 1* weiter, eine Nobeldiskothek an der Prinzregentenstraße. Mein Bodyguard, den ich seit dem Vorfall in Berlin angeheuert hatte, war an diesem Abend nicht dabei. Er hatte frei, aber mit so vielen Leuten konnte es ja auch keinen Ärger geben – dachte ich zumindest.

Mit zwei Taxis rückten wir an. Wir hatten vorher einen Tisch bestellt, damit wir in unserer Runde gemütlich weiterfeiern konnten. Das *P 1* war ziemlich voll. Etliche Leute waren schon vom Oktoberfest rübergekommen und tanzten da in Dirndl und Lederhosen. Doch unsere Ecke war fast frei. Nur ein Mann hockte ein wenig abseits von einer anderen Gruppe. Er hatte schon ordentlich getankt und war dabei, im Sitzen einzupennen. Mein Bekannter Robert ging zu ihm rüber. »Hören Sie«, sagte er, »würde es Ihnen was ausmachen, ein Stück zu rutschen? Wir sind zu zehnt und haben hier reserviert. Gleich kommen noch ein paar von uns.«

Der Typ starrte ihn an. »Ja«, murmelte er. »Kann ich machen! Kein Problem!« Er war so stramm, daß man ihn kaum verstehen konnte.

Während Robert und ich noch stehenblieben, setzten sich unsere Freunde. Plötzlich kam aus der anderen Gruppe eine Frau mit einem Champagnerglas auf uns zu. »Was macht ihr da?« schrie sie uns an. »Laßt den Mann in Ruhe!«

»Was willst du denn?« fragten wir. »Das ist unsere Ecke hier. Wir haben den Typen nur gebeten, ein Stück zu rutschen.«

Patsch! Im nächsten Moment schüttete die Frau mir ihren Champagner ins Gesicht. Ich versuchte noch meine Hände hochzureißen, um mich zu schützen, doch ich reagierte viel zu spät. Eine volle Ladung Champagner klatschte mir ins Gesicht. Es brannte wie Hölle. Ich hatte die Frau wahrscheinlich mit meinen Händen gestreift, während ich sie hochriß. Keine Ahnung! Ich wischte mir den Champagner aus dem Gesicht, und bevor ich was sagen konnte, marschierte die Frau wieder zur ihrer Gruppe zurück. Doch da ging plötzlich das Geschrei los.

»He, Effenberg«, schrie ein Typ rüber, »wir haben alles gesehen! Das wirst du morgen in den Zeitungen lesen, was du da gemacht hast. Da kannst du einen drauf lassen! Du wirst schon sehen, was du davon hast!«

»Was hast du denn für ein Problem«, rief ich rüber. »Sei ruhig und laß uns weiterfeiern!«

Wir wollten dann so richtig abtanzen, als mein Freund Marco zu mir kam. »Stefan, es ist besser, wenn wir in eine andere Disko gehen. Die Leute da haben gerade die Polizei benachrichtigt.«

»Wie bitte?« fragte ich völlig entgeistert. »Die haben die Polizei benachrichtigt?«

»Ja«, sagte er. »Du hättest angeblich die Frau geschlagen. Am besten, wir gehen jetzt.«

Er schob mich weiter, und wir gingen noch ins *Maximi-*

lian's rüber. Dort gab es nie Streß. Wir feierten bis morgens um fünf. Den Zwischenfall im *P 1* hatte ich schon beinahe wieder vergessen, so unwichtig war er für mich.

Am Sonntagnachmittag hatten wir das obligatorische Treffen vom FC Bayern auf dem Oktoberfest. Alle kamen da zusammen: Trainer, Offizielle und die Spieler mit Frauen und Kindern.

Markus Hörwick, der Pressesprecher, nahm mich beiseite. »Stefan«, fragte er mich, »war da gestern was im P1?« Er hatte bereits von dem Vorfall gehört. Es kam mir vor, als hätte der Verein in jeder Diskothek drei Mann stehen, die guckten, welche Spieler kamen, was sie tranken und wann sie wieder gingen. Echt erstaunlich, was Hörwick schon wußte.

»Tut mir leid, Markus«, sagte ich und beschrieb ihm den Vorfall. »Ich habe nichts gemacht und bin mir keiner Schuld bewußt.«

»Ja, dann müssen wir mal abwarten, was da kommt.«

Ich sagte auch Hitzfeld kurz Bescheid, nur für den Fall, daß wirklich was in den Zeitungen stehen würde.

Am Abend rief Hörwick noch mal bei mir an. »Die bringen jetzt morgen eine Geschichte«, sagte er. »Vielleicht kannst du mir ein kurzes Statement geben.«

Okay, also ließ ich noch mal meinen Sermon ab: von dem betrunkenen Typen, der ein Stück rutschen sollte, und der Frau mit dem Champagnerglas. »Vielleicht habe ich die Frau durch meine Schutzbewegung leicht getroffen oder gestreift, aber was Schlimmes ist ihr garantiert nicht passiert.«

Hörwick gab mein Statement an die Zeitungen weiter.

Der Riesenhammer kam am Montagmorgen. »Effenberg hat Frau geschlagen!« Eine richtig fette Schlagzeile.

Was ist denn jetzt los? dachte ich. Als würde ich mich ins *P 1* stellen und eine Frau schlagen! Von dem Betrunkenen, der in unserer Ecke gesessen hatte, und dem Champagnerglas war natürlich nicht die Rede.

Gegen Mittag rief mich Ottmar Hitzfeld an. Er hatte den Bericht auch gelesen und war not amused. »Wir treffen uns um neunzehn Uhr im *Käfer*«, sagte er. »Dann werden wir ausführlich über die Angelegenheit sprechen.«

»Okay«, sagte ich, »wir können gerne darüber reden. Ich habe da nichts zu verbergen.«

Mir war von vornherein klar gewesen, daß es ein großes Theater geben würde. Auf der Fahrt sagte ich zu Martina: »Die werden mir eine Geldstrafe reindrücken, aber ich bezahle keine Mark mehr als die üblichen 10000 Mark. Wenn sie nur eine Mark mehr haben wollen, bitte ich um Auflösung meines Vertrages. Irgendwann ist auch bei mir mal Feierabend.«

Man erwartete uns schon: Scherer, der Vizepräsident, Hitzfeld und Hoeneß. Sie saßen schön in einer Reihe, und wir mußten uns ihnen gegenüber hinsetzen, so wie auf einer Anklagebank.

»Na, Stefan, dann erzähl mal genau, was so passiert ist.«

Also gut, ich erzählte ihnen die Geschichte zum dritten Mal.

»Och«, sagte Uli Hoeneß, »das hört sich aber komplett anders an als die Version, die man mir erzählt hat.«

Ein Typ, der an dem Abend auch im *P 1* gewesen war, hatte ihn angerufen und ihm das Märchen aufgetischt, ich hätte die Frau so richtig geschlagen und sie auch noch zusammengetreten, als sie auf dem Boden lag.

Ich war total baff. »Das glaube ich ja nicht, was ich da für einen Schwachsinn höre. Eigentlich müßte ich diese Leute wegen Verleumdung anklagen. Das ist von A bis Z gelogen. Entweder ihr glaubt mir, oder ich habe irgendwann wirklich die Schnauze voll von diesem ganzen Mist.«

»Nun bleib mal ruhig.« Hoeneß versuchte mich zu besänftigen.

»Nee«, sagte ich. »Da kann ich nicht mehr ruhig bleiben. Diese Lügerei geht mir total auf den Sack.«

»Also gut, wir glauben dir und nicht irgendwelchen Leuten, die bei uns angerufen haben.«

»Na, das ist aber nett von dir, Uli.« Ich war absolut genervt.

Nach dreißig Minuten waren und Martina und ich wieder draußen. Ich zahlte dann auch die obligatorische Geldstrafe von 10000 Mark. Aber nicht für die angebliche Ohrfeige, sondern nur, weil ich zu lange auf der Piste war.

Doch die Angelegenheit war damit noch lange nicht beendet. Die Frau nahm sich einen Münchener Anwalt. Also mußte ich auch zu einem Anwalt rennen, um eine Lösung zu finden, wie ich aus dieser Geschichte rauskam.

Die Anwälte telefonierten, und es wurde rumgemacht wie bei einem Kuhhandel. Wenn ich eine bestimmte Summe zahlen würde, dann würde man die Geschichte vergessen und die Anzeige zurückziehen. Eine halbe Stunde später wollte man dann auch noch eine öffentliche Entschuldigung haben und nach dem nächsten Telefonat noch mehr Geld. Es ging hier nicht um Kleingeld, sondern um richtig Asche.

»Für was soll ich zahlen?« fragte ich Jörg Sklebitz, meinen Anwalt. »Ich habe doch nichts verbrochen.«

»Na ja.« Sklebitz hatte am Anfang überhaupt keine Probleme gesehen und machte nun nicht gerade in Optimismus. »Sonst wird es schwer sein, da rauszukommen.«

»Okay«, sagte ich. »Sollen sie vor Gericht rennen. Ich bezahle doch nicht für etwas, das ich nicht gemacht habe. Und nie im Leben entschuldige ich mich öffentlich. Das ist ja wohl ein Witz.«

Auch Hoeneß schaltete sich wieder ein. Er rief mich an. »Sieh mal zu, daß da wieder Ruhe einkehrt.« Ein wirklich großartiger Tip.

»Ich bin ja wirklich zu vielen Dingen bereit«, sagte ich zu ihm, »aber ich laß mich hier nicht verarschen.«

Die Sache ging munter weiter. Ein Strafantrag kam – über die schlappe Summe von 400000 Mark.

»Was mache ich denn jetzt?« fragte ich meinen Anwalt.

Sklebitz schaute mich düster an. »Es sieht nicht gut aus. Wir müssen versuchen, uns außergerichtlich zu einigen.«

»Aber warum? Wir können doch vor Gericht ziehen.« Ich wollte es immer noch nicht glauben.

»Herr Effenberg, die andere Seite hat mehr Zeugen aufgeboten. Das sieht schlecht aus.«

Ich konnte es nicht fassen. Mein Antrag auf eine Greencard lief gerade, und wenn ich auf Bewährung verurteilt worden wäre, hätte ich sie mir gleich von der Backe putzen können.

Ich steckte echt in der Klemme. Den Vergleich annehmen und bezahlen könnte wie ein Schuldeingeständnis aussehen – nicht bezahlen und vielleicht verknackt werden, hieße: Greencard und Amerika adieu.

»Die Chancen stehen schlechter als fünfzig. Überlegen Sie sich das gut«, sagte Sklebitz.

Ich hatte auch meine Zeugen, aber ein paar aus unserer Runde kniffen auf einmal. So wollte Salihamidzic plötzlich nichts mehr gesehen haben.

»Brazzo«, sagte ich zu ihm. »Du hast zwei Meter daneben gesessen. Du kannst doch nicht an die Wand gestarrt haben. Du mußt doch was gesehen haben?«

»Nein, tut mir leid. Ich habe nichts mitgekriegt.«

»Ich dachte, wir sind befreundet. Was ist denn auf einmal los? Du sollst nicht für mich lügen, sondern nur sagen, was du gesehen hast.«

»Stefan, ich habe wirklich nichts mitbekommen. Sorry.«

Da konnte ich nichts machen und wußte, was ich von Brazzo zu halten hatte, aber okay, er sollte um Gottes willen nichts sagen, was er nicht gesehen hatte und wo er nicht hinterstand.

Ich nahm mir einen Tag, um die Sache zu überlegen. Es war im *P 1* nichts passiert, außer daß man mir ein Glas Champagner ins Gesicht geschüttet hatte. Aber wenn die Chancen so schlecht standen, wie mein Anwalt sagte ... Okay, überlegte ich mir schließlich, ich bezahle, aber nur weil meine Greencard mir wichtiger ist, als vor Gericht zu erscheinen. Also ging mein Anwalt auf das Angebot der anderen Seite ein: Der Strafantrag wurde zurückgezogen. Ich mußte 147000 Mark zahlen! Das meiste an karitative Einrichtungen.

Ich schrieb mir fast den Arm wund, weil ich so viele Überweisungen ausfüllen mußte. Alle möglichen Organisationen bekamen Geld vor mir. In meiner Bank staunte man nicht schlecht, als ich mit zig Formularen ankam. Zack – mit einem Schlag waren 125000 Flocken von meinem Konto weg. Für nichts und wieder nichts. Und dann kriegte die Frau auch noch 22000 Schmerzensgeld von mir! Es war unglaublich. Die teuerste Verarschung meines Lebens!

Auch diese Sache, dachte ich, als ich ihr das Geld überwies, wird der liebe Gott richten. Sie wird hierfür noch ihre gerechte Strafe erhalten.

Eine öffentliche Entschuldigung, die auch gefordert worden war, gab es allerdings nicht. Die wäre mir auch niemals über die Lippen gekommen. In einigen Zeitungen hieß es zwar, ich hätte mich öffentlich entschuldigt, doch das ist Quatsch. Eine glatte Lüge wie die ganze Geschichte.

Eine sagenhafte Weihnachtsfeier oder: Zeigt her eure Hosen

Weihnachtsfeiern sind bei den Bayern immer etwas ganz Besonderes. Da muß man nur mal Franz Beckenbauer fragen. Wunderschön und nicht nur festlich. Eine feste Kleiderordnung gibt es aber nicht. Man soll nur nicht im letzten Lappen kommen. Ich zog zur Weihnachtsfeier 2000 eine bordeauxrote Lederhose und eine schwarze Lederjacke an, besonders die Hose war schweineteuer gewesen. Die Klamotten sahen richtig hip aus. Patrick Andersson kam in einem ähnlichen Outfit: schwarze Lederhose, bordeauxrotes Ledersakko. Keinen störte unsere Kleidung. Jedenfalls kriegten wir nichts davon mit. Es war ein kleiner Kreis, der geladen war: Spieler, Trainer und die Frauen, einige Vereinsoffizielle, Freunde und ein paar Sponsoren. Journalisten waren nicht zugelassen, und so gegen elf, halb zwölf war die Chose auch wieder zu Ende. Ganz gesittet. Wir Spieler gingen mit unseren Frauen dann wie immer noch ein bißchen abfeiern. *Maximilian's* und *Pascha*. Das volle Programm eben.

Anschließend fuhr ich in Urlaub und bekam gar nicht mit, was für Wellen mein Auftritt in München schlug. Nach unserer Feier hatte ein Journalist herumtelefoniert und Leute, die eingeladen waren, gefragt: »Na, hat es irgendwas Besonderes gegeben?« Er war neugierig und mußte mit irgendwas seine Seiten füllen. In der Bundesliga war Winterpause, da mußte etwas anderes als Fußball her. Viel Aufregendes gab es nicht zu berichten, aber irgend jemand sagte wohl: »Ja, die Feier war schön. Nur der Effenberg …«

»Was war mit dem Effenberg?«

»Wie der rumlief! Der hatte eine rote Lederhose an, die würde ich nie anziehen!«

Es war der absolute Schwachsinn. Nur die Zeitungen waren wieder voll und hatten ihre Geschichten.

Hinterher, als ich wieder in München war, griff ich mir den Journalisten.

»Wer hat dir diesen Schwachsinn über meine Hose erzählt?« Ich wollte das unbedingt herausbekommen.

Der Reporter machte ganz auf ehrlichen Journalisten. »Sorry, das kann ich dir leider nicht sagen. Informantenschutz.«

»Wenn du in Zukunft noch irgendwelche Interviews von mir haben willst, solltest du dir das gut überlegen.«

Diese sanfte Drohung wirkte. Er verriet mir dann doch den Namen. Es war ein ganz alter Opi, der älteste, der überhaupt auf der Weihnachtsfeier gewesen war. Nur weil ihm meine rote Lederhose nicht gefallen hatte, stand ich dick in der Zeitung, und ganz München sprach über mich und meine Lederhose. Legendär.

Mein Erlebnis mit Franz Beckenbauer hatte ich auf dieser Weihnachtsfeier auch. »Paß auf«, sagte er zu mir, »ab heute bin ich für dich der Franz. Ich möchte, daß wir uns duzen. Ich sehe, was du hier machst und wie du dich für den Verein einsetzt.«

Das war eine echte Auszeichnung für mich. Wir hatten uns ab und an mal gestritten, aber Respekt hatten wir füreinander immer empfunden.

»Ich finde super, daß ich dich jetzt duzen darf«, sagte ich zum Franz. »Dafür darfst du in fünf Monaten den Pokal der Champions League hochhalten.«

Im Wintertrainingslager 2001 in Spanien rief mich Uli Hoeneß auf das Zimmer des Trainers. Abends gegen halb neun sollte ich antanzen. »Wir müssen mit dir reden«, hieß es.

Okay, dachte ich. Wir können immer reden. Wo ist das Problem? Hitzfeld hatte eine Suite, ordentlich groß, schön eingerichtet. Alle saßen da: Hitzfeld, Mull, also unser Doc Müller-Wohlfahrt, und Hoeneß.

»Ja und? Was gibt's?« fragte ich.

»Paß auf, Stefan«, sagte Uli Hoeneß. »Es gibt da ein paar Gerüchte in München. Unangenehme Gerüchte. Es heißt, daß du Drogen nehmen sollst.«

Ich fing an zu lachen. »Habe ich das jetzt richtig verstanden, was Sie gerade gesagt haben?«

Irgendein Spinner hatte wohl den Uli angerufen und einen auf wichtig gemacht. »Überprüft mal den Effe, der nimmt anscheinend Drogen.«

»Wir würden gerne einen Haartest machen«, sagte Hoeneß. Er nahm das Ganze sehr ernst.

Das glaube ich jetzt ja nicht, dachte ich. Was soll das denn?

»Wärst du damit einverstanden?« fragte Hoeneß.

»Natürlich bin ich einverstanden. Ich habe nichts zu verbergen, aber das ist doch der allergrößte Witz, den ich hier gerade höre.«

»Gut«, sagte der Doc. »Dann kommst du nächste Woche, wenn wir zurück sind, in meine Praxis, und dann machen wir das.«

Ich rief sofort Martina an. »Du glaubst nicht, was hier los ist. Die wollen, daß ich einen Haartest mache.«

Martina war ganz aufgebracht. »Die spinnen ja! Das läßt du ja wohl nicht mit dir machen!«

»Was soll ich denn tun? Wenn ich nicht drauf eingehe, denken die doch, ich hätte Dreck am Stecken.«

Also rückte ich bei Mull in der Praxis an, obwohl ich es echt ein starkes Stück fand, daß man irgendwelchen Spinnern glaubte. Die Sache mit Christoph Daum und seinem Kokain hatte Uli Hoeneß wohl sehr vorsichtig gemacht. Er hatte bei dieser Auseinandersetzung verständlicherweise einige Nerven gelassen und hatte jetzt anscheinend einen kleinen Verfolgungswahn.

In der Praxis von Mull standen eine Frau und ein Mann, Mitarbeiter eines Labors.

»Wir schneiden dir jetzt ein Haarbüschel ab«, sagte der Doc. »Die Probe wird dann eingeschickt und ausgewertet.«

»Meinetwegen könnt ihr mir auch eine Glatze rasieren. Da wird man sowieso nichts finden. Aber ich finde es ziemlich lächerlich.«

Die beiden aus dem Labor schnitten mir ein Büschel ab. Dann legten sie die Haare vorsichtig in eine Plastiktüte und versiegelten sie. Ganz offiziell. So wie bei einer Dopingprobe nach einem Spiel. Mull stand daneben und überwachte die ganze Prozedur

»Wann gibt's das Ergebnis?« fragte ich.

»In ein paar Tagen.«

Okay, ich fuhr wieder nach Hause. Ich hatte keine Angst, kein schlechtes Gewissen. Null. Ich hoffte nur, daß Uli diesem Knallkopf, der mich angeschwärzt hatte, kräftig die Leviten las, wenn feststand, daß ich sauber war.

Wochen vergingen. Ich hatte diesen ganzen Unsinn komplett vergessen. Dann fiel mir wieder ein: He, ich hatte doch diesen Haartest. Was ist denn da überhaupt rausgekommen?

Ich lief zum Doktor. »Mull, wie war eigentlich das Ergebnis von meinem Haartest.«

»Natürlich nichts«, sagte der Doc. »Sonst hätte ich dich schon nach ein paar Tagen angerufen.«

»Natürlich nichts? Das hätte ich euch auch vorher sagen können, aber ihr habt mir ja nicht geglaubt.«

»Ja.« Mull wand sich ein wenig. »Wir wollten eben Gewißheit haben.«

Den Typen, der mich da angeschwärzt hatte, hätte ich mir gerne mal gegriffen und ihm ein paar passende Worte gesagt, aber leider kriegte ich nie heraus, wer dahintersteckte.

Ich war übrigens nicht der einzige, der Haare lassen mußte. Auch Carsten Jancker hatten sie auf dem Kieker gehabt. Er hatte damit ein besonderes Problem. Denn er hatte eine Glatze und mußte jetzt seine Frisur ändern. Die Leute wunderten sich schon. Alle dachten: Der Jancker will einen Imagewechsel und läßt sich jetzt eine normale Frisur wachsen. Ich lachte mich kaputt. Mull brauchte nur ein paar Haare für den Haartest. Wenig später hatte Jancker wieder seine alte Frisur. Auch er war natürlich sauber.

Die Uwe-Seeler-Traditionself

In der Bundesliga waren wir vorne mit dabei, und in der Champions League lief es auch einigermaßen. Außer in Lyon. Im März 2001 gingen wir in der Zwischenrunde hier sang- und klanglos mit 0:3 unter. Ein Ausrutscher, der unser Weiterkommen nicht wirklich gefährdete. Doch gleich wurde auf die Mannschaft eingeprügelt. Besonders Franz Beckenbauer, mein neuer Duzfreund, trumpfte groß auf.

Wenn ihm der Kamm schwoll, kannte er keine Freunde mehr, dann konnte er Gift und Galle sprühen. Vom Feinsten! Beim Bankett nach dem Spiel hielt er eine Rede, die in meinen Augen echt unter der Gürtellinie war. Er meinte, wir hätten unseren Job verfehlt und wären eine Altherrenmannschaft, so eine Art Uwe-Seeler-Traditionself. Allen verging schlagartig der Appetit. Fast die ganze Mannschaft stand nach der Rede auf und verließ den Saal, ohne etwas zu essen. Das hatte auch der gute Franz noch nicht erlebt, er kriegte ganz große Augen, wie die Mannschaft da schön einträchtig an ihm vorbei aus dem Saal zog.

Danach trafen wir uns in meinem Zimmer zum Kartenspiel: Elber, Santa Cruz und Carsten Jancker. Wir waren noch echt angefressen von Beckenbauers Brandrede, und außerdem wollten wir uns auf andere Gedanken bringen und nicht ständig an das verlorene Spiel denken. Von Rudi Egerer, unserem Busfahrer, der mittlerweile leider verstorben ist, hatten wir uns ein paar Kartons Weißbier hochbringen lassen. Er hatte in seinem Bus für Notfälle wie hohe, bittere Niederlagen immer eine Ration dabei. Wir spielten wie die Wahnsinnigen Schafskopf und leerten eine Flasche nach der anderen. Als wir uns sagten: »Nun reicht es! Laß uns noch ein paar Stunden pennen«, mußte ich erst mal aufräumen. Auf dem ganzen Hotelgang verteilte ich die Flaschen, damit da nicht der Eindruck entstand, auf meinem Zimmer hätte ein Alkoholiker gehaust.

Am nächsten Tag war ich trotzdem topfit. Es war auch gut gewesen, mit den anderen im kleinen Kreis zu reden. Wir hatten nicht nur die ganze Zeit Karten gespielt, sondern auch unseren Frust bewältigt und uns geschworen, in der Champions League weiterzumarschieren.

Nach unserer Ankunft am Trainingsgelände an der Säbener Straße sagte ich zu Hitzfeld: »Trainer, ich möchte noch

Besessen vom Erfolg

ein paar Minuten mit der Mannschaft reden. Ohne daß irgendwelche Betreuer dabeisind.« Hitzfeld hatte nichts dagegen. Er ging und ließ mich mit den Jungs alleine.

Als Kapitän fühlte ich mich verpflichtet, auf Beckenbauers Rede zu reagieren, aber intern, denn das war eine unserer großen Stärken. »Das war ganz schön heftig, was Beckenbauer da gesagt hat«, begann ich. »Aber wir kennen ihn ja. Das muß man nicht so eng sehen. Was anderes ist es aber, wenn mein Sohn morgen in die Schule geht und von irgendwelchen Leuten angemacht wird, weil wir 0:3 verloren haben. Das kann ich nicht ertragen. Wir sind eine gute Mannschaft. Wir brauchen uns vor niemandem zu fürchten und können alle schlagen. Wir haben nicht unseren Beruf verfehlt, im Gegenteil, wir sind bärenstark. So eine Standpauke haben wir nicht verdient. Wir reißen uns jetzt den Arsch auf und zeigen dem Franz, was wir draufhaben.«

Wir schlugen ein. Es war wie ein Schwur, die Champions League zu gewinnen.

Lieber Ente als Effe

Die Wärme, die mir die Fans in Gladbach oder später in Wolfsburg entgegenbrachten, spürte ich in München selten. Man respektierte mich, aber geliebt wurde ich nicht wirklich. Und wenn wir ein, zwei schlechtere Spiele machten, dann gab es ab und zu Pfiffe gegen mich. Ich verstand das nie. Warum gingen Leute ins Stadion? Doch um ein gutes Spiel zu sehen und weil sie hofften, daß ihre Mannschaft gewann, aber nicht, um zu pfeifen!

Ich gehörte daher auch nie zu den Zaunkrabblern, die nach jedem Tor erstmal eine Kletteraktion in der Fankurve hinlegten. Ich freute mich mit meinen Mitspielern und mit dem Trainer. Und als bei einem Pokalspiel gegen Waldhof Mannheim Plakate mit der Aufschrift *Ihr Söldner* in der Bayern-Kurve hingen, lief ich nach dem Spiel auch nicht zu den Fans, obwohl Hoeneß das unbedingt wollte.

Bei einem anderen Spiel verirrte sich eine Ente unter das Olympiadach. Sie flog da hin und her und kam nicht wieder raus. Die Fans achteten mehr auf die Ente als auf das Spiel. Sie amüsierten sich, wie der Vogel da aufgeregt rumflatterte. Ich war verletzt, konnte gar nicht mitspielen und mußte auch schmunzeln.

Beim nächsten Spiel verging mir allerdings das Lachen. Die Fans hatten ein Plakat aufgehängt: *Lieber Ente als Effe!* Wirklich originell. Was soll das? dachte ich.

Es waren immer nur kleine Gruppen, die da stänkerten, aber natürlich färbte das auf andere ab und gab mir nicht das Gefühl, die unbedingte Unterstützung der Fans zu haben, doch ich mußte und konnte damit leben. Kein Problem für mich!

Gebete, die erhört werden

Nach der Zwischenrunde waren wir in der Champions League auf der Überholspur. Im Viertelfinale spielten wir gegen Manchester. Darauf freuten sich alle. Wir hatten noch eine Rechnung offen. Es war ein enges Match. Manchester spielte vor eigenem Publikum nach vorn, doch wir verteidigten geschickt. Das war überhaupt unsere Taktik in diesem Jahr: hinten gut gestaffelt stehen, kaum Chancen zulassen und dann vorne zuschlagen.

Bei einem Freistoß sagte ich zu Linke: »Geh nach vorne, Richtung zweiten Pfosten. Ich spiele dir den Ball auf den Kopf.«

Genauso lief es. Ich spielte auf Linke, und er legte mit dem Kopf quer zu Sergio auf: 1:0.

Wir gewannen das Spiel mit 1:0. Der erste Schritt zur Revanche war gemacht.

Das Rückspiel war wieder eine heiße Kiste. Manchester mußte ohne Beckham auflaufen. Wir gewannen 2:1. Halbfinale.

Da wartete Real Madrid auf uns. Auch mit denen hatten wir noch eine Rechnung offen. Wir standen in der Defensive wieder ganz hervorragend. Real verzweifelte an uns, und dann machte Elber eiskalt das 1:0. Ein haltbarer Treffer, aber uns war's egal. Wir siegten auch in Madrid mit 1:0. Leider fing ich mir eine Gelbe Karte ein. Die Spieler von Real jubelten, als hätten sie wer weiß was gewonnen. Ich hätte mir am liebsten in den Arsch gebissen, aber dann dachte ich: Besser jetzt die Gelbe Karte als im Rückspiel. Dann wäre ich für das Finale gesperrt gewesen.

Beim Rückspiel saß ich auf einer Holzbank im Innenraum des Olympiastadions. Ich betete richtig dafür, daß wir es schafften. Denn wenn es eine Mannschaft verdient gehabt hätte, ins Endspiel zu kommen, dann wir. Meine Gebete wurde erhört. Wir schlugen Real 2:1. Finale oho, Finale oho, wir sangen und tanzten in der Kabine vor Freude. Der Traum ging in Erfüllung. Finale in Mailand.

Wer Pferde totschießen kann

In der Bundesliga waren wir in der ganzen Saison vorne mit dabei. Am letzten Spieltag waren wir drei Punkte vor Schalke, unserem härtesten Konkurrenten, allerdings hatten wir das schlechtere Torverhältnis. Wir spielten in Hamburg und hatten nicht vor, uns die Meisterschaft noch nehmen zu lassen. Es wurde ein lahmes Spiel, wir gerieten nicht ernsthaft in Gefahr, doch außer einem Tor von Jancker, das leider nicht anerkannt wurde, gelang uns auch nicht viel. Schalke tat alles, um dranzubleiben. Sie siegten mit 5:3 gegen Unterhaching.

Wir hatten uns schon auf ein gerechtes 0:0 eingestellt,

als Barbarez vier Minuten vor Schluß die Führung für den HSV köpfte. Schalke war in diesem Moment deutscher Meister.

Scheiße, dachte ich. Wir verschenken in der letzten Minute die Meisterschaft. Das glaub ich ja nicht!

Doch Olli Kahn gab das Zeichen. Abfahrt, den Ball möglichst schnell zum Mittelkreis und weiterkämpfen bis zuletzt. Zwei, drei Angriffe blieben uns noch. Ich spielte den Ball nach vorne, lang in Richtung Strafraum. Richtig gefährlich wurde das Ding nicht. Ein Verteidiger vom HSV spielte den Ball ruhig zum Tor zurück. Doch Schober, der HSV-Keeper, nahm die Kugel in die Hand. Indirekter Freistoß im Strafraum – nur einige Meter vom Tor entfernt!

Danke, Herr Schober, dachte ich mir. Damit hatten wir doch noch eine, die allerletzte Chance.

Kahn stürmte nach vorne. »Ich schieß den!« schrie er mich an.

»Piano«, sagte ich zu ihm. »Bleib mal ganz ruhig!« Ich winkte Patrick Andersson heran. Der konnte ein Pferd totschießen, wenn er die Kugel richtig traf. »Ich lege kurz vor, und du hältst voll drauf!«

Patrick schoß, aber er traf den Ball gar nicht richtig. Trotzdem ging die Kugel irgendwie ins Netz. Es war unglaublich und im Grunde vollkommen ausgeschlossen, daß der Ball an ungefähr sechsunddreißig Beinen vorbei ins Tor fliegen konnte.

Schalke war für ein paar Minuten deutscher Meister gewesen, und sie hatten auch schon gefeiert. Doch als die neunzig Minuten in Hamburg vorbei waren, hatten wir es wieder geschafft. Eigentlich war das Finale des Vorjahrs nicht zu toppen gewesen, aber wir hatten es getoppt. Die Freude war riesengroß. Es war die schönste Meisterschaft, die ich mit den Bayern gewann. Nur feiern konnten wir nicht. Wir hatten noch ein großes Ding vor: den Pokal der Champions League nach fünfundzwanzig Jahren wieder nach München zu holen.

Das Finale von Mailand

Ich hatte mich selten so auf ein Spiel gefreut – das absolute Highlight und dann auch noch in meinem Lieblingstempel, dem Giuseppe-Meazza-Stadion. Es kribbelte schon Tage vorher, doch ich kann nicht sagen, daß ich übermäßig nervös war, angespannt, ja, aber nicht nervös. Ich schlief auch ganz normal. Vor großen Spielen hatte ich nie ein Problem durchzuschlafen.

Es würde ein geiler Abend werden, soviel stand fest, und wir würden gewinnen. Das wußte ich!

Valencia, unser Gegner, hatte eine gute Mannschaft, sie waren technisch gut drauf und äußerst spielstark, und sie hatten das Finale im Vorjahr verloren. Also hatten sie etwas gutzumachen. Das galt aber auch für uns. Bei uns mußte niemand lange Reden halten. Wir wußten, was wir konnten, und wir schworen uns, den Pott zu holen.

Als wir durch den Spielertunnel auf das Feld gingen und uns aufstellten, stand nur wenige Meter von uns entfernt der Pokal. Ich schaute ihn an und sagte stumm zu ihm: Du kommst gleich in meine Arme, glaub mir, es dauert nicht mehr lange, dann gehörst du uns!

Wir liegen nach drei Minuten 0:1 zurück. Ein Handelfmeter. Unglücklich! Es wirft uns nicht um. Weiter, weiter, immer weiter, wir sind dran, wir reißen das rum. Wie Maschinen laufen wir an diesem Abend.

In der siebten Minute gehe ich durch und werde gefoult. Elfmeter. Scholl sagt: »Ich mach das!« Okay, er ist ein guter Schütze. Doch er macht es auf eine Art, wie er sonst nie schießt, und der Torwart hält.

Scholli sagt mir später: »Ich hab den Ball nicht richtig getroffen.«

Trotzdem: weiter, immer weiter; wir haben noch so viel Zeit.

Wir sind optisch überlegen, machen das Spiel. Aber zur Halbzeit liegen wir immer noch zurück.

In der Kabine gibt es nur eins. Immer derselbe Gedanke: Wir gewinnen, wir gewinnen, wir haben noch fünfundvierzig Minuten Zeit.

In der 53. Minute gibt es einen Handelfmeter für uns. Wer soll schießen? Scholl nicht mehr, Sergio, auch ein guter Schütze, ist noch nicht im Spiel. Also hängt es an mir.

Ich nehme mir den Ball. Mir ist mulmig, keine Frage, doch keine Sekunde habe ich Angst, daß ich verschießen könnte. Und wenn doch, macht es auch nichts. Wir haben noch Zeit, das Spiel umzubiegen, und wir sind stark genug zu gewinnen.

Vor einem Jahr habe ich schon einmal gegen Valencia einen Elfmeter verwandelt; diesmal wähle ich die andere Ecke – von mir aus rechts. 1:1. Tor!!! Ich schreie meinen Jubel heraus.

Nach neunzig Minuten steht es immer noch 1:1. In der Verlängerung ändern wir unsere Taktik, wir bleiben überlegen, aber wir riskieren nicht zuviel. Nur nicht in einen Konter laufen; statt dessen: Kontrolle, absolute Kontrolle über das Spiel. Manchester, Manchester, dröhnt es in meinem Kopf. Nicht wieder wie vor zwei Jahren die Nerven verlieren.

Schließlich Elfmeterschießen.

Hitzfeld läuft über den Rasen und bestimmt die Spieler. Er ist angespannt. Wer schießt zuerst, wer ist der zweite?

Sergio läuft als erster an. Aber was macht Paulo? Er hat zwei Gedanken, zögert und schießt miserabel: über das Tor.

Patrick Andersson kann eigentlich keinen Elfmeter verschießen. Wenn er drauf hält, fliegt der Torwart mit ins Netz. Doch er hält nicht drauf, sondern schiebt nur. Der Torwart hält.

»Ich werde bekloppt«, stammele ich vor mich hin.

Wir haben eigentlich schon verloren. Shit, der Pott ist weg. Doch auch Valencia zeigt plötzlich Nerven und verschießt.

Ich bin der nächste. Ich nehme mir den Ball. Irgendwie ein komisches Gefühl. Wenn ich auch noch verschieße, ist der Pott wahrscheinlich weg. Ich habe zum ersten Mal vor einem Elfmeter Angst. Ich laufe an. Ich sehe nur noch das Tor. Dann ist der Ball drin. Mir fallen tonnenweise Steine vom Herzen.

Lizarazu ist als nächster an der Reihe. Völlig cool, daß ich echt überrascht bin, verwandelt er. Thomas Linke genauso, absolut ruhig. Großartig. Hätte ich nie von ihm gedacht. Hut ab!

Dann der letzte reguläre Elfmeter von Valencia. Ein Wahnsinnsschuß! Doch Kahn hält.

Ja, ja, ich habe meine persönliche Weltmeisterschaft gewonnen!

Wir haben es geschafft. Mit einer Supermannschaft und dem absolut besten Torwart der Welt. Ich bin mir sicher, daß wir diesen Erfolg nicht gefeiert hätten, wenn wir 99 gegen Manchester das Finale gewonnen hätten.

Ein ungeheurer Siegestaumel brach los. Endlich gehörte der Pott uns. Das Stadion kochte. Unsere Fans waren schier aus dem Häuschen. Ich bekam den Pott als erster. Ich war Kapitän, das war mir vergönnt. Doch was machte ich? Ich riß den Pokal hoch und knallte ihn mir voll an den Schädel. Ich sah nur noch Sterne. Aber ich ließ mir nichts anmerken. Ich reichte den Pott an Kahn weiter, dann ging er reihum durch die Mannschaft. Jeder hatte seinen Anteil am Erfolg, vom Trainer bis zum Masseur, vom Torwart bis zum Busfahrer.

Die Spieler von Valencia schlichen in die Kabine. Das zweite Champions-League-Endspiel innerhalb von einem Jahr verloren. Bitter. Dafür gab es keine Worte. Deshalb schüttelte ich auch nur dem Trainer Héctor Cúper wortlos die Hand. Was hätte man den Spielern auch sagen sollen? »Schönen Abend noch« oder »Tut mir leid, aber wir wollten auch gewinnen«?

Hitzfeld umarmte mich. »Das zeichnet dich als großen Spieler aus«, sagte er mir in diesem Moment des Triumphes. »Daß du Verantwortung übernimmst, wenn es darauf ankommt. Ich bin stolz auf dich, Stefan.«

»Ohne Sie, Trainer«, antwortete ich, »wären wir nicht ins Finale gekommen.«

Dann kam Uli Hoeneß zu mir. »Komm, Stefan, in die Kurve. Wir müssen zu unseren Fans!« Er wollte mich mitziehen. Wir waren vorher schon in der Kurve, aber ein zweites Mal mußte ich es nicht haben, also verabschiedete ich mich Richtung Kabine. Ich war daher einer der ersten, der in der Umkleide war.

Rummenigge und Beckenbauer fielen mir um den Hals. Auch sie waren absolut happy. Wir hatten den größten Erfolg der Vereinsgeschichte seit fünfundzwanzig Jahren errungen. So wie ich es dem guten Franz ja schon auf der letzten Weihnachtsfeier angekündigt hatte.

»Ach, Herr Beckenbauer«, sagte ich und duzte ihn mit Absicht nicht, »da können Sie mal sehen, was so eine

Altherrenmannschaft, so eine Uwe-Seeler-Traditionself alles noch hinkriegt.«

Franz lachte nur und schlug mir auf die Schulter.

Der Triumphzug

Ganz München stand kopf. Man war gewohnt, daß der FC Bayern deutscher Meister wurde, aber der Sieg in der Champions League war etwas Besonderes. Da lagen Welten dazwischen, und so feierten wir auch. In offenen Cabriolets fuhren wir nach München hinein. Mein Sohn Etienne saß bei Oliver Kahn und mir im Wagen. Auch ihn begeisterte die Atmosphäre. An jeder Autobahnbrücke hingen Plakate, auf denen wir begrüßt und beglückwünscht wurden, und in München waren von der Leopoldstraße bis zum Marienplatz Tausende von Menschen auf der Straße. Gigantisch! So etwas hatten wir noch nicht erlebt.

Nach dem Empfang im Rathaus und der Feier auf dem Marienplatz feierten wir im *Käfer* weiter. Anschließend ging es in die Disko *Pascha*. Das war nichts mehr für die älteren Herren wie Beckenbauer und Co. Aber unseren Trainer wollten wir unbedingt dabeihaben. Hitzfeld kam auch mit, solche Dinge ließ er sich nicht entgehen, er war auch echt gut drauf und konnte locker mitfeiern, wenn es etwas zu feiern gab. Wir steckten uns eine Zigarre an und genossen unseren Triumph. Der Pott war immer dabei, bewacht von Bodyguards. Ich ließ ihn fast nie aus den Augen. Am frühen Morgen nahm ich ihn mit nach Hause und stellte ihn ins Wohnzimmer. Er hatte durch die Feierei einiges abgekriegt und war ziemlich versifft. Mir war es wurscht. Es war ein erhabenes Gefühl, ihn in der Hand zu halten.

Triumphfahrt durch München – mit Etienne, Olli und dem Pott

Wenige Stunden später flogen wir in die USA, zum Freundschaftsspiel gegen die New York Metro Stars. Ich lief mit dem Pokal am Flughafen auf und wollte ihn mitnehmen, aber Hoeneß meinte: »Das geht nicht. Der Pokal muß hierbleiben.«

Also reichte Uli Hoeneß den Pott, und er gab ihn zwei Journalisten von der *Abendzeitung* mit, die ihn zur Geschäftsstelle bringen sollten. Was machten aber die Jungs? Sie ließen sich mit dem Pokal fotografieren, als hätten sie ihn selbst geholt. Na ja, dachte ich, als ich die Bilder in der Zeitung sah, klarer Fall von Selbstüberschätzung.

In New York waren wir alle völlig fertig. Wir verloren gegen die Metro Stars. Alle waren ziemlich kaputt. In der letzten Viertelstunde mußte sogar noch Michael Henke, unser Co-Trainer, aufs Feld. Er spielte einen rustikalen Ausputzer und ließ nichts anbrennen. Er war wahrscheinlich der einzige Spieler in der Mannschaft, der noch ein bißchen Power hatte.

Mein größter Erfolg – der Sieg in der Champions League 2001

Kein Biß

Trotz unserer Triumphe in Meisterschaft und Champions League waren alle froh, als endlich der Urlaub begann. Ich wußte, daß es schwer sein würde, an die Erfolge anzuknüpfen. Wir hatten eine geile Truppe, Typen mit großer Siegermentalität, dazu einen der besten Trainer überhaupt. Trotzdem: Ich spürte, daß ich in München alles erreicht hatte, mehr ging nicht, eine Steigerung war nicht mehr drin. Meinen Vertrag wollte ich deshalb auch nicht verlängern. Ich hatte nicht mehr den großen Biß.

In der Vorbereitung verletzte ich mich im Training. Bei einem Schußversuch trat ich unter den Schuh meines Mitspielers Antonio di Salvo. Voll auf die Stollen. Ich hatte unbeschreibliche Schmerzen. Ich dachte: Am besten amputieren die dir gleich den Fuß. So höllisch weh tat die Verletzung.

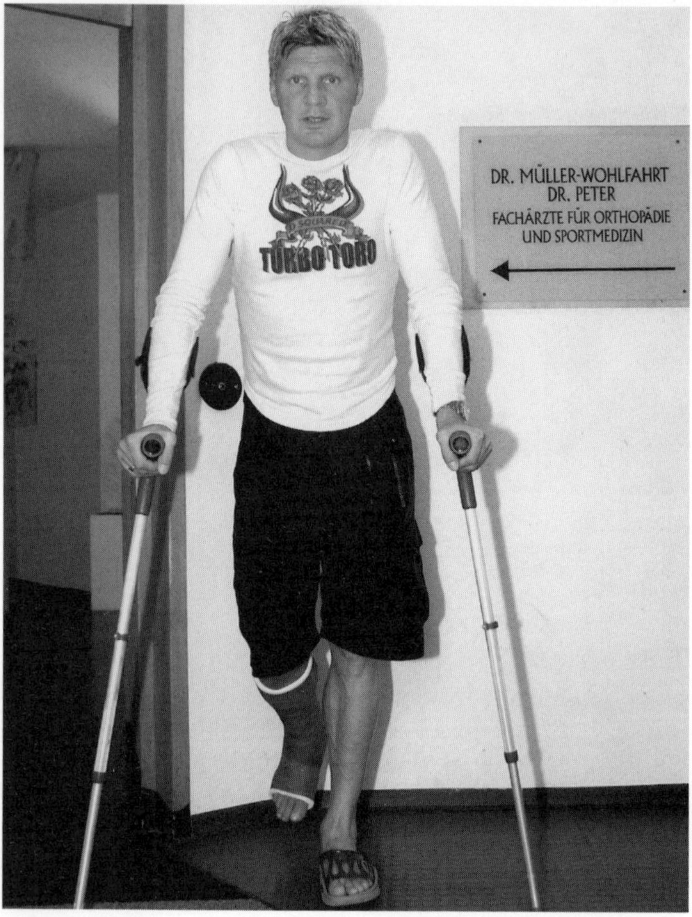

Kaltgestellt – ein schlechter Saisonstart, 2001

Es verstand aber niemand, was mir fehlte. Gerissen oder gebrochen war nichts. Irgendwann kam man darauf, daß ich da eine Entzündung hatte. »Du mußt Geduld haben«, sagte Mull. »Da kann man nicht viel machen. Das wird von alleine besser, aber es dauert seine Zeit.«

Okay, ich hatte kein Problem damit. Wenn es ein paar Monate dauerte, dann mußte ich eben so lange warten. Mir machte das nichts aus. Ich bekam einen Gips, den man abnehmen konnte, und fuhr nach Florida. Da ging ich schwimmen oder lief am Strand entlang. Als ich nach München zurückkehrte, war die Entzündung aber nicht besser geworden. Also verpaßte man mir einen neuen, festen Gips. Es war der reinste Horror. Mit dem Teil konnte ich kaum aufs Klo gehen. Mit den Krücken rein, herumdrehen, auf die Schüssel setzen – das dauerte alles Stunden. Ich war heilfroh, als man mir den Gips endlich wieder abnahm.

Affentheater

Vier Monate war ich wegen der Entzündung außer Gefecht. Natürlich kamen die Jungs in der Bundesliga auch ohne mich klar. Sofort begannen die Diskussionen: »Läuft's nicht ohne Effenberg besser?« fragten die Zeitungen. »Brauchen die den Effenberg überhaupt noch?«

Als ich wieder dabeiwar, verloren wir prompt das erste Spiel in Bremen mit 0:1, und die Diskussionen wurden noch heftiger. Ein richtiges Affentheater begann.

Ich weiß schon lange, daß es so etwas wie Dankbarkeit im Fußball nicht gibt. Jeder Spieler sieht auf sich, und die Erfolge von gestern zählen heute nichts mehr. Daran war ich längst gewöhnt und hätte mich darüber auch gar nicht aufgeregt.

Nervig war nur, wie Rummenigge auftrat. Killer-Kalle, wie er bei uns Spielern hieß, war dafür bekannt, daß er einem selten die Meinung offen ins Gesicht sagte, sondern oft nur hintenrum anderen erzählte, was er von einem hielt. Ganz anders als Hoeneß, der immer offen und ehrlich mit allen Spielern umging. Rummenigge gab in einem Interview von sich: »Die Mannschaft muß verjüngt werden. Der Vertrag von Effenberg wird nicht verlängert.«

Damit war ich wieder in den Schlagzeilen, und es sah so aus, als hätte ich unbedingt meinen Vertrag verlängern wollen und wäre bei den Bayern abgeblitzt. Daß es überhaupt nicht so war, konnte niemand wissen, der diese Schlagzeilen und Berichte las. Ich wollte noch ein paar gute Spiele für den FC Bayern machen und mich mit Anstand verabschieden. Mehr wollte ich eigentlich gar nicht.

Anscheinend gab es auch einen guten Grund, warum man meinen Vertrag nicht verlängern wollte. Sebastian Deisler hatte die Bayern wohl unter Druck gesetzt. »Nur wenn der Effenberg geht, komme ich«, hatte er angeblich dem Vorstand gesagt. Er hatte offensichtlich Angst, daß er auf die Ersatzbank müßte, erzählte mir ein Insider.

Die Arbeitslosen-Affäre

Im Frühjahr traf ich mich mit zwei Leuten vom *Playboy*. Zigmal hatten sie schon angefragt, und dann sagte ich: »Okay, kommt in den Limmerhof nach Unterhaching. Das ist unser Mannschaftshotel. Dann machen wir das Interview.«

Über zwei Stunden saßen wir zusammen. Es wurde ein sehr angenehmes Gespräch. Die Typen vom *Playboy* waren in Ordnung. Wie abgesprochen, schickten sie mir auch hinterher das Interview, damit ich es autorisierte. Irgendwann hockte ich mich dann zu Hause hin und ging das Interview durch. Es ging mir total auf den Keks, Dinge zu streichen, zu ergänzen oder ganz anders zu schreiben. Ich mußte an solchen Interviews wirklich arbeiten. Denn die Journalisten hauen immer mächtig rein, damit aus solchen Gesprächen keine weiche, lahme Geschichte wird. Bei mir mußte immer Feuer drin sein. Wenn Stefan Effenberg etwas sagte, sollte es kräftig scheppern. Einige Dinge strich ich, andere Passagen, die ich okay fand, ließ ich stehen. Dann faxte ich das Interview zurück und gab es frei. Ein schlechtes Gewissen hatte ich überhaupt nicht.

Der *Playboy* erschien am 16.4.2002. So richtig bekam ich das gar nicht mit. Ich hatte das Interview eigentlich schon längst abgehakt. Die ersten zwei Tage war noch Schweigen im Blätterwald. Dann plötzlich gab es in den Zeitungen riesige Schlagzeilen: »Effe fordert: Stütze runter.« Denen machte es anscheinend Spaß, ein paar dicke Dinger gegen mich abzufeuern. Sie fragten auch noch irgendwelche Leute, was sie davon hielten, daß ich Arbeitslosen die Unterstützung wegnehmen wollte. Klar, wie heftig die Antworten da ausfielen. Dabei hatte ich das so gar nicht gesagt. Ich hatte nie gefordert, den Arbeitslosen, die sich echt um Arbeit bemühen, das Geld zu streichen. Als ich das Interview gab, war mein Bruder Frank selbst arbeitslos. Ich konnte mich daher gut in die Lage von jemandem versetzen, der wirklich Arbeit suchte, um über die Runden zu kommen. In dem Interview hatte ich lediglich erklärt, daß ich ein Problem mit den Leuten hatte, die einen auf lau machten. So Leute, die man in irgendwelchen Talkshows sitzen sah und die rumerzählten: »Mir geht es nicht schlecht mit meinem Arbeitslosengeld. Ich arbeite noch ein bißchen schwarz nebenbei, und dann kann ich mir vieles leisten. Richtig Bock zu arbeiten habe ich gar nicht!« Aber so eine Sichtweise wollte man in den Medien nicht. Man glaubte, ich würde bald im Ausland spielen, und war auf die letzte, große Konfrontation aus: Effe, der Fußballmillionär, gegen vier Millionen Arbeitslose. Ich sage aber nach wie vor: Stütze runter für die Leute, die keine Lust haben zu arbeiten. Denen muß das Geld so gekürzt werden, daß sie ganz, ganz schnell wieder Lust haben.

Und so verkehrt kann diese Einstellung schon damals nicht gewesen sein, denn wenn ich jetzt höre, was die Regierung fordert, dann muß ich sagen, habe ich ihr eine gute Vorlage gegeben. Es ist schon komisch: Ich bekam für diesen Vorschlag vor zwölf Monaten richtig auf die Mütze, und heute versuchen diverse Politiker genau diese Ideen umzusetzen oder gehen zumindest in diese Richtung.

Ich war vollkommen ahnungslos, was für eine Lawine da auf mich zu rollte. Morgens fuhr ich Etienne zum Schulbus und holte dann wie immer meine Zeitung. Na großartig, dachte ich, als ich die Schlagzeilen las. So sollte ein Morgen eigentlich nicht anfangen.

Auf die Story sprangen natürlich auch Fernsehsender und Radiostationen an. Überall Aufregung und Umfragen ohne Ende. Alle Leute kamen aus ihrer Höhle und regten sich mächtig auf. Jeder, der wollte, durfte mal auf Effe einprügeln. So nach dem Motto: Wer hat noch nicht, wer will noch mal!

Auch die Bayern reagierten. Ottmar Hitzfeld zitierte mich in sein Trainerzimmer. »Stefan«, sagte er, » wir haben eine Entscheidung getroffen. Es ist besser, wenn du die nächsten ein, zwei Spiele nicht machst, damit wieder Ruhe einkehrt. Es ist jetzt die Endphase der Meisterschaft, da müssen wir voll konzentriert sein. Die Fans würden dich unter Feuer nehmen. In ein paar Tagen hat sich alles wieder beruhigt. Dann sehen wir weiter.« Das Wort »Suspendierung« nahm er nicht in den Mund, aber ich wußte, wohin die Reise ging.

»Ist das Ihre Meinung?« fragte ich Hitzfeld. »Oder haben sich unsere Bosse das ausgedacht?«

Hitzfeld war Profi genug, mir eine ausweichende Antwort zu geben, aber mir war klar, daß es nicht allein seine Entscheidung war. Die Begründung, mich zu suspendieren, war lächerlich; ein paar Pfiffe mehr hätten mich nicht gestört. Der FC Bayern wird nirgendwo mit Standing ovations und La-Ola-Welle empfangen. An Pfiffe und Buhrufe ist jeder gewöhnt, der für diesen Verein spielt. Ich glaube eher, den Bayern kam die Arbeitslosengeschichte ganz recht. Einige Leute im Verein dachten: Ohne Effenberg hat die Mannschaft zu Beginn der Saison sehr gut gespielt, mit ihm aber eher durchwachsen. Ohne ihn gewinnen wir eher und sind vorne wieder dick drin.

Es war der perfekte Zeitpunkt, mich kaltzustellen. Und das *Playboy*-Interview lieferte einen guten Vorwand, mich aus der Mannschaft zu schmeißen.

Mit einem Lächeln nahm ich die Entscheidung zur Kenntnis. Was sollte ich auch tun? Für mich war damit das Kapitel München beendet.

Ein paar Tage später traf ich Beckenbauer am Flughafen. Wir begrüßten uns freundlich. Er kam auch gleich auf das Interview im *Playboy* zu sprechen. »Also, dieses Interview …«, sagte er. »Im Grund hast du ja recht. Wenn man das im ganzen liest, hast du nichts Falsches gesagt. Nur, du darfst so etwas nicht sagen. Du weißt ja, was die Zeitungen aus so einer Sache machen.«

»Moment! Das verstehe ich jetzt nicht. Im Grunde habe ich recht, aber ich darf es nicht sagen? Was ist das für eine Logik? Wenn ich mit einer Aussage recht habe, dann muß ich sie auch aussprechen dürfen.«

»Ja, sicher«, sagte Beckenbauer ausweichend. »Aber du weißt doch: Wenn du etwas sagst, wird gleich jedes Wort auf die Goldwaage gelegt. Du kennst doch das Spiel.«

Nicht nur Beckenbauer erklärte mir unter vier Augen, daß

ich eigentlich recht hatte und er es genauso sehen würde. Auch andere wie Hitzfeld und ein paar Spieler waren dieser Meinung. Öffentlich sagte es allerdings niemand, weil jeder Schiß hatte, dann auch was auf die Rübe zu bekommen.

Ich glaube, daß Millionen in Deutschland mit mir einer Meinung sind. Ich habe nichts Besonderes gesagt, sondern das, was viele denken. Hinterher bekam ich auch viele Briefe von Fans, von Arbeitslosen und sogar von Unternehmern, die mir schrieben, daß ich den Nagel auf den Kopf getroffen hätte. Die Schlagzeilen waren gegen mich, aber viele Leute, die ich traf und sprach, waren voll auf meiner Seite.

Leider versaute mir diese Aufregung um das Interview meinen Abschied bei den Bayern. Die Suspendierung wurde vor dem letzten Saisonspiel aufgehoben. Ich sollte im Olympiastadion gegen Hansa Rostock auflaufen. Doch ich war verletzt – jedenfalls ein bißchen. Wozu auch noch die Knochen hinhalten, wenn der Verein eigentlich gar nicht wirklich wollte, daß ich spielte?!

So wurde mein Abschied nicht so, wie ich ihn mir vorgestellt hatte. Ich bekam eine Uhr und einen warmen Händedruck. Das war's! In dieser Situation hätte mir mehr Unterstützung gutgetan, statt dessen gab es Distanz und eine Suspendierung. Ein paar Herren, die mir eigentlich recht gaben, hätten vielleicht auch sagen können: »Was soll der Aufruhr? Komm, Stefan, du hast viel für uns getan, und in den letzten Wochen, die du bei uns bist, stehen wir voll zu dir. Wir sind ein Team, du bist der Kapitän. Wir ziehen das jetzt zusammen durch!«

Doch egal: Ich stand über diesen Dingen. Der FC Bayern ist ein perfekt geführter Verein, und ich war stolz, vier Jahre dabeigewesen zu sein und alle Pokale geholt zu haben, die eine Vereinsmannschaft überhaupt gewinnen kann. Hier war ich zum absoluten Weltklassespieler geworden.

»Man erntet, was man sät«, wie es in einem Lied von Xavier Naidoo heißt. In München hatte wir alle reichlich geerntet, der Verein und ich. Ich werde die tollen vier Jahre nie vergessen.

Mein Freund Ottmar

Keinem Trainer habe ich mehr zu verdanken als Ottmar Hitzfeld. Ich war kein Neuling, sondern ein erfahrener Spieler, als ich zu ihm zu den Bayern kam, und trotzdem lernte ich unter ihm noch unglaublich viel. Er ist ein besonderer Mensch: seine Einstellung zu seinem Beruf, zum Leben überhaupt. Es war eine große Auszeichnung, daß er mich zum Kapitän machte. Ich spürte dieses ungeheure Vertrauen, das er in mich setzte, und wollte es ihm unbedingt mit Leistung zurückgeben.

Hitzfeld blieb in jeder Lage souverän und behielt die Contenance. Als wir einmal auf Schalke 1:5 untergingen, blieb er ganz ruhig. Andere Trainer traten vor Wut schon mal eine Tür ein oder fingen wie irre an zu brüllen. Bei Hitzfeld gab es kein Donnerwetter, kein Geschrei. Ob bei Niederlagen oder Siegen, er bewahrte immer Haltung. Sein Umgang mit den Spielern war vorbildlich, egal, ob sie zur ersten Elf gehörten oder auf der Bank saßen. Mit Oliver Kahn und mir sprach er am meisten. Wir drei harmonierten glänzend. Deshalb sind wir auch die Hauptverantwortlichen für den Erfolg der Bayern zwischen 1998 und 2002. Davon bin ich überzeugt. Damit will ich keineswegs die Leistung der gesamten Mannschaft schmälern. Wir hatten tolle, großartige Spieler, aber wenn Hitzfeld nicht so intensiv mit Kahn und mir gesprochen hätte, wären wir nicht so erfolgreich gewesen.

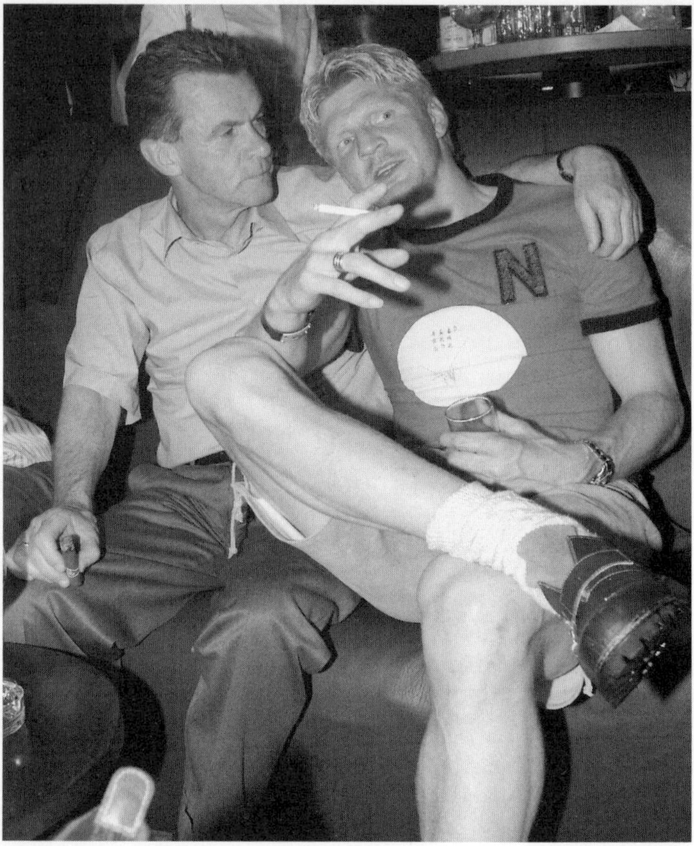

Mein Freund Ottmar – nach dem Gewinn der Champions League, 2001

Wir, Ottmar und ich, duzten uns schon damals, wenn niemand dabeiwar. Er hielt mich für den besten Mittelfeldspieler der Welt und ich ihn für den absolut besten Trainer. Als er einmal sagte: »Du könntest garantiert ein guter Trainer werden, wenn du willst«, war das ein ganz besonderes Kompliment für mich.

Nach dem letzten Saisonspiel gegen Rostock kam die Mannschaft zu einer Abschlußfeier beim *Käfer* zusammen. Ich war noch Kapitän. Also mußte ich auch hingehen, auch wenn für mich nach der *Playboy*-Geschichte das Kapitel Bayern München eigentlich beendet war. Der Abend wurde trotzdem sehr nett. Irgendwann saß ich mit Ottmar allein am Tisch und zog ihn zu mir. Er war einer der ersten, dem ich verriet, daß ich mich von Martina trennen würde. »Es gibt da eine andere Frau, in die ich mich verliebt habe«, sagte ich ihm, und dann erzählte ich ihm von Claudia.

Er blieb ganz gelassen, nichts von »Boah, was ist denn das für eine sensationelle Geschichte!«

»Oh, das freut mich aber für dich«, sagte er ganz ruhig. »Ich wünsche euch viel Glück. Wenn irgend etwas ist, kannst du mich jederzeit anrufen.«

Ich glaube nicht, daß viele Spieler so ein Verhältnis zu ihrem Trainer haben.

Mittlerweile duzen wir uns ganz offen und telefonieren mindestens zwei-, dreimal im Monat miteinander, nicht nur, um über Fußball zu reden. Wir quatschen über alles mögliche, über meine Kinder, über mich und meinen Traum, nach Amerika zu gehen. Er erzählt mir private Dinge, und ich tue das genauso. Wenn wir Probleme haben, versuchen wir uns gegenseitig zu helfen.

Hitzfeld liebt es, Golf zu spielen. Deshalb sagte ich oft zu ihm: »Ottmar, ich hoffe, daß du mich nach meiner Karriere mal in Florida besuchen kommst. Es ist traumhaft da unten. Ich lade dich ein. Da kannst du Golf spielen, Boot fahren, am Strand spazierengehen, und wir können einen guten Rotwein zusammen trinken.« Er versprach, einmal zu kommen, und ich wünsche mir sehr, daß er sein Versprechen einhält.

Ottmar Hitzfeld betrachte ich als meinen Freund,

genauso wie Christian Hochstätter, mit dem ich in Mönchengladbach zusammen gespielt habe. Wir müssen nicht häufig miteinander telefonieren, aber wir wissen genau: Wir können uns immer aufeinander verlassen.

Ich hoffe, daß Ottmar Hitzfeld den richtigen Zeitpunkt für den Absprung bei den Bayern nicht verpaßt. Der Job als Trainer bedeutet für ihn einen Riesenstreß. Das kann man sich gar nicht vorstellen. Die vielen Reisen, das Training, die Vor- und Nachbereitung der Spiele, der Druck, immer gewinnen zu müssen – das alles geht an seine Substanz. Er ist ein Perfektionist. Und wenn er dann einmal verliert, fallen gleich die Geier über ihn her. Ottmar sollte sich und seiner Frau Beatrix noch ein paar andere Dinge gönnen. Ich hoffe, daß die Mannschaft ihm einen schönen Abschied bereitet. Im Jahre 2004 läuft sein Vertrag aus, dann wäre er sechs Jahre bei den Bayern, viel länger als die meisten Trainer vor ihm. Ein Sieg in der Champions League und der Meistertitel wären eine großartige Sache und ein wunderbarer Abschluß für ihn. Ich wünsche es ihm von ganzem Herzen.

Lothar, der Lautsprecher

Ich wollte zum Thema »Lothar Matthäus« eigentlich gar nichts schreiben. Deswegen auch diese eine leere Seite. Aber so gnädig darf Lothar Matthäus dann doch nicht davonkommen.

Bevor ich Lothar persönlich kennenlernte, bewunderte ich ihn wie kaum einen anderen Spieler. Er brachte über Jahre großartige Leistungen, war Weltmeister und Weltfußballer geworden und hatte zig andere Titel gewonnen. In Mönchengladbach war ich quasi sein Nachfolger gewesen und spielte auf seiner Position, und genau wie er ging ich dann vom Bökelberg zu den Bayern. Als ich in die Nationalmannschaft berufen wurde, freute ich mich riesig darauf, endlich einmal mit ihm zusammenzuspielen, ein paar Worte mit ihm zu wechseln und von ihm zu lernen.

Ich habe noch heute allergrößten Respekt vor seiner Leistung.

Ein paar andere Dinge am »Menschen« Lothar Matthäus gingen mir aber schnell ganz gewaltig auf den Keks. Allein seine Auftritte im Kreis der Nationalmannschaft! Lothar war garantiert der lauteste. Er war ein absoluter Experte darin, seine Klappe immer und überall aufzureißen. Wenn Fritz Westermann, der damalige Koch der Nationalmannschaft, sein wunderschönes Büfett aufgebaut hatte, war es für alle Spieler selbstverständlich, aufzustehen, sich einen Teller zu nehmen und sich zu bedienen. Auch Berti Vogts und die anderen Trainer luden sich selbst was auf den Teller. Nur für den guten Lothar war alles ein bißchen anders. Er schrie quer durch den Raum: »Hör mal, Fritz, mach mal was fertig für mich!«

He, dachte ich, das nennt sich doch Büfett, und der Koch ist nicht der Kellner von Lothar Matthäus. Fritz Westermann kannte die Nummer jedoch schon. Er sprang hinter seinem Büfett vor und fragte ganz kleinlaut: »Was

Mit Lothar Matthäus im »Gleichschritt« – ein seltenes Bild, 1998

möchtest du denn, Lothar, Fleisch oder Fisch?« Ihm zu sagen: »Lieber Lothar, bediene dich bitte selbst«, traute er sich nicht.

Fast alle im Hotel bekamen es mit, daß Lothar sich bedienen ließ, während alle anderen brav am Büfett standen. Aber so war Lothar! Er wollte immer im Mittelpunkt stehen. Alles mußte sich um ihn drehen! Die anderen Spieler wie Sammer, Klinsmann, Häßler und Illgner schüttelten nur den Kopf. Keiner sagte etwas, jeder dachte sich sein Teil.

Lothar hatte immer dicke Backen. Er gab ständig und überall seine Kommentare ab. So in dem Stil: »He, ihr da in der hintersten Ecke. Ich erzähle was. Hört mal zu!« Seine damalige Frau Lolita meinte zwar einmal, zu Hause bei ihr wäre Lothar ganz klein, quasi ein Pantoffelheld, doch in der Öffentlichkeit hängte er häufig den Supermann raus.

In München war er dafür bekannt, daß er beste Kontakte zu den Zeitungen hatte, besonders zu einem Journalisten. Sie hatten wohl nicht gerade ein Liebesverhältnis, aber irgendwas kurz davor. Ich will nicht behaupten, daß Lothar immer alles ausplauderte, doch es war allerdings schon auffällig, daß einige interne Dinge hinterher in der Zeitung standen, wenn er bei Mannschaftsbesprechungen dabeigewesen war. Er bekam auch immer die besten Noten, selbst wenn er allenfalls mittelmäßig gekickt hatte. Zum Totlachen! Anscheinend war ihm die Benotung immer superwichtig. Aber nachweisen, daß Lothar unsere undichte Stelle war, konnte ihm aus der Mannschaft niemand.

Bei uns Spielern hatte Lothar nicht viele Freunde – gelinde gesagt. Er brachte seine Leistung, spielte als Libero gute, genaue Pässe, dagegen ließ sich nichts sagen, aber vor und nach dem Spiel wollten die meisten nicht viel mit ihm zu tun haben.

Bei den Bayern gehörte der berühmte Kreis zum Training, das heißt, fünf oder sechs Spieler standen außen und spielten sich den Ball zu, während zwei innen im Kreis versuchten, den Ball abzufangen. Wer einen Fehler machte, mußte nach innen. Wir trainierten das immer in derselben Besetzung: Fink, Lizarazu, Elber, Kuffour, Salihamidzic, Matthäus und ich. Als ich einmal nicht dabei war, weil ich ausnahmsweise in einem anderen Kreis mitspielte, gab es gleich Zoff mit Lothar. Ich bekam das zuerst gar nicht mit, dann fiel mir eine riesige Spielertraube auf. Was ist denn da los? dachte ich. Kaum bin ich nicht da, liegen die sich in den Haaren. Lothars Stimme war zu hören. Er heulte irgendwie rum: »Ich geh jetzt in die Kabine. Das laß ich mir nicht bieten!«

Hitzfeld rief mich nach dem Training zu sich, um mit mir als Kapitän die Angelegenheit zu besprechen. Lizarazu hatte Matthäus eine Ohrfeige gegeben, aber richtig, weil Lothar nicht in die Mitte gewollt und ihn irgendwie gereizt hatte.

»Und jetzt?« fragte ich.

»Jetzt gibt es nur zwei Möglichkeiten«, sagte Hitzfeld. »Entweder kommt der Liza nicht mit ins Trainingslager und spielt das nächste Spiel nicht mit, oder er kriegt eine Geldstrafe.«

»Wieso eine Geldstrafe für Liza? Er müßte eigentlich Geld bekommen für das, was er gemacht hat, dafür, daß er dem Lothar mal was vor den Koffer gegeben hat.« Ich grinste.

Hitzfeld schmunzelte. »Nee, so können wir das nicht machen«, sagte er, als er sich wieder eingekriegt hatte.

»Liza ist viel zu wichtig für uns. Zu Hause lassen können wir ihn jedenfalls nicht.«

»Okay, dann muß er eine Geldstraße zahlen.« Damit war für Hitzfeld die Sache erledigt.

Wir Spieler grinsten uns in der Kabine einen, daß Lothar so eine Szene machte, nur weil der Liza ihn mal etwas härter angefaßt hatte.

Wir plünderten auch nicht die Mannschaftskasse, um gemeinsam die Strafe für Lizarazu zu bezahlen. Das wäre bei einigen außerhalb der Mannschaft nicht gut angekommen, aber eigentlich wär es das richtige gewesen. Noch

Jahre später beklagte Matthäus sich darüber, daß er nicht so ein Standing bei Hitzfeld und Hoeneß hatte wie ich. Das war natürlich Schwachsinn – wie so vieles, was Lothar so von sich gab.

Wenn ich mit ihm im Clinch lag, was nicht selten vorkam, regelte ich das anders als Lizarazu. Dann ging es eben beim Training etwas rustikaler zu – das war meine Art und Weise, diese Dinge aus der Welt zu schaffen.

Als Lothar die Mannschaft verließ, war sein Weggang eine besondere Motivation für mich und die meisten anderen Spieler, die Champions League zu gewinnen. Er hatte alle Titel in seiner Sammlung – bis auf den Pokal der Champions League. »Wir stehen diesmal ohne Lothar im Finale«, sagten wir uns vor dem Spiel gegen Valencia. »Und nun schlagen wir zu!« Wahrscheinlich biß Lothar sich vor Wut in den Arsch, als er uns mit dem Pott in allen Zeitungen sah.

Er selber war in dem Finale gegen Manchester zwei Jahre zuvor ein echter Verpisser gewesen. Ich weiß heute noch nicht, warum er in der achtzigsten Minute für Thorsten Fink vom Feld gegangen war. Wir führten 1:0 und mußten das Spiel nur noch über die Zeit bringen. Wie kann man sich da als Libero auswechseln lassen? So einen Schmerz kann es gar nicht geben, daß ich in solch einer Situation freiwillig vom Platz gehen würde. Da müßte ich mir schon ein Bein gebrochen haben, oder ein Gegenspieler hätte mich so rasieren müssen, daß ich nicht mehr geradeaus hätte gucken können. Als Libero mußte Lothar auch nicht kilometerweit laufen. Und mit seiner Erfahrung brachte man so ein Spiel sowieso locker über die Bühne.

Ich bin sicher, wenn Lothar im Spiel geblieben wäre, hätten wir gegen Manchester das Finale nicht verloren. Er hätte die Zähne zusammenbeißen und durchhalten müssen! Statt dessen machte er sich vom Platz. Ich dagegen kriegte nach dem Spiel kräftig auf die Fresse. Ich hätte nicht meine Leistung gebracht, wäre im entscheidenden Moment nicht dagewesen. Blablabla. Von Lothar sprach wieder einmal niemand.

Wenn es darauf ankam, hatte Lothar schon häufiger den Schwanz eingezogen. Am zweiten Spieltag einer Saison einen Elfmeter zu schießen ist keine Kunst. Das kann jeder halbwegs gute Spieler. Nein, in einem Finale oder in einem entscheidenden Moment muß man seinen Mann stehen. Im WM-Finale 1990 in Italien schickte Lothar, der Kapitän war und sonst viele Elfmeter geschossen hatte, Andy Brehme vor. Ich kann mir jedenfalls nicht vorstellen, daß Brehme gesagt hatte: »Lothar, bitte laß mich schießen!«

Im Pokalfinale 99 gegen Werder Bremen gab es eine ähnliche Situation. Wir mußten ins Elfmeterschießen und brauchten also fünf Schützen. Lothar verdrückte sich. So nach dem Motto: »Ich muß nicht schießen. Macht ihr das mal!« Weil Markus Babbel sich schon die Schuhe ausgezogen hatte und signalisierte: »Ich schieß auf keinen Fall!«, war Lothar der erste Nachrücker und vergeigte das Ding. Ich hatte auch verschossen, aber mein Fehler entschied nicht das Finale, wie es am nächsten Tag in allen Zeitungen stand. Sein Fehlschuß entschied das Endspiel gegen Bremen in Berlin.

Im Mai 2000 hatte Lothar sein Abschiedsspiel in München: Deutschland gegen FC Bayern. Diego Maradona war auch gekommen. Die Stimmung war super, 45000 Zuschauer im Olympiastadion. Ich konnte leider nicht spielen, weil ich verletzt war.

Vor dem Spiel wünschte ich Lothar alles Gute. Das war sein Tag, und einen großen Abschied hatte er ohne Zweifel verdient. Niemand hatte so viele Titel auf seiner Visitenkarte wie er.

Die Einnahmen des Spiels wollte Lothar zu einem Teil für wohltätige Zwecke spenden. Alle möglichen Einrichtungen sollten Geld bekommen. Auch für unser Projekt *Help me* sagte Lothar Unterstützung zu. In Zusammenarbeit mit RTL hatten Martina und ich ein Schul- und Entwicklungsprojekt in Nordthailand aufgebaut.

»Stefan«, sagte Matthäus vor dem Spiel zu mir, »für deine Schule kriegst du auch einen Betrag von mir.«

»Super. Wieviel Geld bekomme ich denn?«

»Fünfzigtausend Mark«, erwiderte Lothar.

»Superstark«, sagte ich. »Dann können wir endlich Fahrzeuge für die Schule kaufen. Die nächste Stadt liegt drei Stunden entfernt. Wir brauchen dringend Autos, die Lebensmittel und viele andere Dinge auf den Berg bringen, wo die Schule steht. Die Kinder werden Tränen in den Augen haben. Ich glaube, die haben da noch nie ein Auto gesehen.«

»Alles klar«, sagte Lothar. »Du kriegst das Geld. Verlaß dich drauf.«

Wir gaben uns die Hand.

»Lothar, ich habe zwar in der Vergangenheit nicht viel von dir gehalten, aber es ist klasse von dir, daß du das mit deinem Abschiedsspiel so machst. Da ziehe ich den Hut vor dir!«

Den Hut mußte ich aber schnell wieder aufsetzen. Nicht ein einziger Pfennig der angekündigten Spende ging auf unser *Help-me*-Konto ein. Unzählige Male fragten wir nach: Alexander Graf von Schwerin, der auch bei diesem Projekt mit dabeiwar, Martina, ich selbst. »Wo bleibt denn die Spende, die Lothar uns zugesagt hat?«

»Ja, ja, das Geld kommt jetzt«, antwortete Lothar – und das nicht nur einmal. Doch das Geld kam nicht.

Wir standen mit unserem Projekt mittlerweile kurz vor dem Abschluß. Daher brauchten wir dringend das Geld, damit die Autos, die wir schon versprochen hatten, endlich bei der Schule eintrafen.

Die Spende ließ aber immer noch auf sich warten. Schließlich sprach ich Lothar persönlich darauf an. »Kein Problem«, versicherte er mir. »Das Geld kommt!«

Nichts tat sich.

Ich wandte mich dann auch noch an Karl Hopfner, den Geschäftsführer der Bayern, der das Abschiedsspiel mit organisiert hatte und die Abrechnungen machte. »Karl«, fragte ich ihn, »was ist eigentlich mit den Spendengeldern von Lothars Abschiedsspiel?«

»Lothar ist jetzt in Amerika«, war Hopfners Antwort. »Da gilt ein anderes Steuerrecht. Er bringt die Dinge sofort in Ordnung, wenn er wieder zurückkehrt.«

Lothar kam wieder, aber die Spende war immer noch nicht auf dem *Help-me*-Konto eingegangen. Wir wurden wieder vertröstet. »Lothar muß jetzt erst mal ein paar Sachen regeln«, wurde dem Graf von Schwerin mitgeteilt. »Dann wird das sofort erledigt. Er hat schließlich sein Wort gegeben, und sein Wort hält er auch.«

Mittlerweile liegt das Abschiedsspiel fast drei Jahre zurück. Keine müde Mark ist bisher (17.03.2003) bei uns eingegangen. So darf das nicht laufen! Wenn man sich so weit aus dem Fenster lehnt und Spenden zusagt, kann und darf man nicht hinterher einen Rückzieher machen oder sich totstellen.

Ich war von Lothar ja einiges gewöhnt, aber dieses Verhalten war für mich die größte Enttäuschung überhaupt. Wir hatten fest mit dem Betrag gerechnet, und er hatte nicht nur uns enttäuscht, sondern alle, die an dem Projekt beteiligt waren, und vor allem die Kinder in Thailand. Mittlerweile ist ja auch in der Öffentlichkeit bekannt geworden, daß Lothar von seinem Abschiedsspiel bis jetzt keine Mark an irgendwelche Organisationen weitergegeben hat. Er ist statt dessen mit den Bayern in den Clinch gegangen, die ihm angeblich nicht das ganze Geld bezahlt haben, das ihm für sein Abschiedsspiel zustand, aber schlappe 3,9 Millionen Mark haben sie ihm wohl doch überwiesen. Ein Armutszeugnis, von diesem Geld die versprochenen Spenden bisher noch nicht bezahlt zu haben!

Das Geld für die Fahrzeuge wurde letztendlich von uns aufgebracht. Wir hatten die Autos versprochen und mußten diese Zusage selbstverständlich auch einhalten. Wenn Lothar in finanziellen Problemen stecken sollte, darf er sich ruhig an mich wenden und mich anrufen. Ein Kredit zu einem moderaten Zinssatz ist allemal drin.

Was das Geld anging, war Lothar absolut still – und ist es bis zur Drucklegung der Erstausgabe dieses Buches (Drucklegung: 17. März 2003) geblieben. Sollte Lothar in der Zwischenzeit das Geld überwiesen haben, dann hat er nach drei Jahren endlich sein Versprechen eingelöst. Meine Meinung über ihn werde ich aber trotzdem nicht ändern.

In einer anderen Angelegenheit jedoch riß er ordentlich die Klappe auf. Als im Sommer 2002 mein Wechsel nach Wolfsburg klar war, schoß er kräftig aus der Hüfte. Wahrscheinlich rief er selbst bei der *Sport-Bild* an: »Könnt ihr nicht mal ein Interview auf zwei Seiten mit mir machen? Ich will was zum Wechsel von Effenberg nach Wolfsburg sagen.« So wirkte das Ganze jedenfalls.

Lothar zog prächtig gegen mich vom Leder. »Der Effenberg hat doch gar nicht mehr die Fitneß! Der schafft doch gar nicht eine ganze Saison!«

Ich verstand überhaupt nicht, was das sollte. Hatte ich was dazu gesagt, daß er bei Rapid Wien als Trainer in Rekordzeit rausgeflogen war? Er hätte auch bei der *Sport-Bild* anrufen und sagen können: »Effenberg geht nach

Wolfsburg? Na, da wünsche ich ihm viel Glück bei seinem neuen Verein!« Doch Lothar machte es wie immer.

Aber eines ist klar: Wer so austeilt, darf sich nicht wundern, wenn er auch mal ordentlich einstecken muß. Daß Matthäus heute Partizan Belgrad trainiert und nicht die Bayern oder einen anderen richtig großen Club, hat ohne Frage seine Gründe.

Für mich war es immer wichtig, auch im nachhinein zu den Clubs, für die ich gespielt hatte, ein gutes Verhältnis zu haben. Ich möchte jederzeit beim FC Bayern anrufen, mir zwei VIP-Karten für ein Spiel bestellen können und die Antwort bekommen: »Alles klar, die Karten liegen für dich bereit.«

Lothar ist dieses gute Verhältnis zu seinen Ex-Clubs wohl nicht so wichtig, sonst hätte er die Bayern unmöglich wegen seines Abschiedsspiels verklagen wollen und hätte nicht all seine Anstecknadeln zurückgeschickt. Aber statt sich so kindisch zu verhalten, hätte er sich besser mal fragen sollen, ob er ohne den FC Bayern auch so eine große Karriere gehabt hätte. So jedenfalls hat er sich im Ziel seiner Laufbahn nicht mit Ruhm bekleckert. Das war wirklich keine Glanznummer.

Mitgefühl für Olli

Viele Fußballer heiraten sehr früh – so wie ich. Mir tat es gut, mich früh zu binden. Als Fußballspieler brauchen wir noch mehr als andere einen Ort, wo wir Halt finden, denn wir sind viel auf Reisen, erleben und sehen viel.

Trotzdem kann es sehr leicht vorkommen, daß man sich anders als die Partnerin entwickelt, die vielleicht die meiste Zeit zu Hause sitzt und sich um die Kinder kümmert. Das ist eine große Gefahr. Ich habe daher immer versucht, Martina in viele Dinge mit einzubeziehen. Sie fuhr zu vielen Auswärtsspielen der Champions League mit. Aber natürlich ist auch das keine Garantie, daß eine Ehe hält.

Viele prominente Fußballer haben sich in der vergangenen Zeit getrennt: Andreas Möller, Icke Häßler und Thomas Helmer, um nur einige zu nennen. Eine Fußballer-Ehe ist immer gefährdet. Wir sind oft weg von der Familie und genießen Glanz und Ruhm. Das kann schon mal zu ehelichen Problemen führen …

Nun ist Oliver Kahn in die Schlagzeilen geraten, weil er mit einer anderen Frau in der Öffentlichkeit gesehen wurde, während seine Frau Simone hochschwanger zu Hause saß. Ich habe Olli immer für seine Leistung bewundert. Er ist der absolut beste Torwart der Welt. Bei den Bayern kam ich immer gut mit ihm aus. Wir beide ähneln uns auf gewisse Weise: Wir sind beide positiv verrückt, was den Fußball angeht – und eben nicht ganz normale Fußballprofis. Wäre es anders, wären wir beide keine Weltklassespieler geworden. Wir sind absolute Perfektionisten und wollen immer den absoluten Erfolg. Wir sind ganz gute Freunde, auch wenn wir nicht zweimal in der Woche zusammen essen gehen. Beim FC Bayern wußten wir um unsere besonders große Verantwortung für die Mannschaft, und das prägte unser Verhältnis.

Als die Geschichte mit der anderen Frau hochkam, war mir sofort klar, daß nun eine gewaltige Lawine auf Olli zurollen würde – genau wie bei mir, als ich zum ersten Mal mit Claudia in der Öffentlichkeit gesehen worden war. Auch Olli wird das gewußt haben. Wenn es private Dinge über die Kahns und Effenbergs zu berichten gibt, dann stürzt man sich sofort darauf. Wir können uns nirgendwo unbeobachtet bewegen. Immer gucken andere Leute auf uns, nicht nur Journalisten. Wir sind Personen des öffentlichen Lebens und einfach superinteressant für die Medien. Der Fußball hat in Deutschland einen unwahrscheinlichen Stellenwert. Wenn man hier über Sport redet, dann spricht man zu achtzig Prozent über Fußball. Ob sich ein Basketball- oder Handballspieler von seiner Frau trennt, interessiert hier niemanden. Aber wenn ein prominenter Fußballer eine Freundin hat oder sich scheiden läßt, dann schlägt so etwas hohe Wellen. Ist der Nachname Kahn oder Effenberg, sind die Wellen besonders hoch. Dann gilt es, mit dieser schwierigen Situation umzugehen. Jeder macht das auf seine Art. Ich bin in eine Fernsehshow gegangen, um mich in aller Öffentlichkeit zu äußern. Damit war das Thema für mich durch, aber natürlich wurde auch ich weiter von Reportern verfolgt und konnte mich nicht frei bewegen. Nun geht es Olli so ähnlich wie mir vor einem Jahr, auch wenn unsere Geschichte sich natürlich nicht ganz vergleichen läßt.

Ich weiß nicht, was Olli jetzt vorhat, doch eines ist in solch einer Situation auch für ihn klar: Das Wichtigste ist das Wohl der Kinder. Ansonsten soll Olli sein Ding machen und seinen Weg gehen. Das zeichnet Olli auch aus; egal, wie hoch die Wellen schlagen, er wird nicht untergehen. Mit guten Ratschlägen sollte sich da jeder zurückhalten. Es ist schon komisch, wenn irgendwelche Journalisten bei jeder Ehekrise eines berühmten Fußballprofis Sylvia Matthäus anrufen und sie irgendwelche Dinge erzählt, nur weil ihre Ehe mit Lothar Matthäus vor etlichen Jahren in die Brüche gegangen ist. Sie ist anscheinend so eine Art Expertin für kaputte Fußballer-Ehen geworden und hat sich ja auch in meinem Fall geäußert. Aber sie sollte sich besser auf ihre eigenen Dinge konzentrieren, statt Tips zu geben und etwa Simone Kahn zu sagen, sie solle sich besser mal von Olli trennen. Oder glaubt irgend jemand, Simone Kahn wird sich trennen, nur weil Sylvia Matthäus es öffentlich gesagt hat? Also: Klappe halten.

7. LAST MINUTE
Der Wechsel zum VfL Wolfsburg

Ich hatte im Herbst 2001 beschlossen, meinen Vertrag bei den Bayern nicht mehr zu verlängern. In München hatte ich alles gewonnen, was zu gewinnen war. Hier würde ich nichts mehr erreichen können.

Mindestens ein bis zwei Jahre wollte ich jedoch noch Fußball spielen. Der Abschied von den Bayern sollte nicht der Abschied vom Fußball sein. Ich war noch motiviert und war bereit, eine neue Herausforderung anzunehmen. Bis zum letzten Spieltag der Saison, als Dortmund vor Leverkusen Meister wurde, hatte sich aber noch nichts Konkretes ergeben. Ich hatte allerdings schon einige sehr erstaunliche Verhandlungen geführt.

Gaby regelt alles
Teil 1

Im Herbst 2001 bekam ich einen Anruf von Gaby Schuster. Wir kannten uns seit einiger Zeit. Ihr Mann Bernd war ein ganz Großer gewesen, er hatte in den achtziger Jahren in Spanien bei den Top-Clubs Real Madrid, FC Barcelona und Atletico Madrid gespielt.

»Stefan«, sagte Gaby. »Ich habe einen phantastischen

Verein für dich: bestes Umfeld, super geführt und Geld ohne Ende.«

»Klingt gut. Um welchen Verein geht es denn?«

»Atletico Madrid ist sehr interessiert an dir. Die spielen noch in der zweiten spanischen Liga, steigen aber garantiert auf.«

Auch Bernd Schuster schwärmte mir am Telefon von Atletico vor. »Es wäre wirklich klasse, wenn du dahin kommen würdest. Das ist ein guter Verein mit einem tollen Stadion und tollen Fans, und Madrid ist eine sehr schöne Stadt. Das solltest du dir auf jeden Fall mal anhören.«

Paolo Futre, früher ein bekannter Spieler, der auch für Atletico arbeitete, rief mich ebenfalls an. Wir unterhielten uns auf italienisch. »Du wärest eine Riesenverstärkung und Attraktion für Atletico«, sagte er. »Die haben deine Spiele in der Champions League gegen Real noch in guter Erinnerung und sind total begeistert von dir.«

Okay, wir machten einen Termin. Martina und ich trafen Gaby Schuster am Münchener Flughafen und flogen mit ihr zusammen nach Madrid. Wim Vogel, mit dem Gaby zusammenarbeitet, war ebenfalls dabei. Sie hatten alles organisiert, Flugtickets, Hotel. Alles wirkte sehr professionell.

Am Flughafen in Madrid liefen wir dann gleich ein paar Fotografen in die Hände. Eigentlich hatte ich gedacht, die ganze Angelegenheit würde noch vertraulich ablaufen, aber mir war es im Grunde egal, ob hier jemand ein Foto von mir schoß und meinen Besuch an die große Glocke hing.

In Madrid wurde mir sofort das Stadion gezeigt. »Hier ist die Umkleidekabine von Atletico! Hier ist unsere Trainerbank, hier die Kurve von unseren Fans!«

Nanu, dachte ich, die tun ja so, als hätte ich hier schon unterschrieben!

Anschließend fuhren wir in einer Eskorte zum Anwesen von Jesús Gil y Gil, dem Präsidenten von Atletico. Mit einem großen Hallo wurden wir von ihm und seinem Sohn Miguel Ángel Gil y Gil empfangen. Nach einem ausführlichen Mittagessen kamen wir endlich zur Sache. Während Jesús in seinem Wohnzimmer saß und Fußball guckte, als ginge ihn das Ganze nichts mehr an, sprachen wir mit Miguel in seinem Büro über den Vertrag und über das Geld. Atletico wollte mich unbedingt haben. Bernd Schuster hatte auch mal für sie gespielt, und irgendwie sahen sie in mir denselben Spielertyp. Punkt für Punkt gingen wir die Details durch und schrieben sie auf einem DIN-A4-Blatt auf. Ich sollte drei Millionen Dollar netto verdienen, dazu würde ich ein Auto bekommen. Die Miete für ein Haus und die Kosten des Umzuges würde der Verein obendrein übernehmen. Der Vertrag galt nur im Falle des Aufstiegs in die erste Liga, aber das war kein Problem. Atletico hatte schon einen großen Vorsprung.

Alles klar. Die Verhandlungen waren echt easy. Als wir fertig waren, gab Gil uns den Zettel mit. Ich steckte das Papier ein und nahm es mit. Auch Gaby Schuster war absolut happy. Abends saßen Martina und ich noch mit ihr und Wim Vogel im Hotel zusammen.

»Die haben sich wahnsinnig viel Mühe gegeben«, sagte ich zu den beiden. »Hat uns total gut gefallen. Eine wirklich nette Familie!«

Ich war mit Martina einig, daß alles perfekt aussah. Der Vertrag sollte nur über ein Jahr laufen. Ich mußte mich also nicht auf Jahre verpflichten. Besser konnte es nicht gehen.

Mit einem absolut guten Gefühl flogen wir am nächsten Morgen wieder nach München. Den Zettel mit den Vertragsbedingungen hatten wir in der Tasche. Nun mußten wir nur noch abwarten, wann ich den richtigen Vertrag unterschreiben sollte.

Zu Beginn des Jahres sagte Gaby Schuster: »Stefan, es ist soweit. Wir fliegen noch mal alle nach Madrid. Das mit dem Vertrag läuft.«

Mit Martina und meinen Kindern düsten wir also wieder nach Spanien. Mittags stiegen wir in demselben Hotel ab wie bei unserem letzten Besuch. Abends sollten wir Jesús Gil y Gil bei ihm zu Hause treffen.

Bevor wir losfahren wollten, besprachen wir mit Gaby und Wim Vogel in der Lobby des Hotels noch mal die Situation. Sie schienen die Ruhe weg zu haben.

»Wollen wir nicht mal los?« fragte ich Gaby. »Sonst kommen wir zu spät. Ich denke, wir haben gleich unseren Termin?«

Sie druckste ein wenig herum. »Nee, das geht heute nicht«, meinte sie schließlich.

»Wieso geht das heute nicht? Warum bin ich denn überhaupt nach Madrid geflogen? Ist das hier eine Karnevalsveranstaltung, oder was?«

»Gil y Gil hat eben angerufen. Vor seinem Haus stehen ganz viele Journalisten. Er möchte nicht, daß wir heute noch kommen. Der Trainer hat Angst, die Mannschaft könnte durch unsere Verhandlungen abgelenkt werden. Und die wollen auf keinen Fall den Aufstieg in Gefahr bringen. Aber morgen fahren wir zum Anwesen des Präsidenten. Da sind wir vollkommen ungestört.«

»Also gut«, sagte ich zu Gaby, »ich verstehe das zwar nicht. Es stand ja auch schon in allen Zeitungen, daß ich mal hier war, aber wenn Gil y Gil das so will, müssen wir das akzeptieren. Ich hoffe nur, daß alles ordentlich abläuft.«

Am nächsten Morgen fuhren wir zu dem Anwesen des

Präsidenten. Zirka vierzig Minuten Fahrt von Madrid raus aufs Land. Zu meiner großen Überraschung war aber niemand zu Hause. Kein Präsident! Kein Sohn des Präsidenten. Der Hausmeister führte uns herum und zeigte uns alles.

»Ist ja alles schön und gut«, sagte ich zu Gaby, »aber ich bin nicht hierher gekommen, um durch ein leeres Haus zu laufen.«

»Ja, klar.« Gaby versuchte mich zu beruhigen. »Wir sind hier in Spanien. Da laufen die Dinge ein wenig anders. Der Präsident ist auf jeden Fall stolz darauf, daß du dir hier sein Haus angesehen hast. Das war nicht so unwichtig, wie du jetzt vielleicht denkst, Stefan.«

Ich kam mir trotzdem langsam verarscht vor. Ich mußte nicht nach Madrid fliegen und hier in die Pampa fahren, um mir anzugucken, wie Pferde über eine Wiese hoppelten. Da hätte ich gleich in München bleiben können.

Abends, als sich immer noch niemand von Atletico gemeldet hatte, wollte Gaby vom Hotel aus versuchen, den Präsidenten oder seinen Sohn zu erreichen und mit ihnen am Telefon den Deal im Detail noch einmal zu verhandeln.

»Nein, liebe Gaby«, sagte ich. »Ich rufe hier niemanden an. Entweder die kommen zu uns ins Hotel, oder wir kommen zu denen. Aber über das Handy rede ich mit keinem mehr.«

Gaby konnte ziemlich deutlich spüren, wie angefressen ich von diesem komischen Ausflug war. Es führte auch alles zu nichts. Bei Atletico herrschte absolute Funkstille.

Am nächsten Morgen flogen wir nach München zurück, ohne jemanden gesprochen, geschweige denn einen Vertrag unterzeichnet zu haben.

»Wenn das hier weiter so abläuft«, sagte ich im Flieger zu Martina, »kann ich wahrscheinlich fünfzehn Jahre auf meine Kohle warten, sollte der Vertrag überhaupt zustande kommen.«

Von Atletico hörten wir nichts mehr. Das Thema war beendet.

Gaby Schuster gab jedoch nicht auf. Wenig später war sie wieder am Telefon.

Sie tat so, als hätte sie das goldene Los für mich gezogen. »Ein tolle Sache für dich, Stefan. Kannst 'ne Riesenkohle machen. In Dubai. Sechs Millionen Dollar netto im Jahr.«

»Gaby«, sagte ich nur, »bei aller Liebe. Ich bin kein Basketballprofi in der NBA. Wer soll denn das bezahlen?«

»Doch, wir sind da dran. Wenn wir kurz vor dem Abschluß stehen, melde ich mich wieder. Dann mußt du nur noch hinfliegen und den Vertrag unterschreiben. So eine Nummer wie in Madrid läuft nicht mehr. Das verspreche ich dir.«

»Was anderes kommt auch nicht in Frage. So eine Reise, um mich von einem Hausmeister rumführen zu lassen, mache ich wirklich nicht mehr.«

»Nein, nein, Stefan. Du mußt nur kommen, um zu unterschreiben. Die Sache läuft, wir sind kurz vor der Unterschrift.«

»Alles klar, Gaby, mach du mal weiter.«

Ein anderer Typ rief mich auch an, wohl auch ein Spielervermittler, allerdings hatte ich seinen Namen noch nie gehört. Er hatte mir auch irgendwas in Dubai anzubieten. Ich ließ ihn reden und wartete ab. Von ihm hörte ich gar nichts mehr.

Schließlich war Gaby Schuster wieder an der Strippe. »Dubai ist geplatzt, weil ein anderer Spielervermittler aufgekreuzt ist, der dich auch angeboten hat. Das wurde denen zu unseriös.«

»Ja, dann hat es eben nicht geklappt.« Für mich war diese Absage alles andere als tragisch.

»Komisch, Stefan, hast du irgend jemanden beauftragt?«

»Nein, ich habe bis jetzt überhaupt niemanden beauftragt. Ich habe eher das Gefühl, du kriegst das nicht gebacken.«

Die großen Schwätzer

Spielervermittler aus ganz Europa standen bald bei mir auf der Matte und versprachen mir das Blaue vom Himmel. Eines ist bei einigen Leuten ganz sicher: Sie sind die größten Schwätzer vor dem Herrn. Ich konnte bald darüber nur noch lachen.

England stand ganz oben auf der Liste. Ante Kuzmič aus München kam zum Kaffee zu mir nach Hause. Er hatte zwar selbst keine Lizenz zur Spielervermittlung, aber arbeitete mit jemandem zusammen, der eine besaß.

»In England ist man heiß auf dich. Da kannst du leicht vier, fünf Millionen Dollar im Jahr verdienen. Middlesbrough hat großes Interesse. Auch Fulham und Tottenham sind interessiert. Ich strecke aber auch sonst noch mal meine Fühler aus.«

»Wenn du da so eine große Nummer bist«, sagte ich, »brauchst du deine Fühler gar nicht ausstrecken. Wenn du mir sagst: Middlesbrough will mich, dann interessieren die anderen mich gar nicht mehr. Dann fliege ich morgen hin, schaue mir alles an und unterschreibe, wenn's paßt.«

Kuzmič zog wieder ab, aber nichts tat sich. Schließlich rückte er wieder zum Kaffee an.

Irgendwann verlor ich die Geduld. »Ich muß hier nicht

zwölfmal mit dir Kaffee trinken, wenn ich keinen Schritt weiterkomme«, sagte ich zu ihm. Ein Jahr später besorgte er mir ein sehr lukratives Angebot aus Katar. Ich war anfangs ihm gegenüber sehr skeptisch. Diese Skepsis nahm er mir jedoch mit diesem Angebot.

Auch Roland Grahammer, ein ehemaliger Bayern-Spieler, rief an. Ich hatte gar nicht gewußt, daß er als Vermittler im Geschäft war. »Plymouth, ein Verein aus der zweiten englischen Liga, ist interessiert. Die steigen aber garantiert auf. Könntest du dir vorstellen, dahin zu gehen?«

»Was stellen die Engländer sich denn vor?«

»Sie wollen unbedingt einen Star für die erste Liga. Auto und Haus sind kein Problem. Und gutes Geld rücken sie auch raus.«

»Roland«, sagte ich. »In der letzten Zeit hat man mir soviel Scheiß erzählt. Wenn die Leute in Plymouth sich alles gut überlegt haben, sollen sie nach München kommen. Entweder unterschreibe ich dann, oder ich unterschreibe nicht.«

Wochen später telefonierte ich noch einmal mit Grahammer.

»Roland, was ist denn mit der Sache in England?«

»Stefan, wenn es da irgendwas Neues gibt, rufe ich dich sofort an.«

Grahammer mußte meine Nummer verloren haben. Der Anruf erfolgte nie.

Dann meldete sich Manchester City über Kuzmič bei mir. Anders als all die englischen Vereine vorher waren die Leute aus Manchester ernsthaft interessiert. Sie kamen auch nach München: zwei Verantwortliche des Vereins und Kevin Keegan, der Trainer. Manchester City war in die erste Liga aufgestiegen. Sie boten gutes Geld, aber viel weniger, als ich mir vorgestellt hatte. Somit scheiterte der

Deal zwischen uns. Kevin Keegan und seine Leute waren unwahrscheinlich sympathisch, ich hätte auch gern in Manchester gespielt; eine gewisse Grenze wollte ich jedoch nicht unterschreiten.

Gaby regelt alles
Teil 2

Nachdem sich auch die Sache mit Manchester zerschlagen hatte, kam auch Gaby Schuster wieder aus ihrer Höhle.

»Stefan«, sagte sie in einem Tonfall, den ich schon zur Genüge kannte, »jetzt habe ich den absolut richtigen Verein für dich. Ein echter Top-Club, aber ich kann dir leider nicht sagen wo. Sonst geraten mir wieder andere Leute dazwischen und machen alles kaputt. Wir stehen wirklich kurz vor dem Abschluß. Stefan, das mußt du verstehen!«

»Liebe Gaby, ich verstehe beinahe alles. Mach das Ding, und wenn du soweit bist, treffen wir uns. Dann unterschreibe ich, wenn mir die Sache gefällt, oder ich unterschreibe nicht.«

Der geheimnisvolle Verein war Beşiktaş Istanbul. Damit kam Gaby Schuster beim nächsten Telefonat ein paar Tage später raus.

»Beşiktaş will dich unbedingt haben«, sagte sie. »Sie bieten gutes Geld, können von deinem Jahresgehalt aber erst mal nur siebzig Prozent bezahlen.«

»Tut mir leid, Gaby. In die Türkei gehe ich nur, wenn sie hundert Prozent vorab bezahlen.« Ich wußte von etlichen Spielern, daß man oft monatelang hinter seinem Geld herlaufen mußte.

Zwei Tage später rief Gaby wieder an. Nun war Beşiktaş

bei achtzig Prozent angelangt, die sie sofort bezahlen konnten.

»Nein«, sagte ich. »Das Risiko ist mir zu groß. Ich will hundert Prozent, keine achtzig.«

Der Wechsel zu Beşiktaş platzte also auch.

Kurz darauf stand Griechenland an. Ein griechischer Vermittler mit Namen Janni Papadopoulos machte den Dicken und erklärte mir, ein absoluter Spitzenverein habe Interesse – Olympiakos Piräus. Ich erklärte ihm meine Bedingungen und sagte, er könne sich ja wieder melden.

Öncer, ein anderer Berater – ich weiß noch nicht einmal seinen Vornamen – wollte mich zu Fenerbahce Istanbul vermitteln. Doch er war nicht der einzige, der sich angeblich in der Türkei richtig gut auskannte. Im Hotel *Vier Jahreszeiten* in München trafen Martina und ich zwei weitere Experten, die mir von ihren tollen Verbindungen in die Türkei vorschwärmten. Nach einer halben Stunde gingen wir wieder raus. Ich sagte zu Martina: »Das ist doch alles nicht seriös.« Sie war absolut meiner Meinung.

Von den beiden Spezialisten hörte ich nie wieder etwas. Aber Öncer tauchte wieder auf. »Fenerbahce hat riesengroßes Interesse. Es geht nur noch um Kleinigkeiten. Wenn die gelöst sind, kommen sie auf dich zu. Dann geht alles schnell über die Bühne.« In der Türkei stand die Saison kurz bevor, doch das war scheinbar kein Problem. »Sie wollen den ersten Spieltag abwarten.«

Als der erste Spieltag durch war, fragte ich bei Öncer nach. »Was ist denn nun? Haben die bei Fenerbahce sich überlegt, ob sie mich wollen?«

»Leider sind sie noch nicht ganz soweit. Ich brauche außerdem eine Autorisierung, daß ich mit denen verhandeln darf.«

»Never«, sagte ich. Vorher hatte ich ihm schon einmal für ein paar Tage eine Autorisierung gegeben. »Es gibt keine Autorisierung mehr von mir. Entweder kennst du den Verein so gut, wie du immer erzählst, und wir reden miteinander, oder du kennst sie nicht, und die Sache ist durch.«

»Ja, dann wird es schwierig.«

»Okay.« Mir machte das nichts aus. »Dann wird es eben schwierig.«

Die meisten Berater, mit denen ich zu dieser Zeit sprach, spielten sich auf, als wären sie mit den Präsidenten und Managern der Top-Clubs verwandt oder verschwägert, aber außer heißer Luft kam da nie etwas. Auch bei der lieben Gaby nicht.

Ich beende meine Karriere

Also gut, sagte ich mir Mitte Juli. Irgendwann muß Schluß damit sein, mit irgendwelchen dubiosen Leuten zu verhandeln und mich von denen verarschen zu lassen. Wenn ich bis zum 2. August, meinem 34. Geburtstag, keinen neuen Verein gefunden habe, beende ich meine Karriere und gehe direkt nach Florida. So hatte ich mir meinen Abschied vom Fußball allerdings nicht vorgestellt. Ich hielt mich zwar noch mit Waldläufen fit, falls es doch noch mal losgehen sollte, aber meine Motivation begann langsam zu leiden. Die Zeit wurde allmählich knapp. Alle Clubs in Europa befanden sich seit geraumer Zeit in der Vorbereitung auf die neue Saison.

Zwischendurch rief Ottmar Hitzfeld an. »Na, Junge, was ist? Hat sich was ergeben?« erkundigte er sich.

»Nee, hat sich nichts ergeben. Viel Lärm zwar, doch nichts Konkretes.«

»Schade, aber es ist auch schwer im Moment. Bei der wirtschaftlichen Situation hängen viele Vereine ein bißchen durch.«

»Klar«, sagte ich, »aber ich hätte nicht gedacht, daß es so schwer sein würde. Außerdem kann man die meisten Spielervermittler echt in der Pfeife rauchen. Die kriegen gar nichts auf die Reihe.«

An meinem Geburtstag, einem Freitag, war die Geschichte mit Fenerbahce Istanbul noch nicht endgültig entschieden. Also hängte ich noch ein paar Tage dran. Jetzt hatte ich so lange gewartet, da konnte ich das Wochenende auch noch abwarten.

Als Istanbul für mich dann auch geplatzt war, weil die Türken absolut nichts mehr von sich hören ließen, und ich gedanklich meine Karriere schon beendet hatte, rief mich ein Unternehmer aus Bregenz an.

»Austria Wien wäre die perfekte Lösung für Sie. Ich kenne den Verein sehr gut. Der Manager heißt Peter Svetis. Der Trainer ist Schachner, ein ehemaliger österreichischer Nationalspieler.«

Okay, sagte ich mir. Noch mache ich den Sack nicht endgültig zu. Das höre ich mir noch an. Danach ist Feierabend.

Svetis, der Manager von Austria, kam am 13. August nach Düsseldorf, ins *Radisson SAS Hotel.* Der Unternehmer aus Bregenz und ein weiterer Bekannter waren auch dabei. Sehr sympathische Leute. Claudia, meine neue Lebensgefährtin, begleitete mich.

»Du bist meine Partnerin«, sagte ich zu ihr. »Hör dir die Verhandlungen ruhig mal an, damit du siehst, wie so etwas abläuft.«

Wir saßen in einer Suite und redeten. »Stefan«, sagte Svetis, »wir wollen mit dir in die Champions League und dann mindestens in die Zwischenrunde. Stronach, unser Mäzen, hat da genaue Vorstellungen, und er ist bereit zu investieren. Er ist Unternehmer und hat jede Menge Geld.«

Ein Mäzen mit viel Kohle, klingt nicht schlecht, dachte ich. Außerdem war Wien wirklich eine schöne Stadt.

Schließlich, bevor die richtigen Verhandlungen begannen, zogen sich die beiden Begleiter von Svetis zurück, und ich deckte meine Karten auf: soundsoviele Euro plus Nebengeräusche, also Auto, Haus, Kosten des Umzugs.

Peter Svetis hörte sich meine Forderungen seelenruhig an. Dann sagte er: »Aber du weißt schon, daß wir nicht nur 56 Prozent Steuern bezahlen müssen? Wenn du dein Gehalt mal drei rechnest, bist du bei der Summe, die wir für dich auf den Tisch legen müssen.«

»Okay«, sagte ich und kam ihnen entgegen.

Nach unserem Gespräch meinte Claudia, als ich sie nach ihrem Eindruck fragte: »Der Manager hat schon geschluckt, als du ihm die Summe genannt hast.«

Ich hatte die Reaktion von Svetis auch mitbekommen. »Klar, aber soll ich deswegen 100000 Euro sagen? Ich habe einen gewissen Preis, den der Verein einfach zahlen muß.«

Svetis ließ trotzdem keinen Zweifel daran, daß er mich unbedingt haben wollte. Er würde mit seinem Mäzen über das Geld sprechen. Alles andere hatte er schon durchgeplant: wann ich mit dem Training anfangen sollte, wann das erste Spiel stattfinden würde. Wir sprachen sogar schon vom Urlaub. Von Anfang Dezember bis Mitte Januar war Winterpause in Österreich. Perfekt, dachte ich, dann kann ich ja ausgiebig zu meinen Kids fliegen, die nach meiner Trennung von Martina mittlerweile in Florida lebten.

Es wurde auch schon gemeldet, daß ich mit Austria Wien klar sei. Aber perfekt war in Wahrheit gar nichts. Großer Irrtum!

Bei Austria war man sich über meine Verpflichtung alles andere als einig. Am nächsten Morgen las ich ein Statement des Trainers in der Zeitung. In dem Stil: Effenberg paßt hier nicht hin, für das Geld holen wir lieber zwei junge Spieler.

Ich konnte mir das nur so erklären, daß Schachner wahrscheinlich Angst hatte, er könnte als Trainer an Autorität verlieren, wenn ein gestandener Spieler wie ich käme.

»Was ist denn mit eurem Trainer?« fragte ich Svetis bei unserem nächsten Telefonat. »Hat der ein Problem mit mir? Ich habe noch nicht einmal mit ihm gesprochen, und er macht schon solch einen Aufstand.«

»Alles halb so wild«, meinte Svetis. »Schachner ist da mißverstanden worden. Was in den Zeitungen steht, hat er so gar nicht gesagt.«

Was sollte Svetis mir gegenüber auch machen? Er versuchte, den Verein, seinen Präsidenten und den Trainer in Schutz zu nehmen.

Ich blieb jedoch mißtrauisch. »Ein bißchen Wahrheit ist an solchen Meldungen immer dran«, sagte ich. »Wenn man so etwas liest, kommt man jedenfalls nicht mit einem absolut guten Gefühl nach Wien.«

Dann sprachen wir weiter über den Vertrag. Svetis wollte, daß ich eine gewisse Anzahl an Spielen machen mußte, um auf die vereinbarte Summe zu kommen, aber darauf wollte ich mich nicht einlassen.

»So einen Vertrag habe ich zuletzt unterschrieben, als ich neunzehn war«, sagte ich zu ihm. »Heute läuft so etwas anders.«

Schließlich unterbreitete er mir trotzdem so ein kompliziertes Angebot. Ich bat mir einen Tag Bedenkzeit aus.

Stronach, der starke Mann von Austria, rief mich auch noch an. Wir plauderten sehr nett miteinander, über Austria und vor allem über meinen Traum, nach dem Ende meiner Karriere nach Amerika zu gehen. Er ist selbst ein halber Amerikaner und war sehr sympathisch.

Am nächsten Tag machte ich einen langen Waldlauf und ließ mir noch einmal alles durch den Kopf gehen. Der Vertrag war mir viel zu kompliziert geworden. Ich wollte mich in meinem möglicherweise letzten Jahr nicht auf irgendwelche Mätzchen einlassen, was die Zahl meiner Spiele betraf. Außerdem waren mir die Sprüche des Trainers gehörig auf den Keks gegangen.

Ich rief Svetis an. »Tut mir leid«, sagte ich, »aber ich habe mich entschieden, nicht nach Wien zu kommen.«

Nach meiner Trennung von Martina wohnte ich eine Zeitlang in Menden im Sauerland. Claudias Schwester hatte uns in ihrem Haus aufgenommen. Am Abend saßen wir zu fünft draußen im Garten und aßen zusammen. Claudias Schwager und ein Freund von mir waren auch noch dabei. Es war der 14. August 2002, eine warme, laue Sommernacht.

»Ich habe eine Entscheidung getroffen«, sagte ich. »Heute ist der Tag, an dem ich mit dem Fußball aufhöre. Das Ende meiner Karriere! Bitte, haltet den Tag in Erinnerung!«

Dann öffneten wir eine gute Flasche Wein und stießen darauf an. Wir hatten eine Menge Spaß, nichts von Enttäuschung oder Katerstimmung. Bei der einen Flasche Wein blieb es natürlich nicht. Wir feierten mein Karriereende, nicht traurig, sondern fröhlich.

Schon vorher hatte ich einige Vorbereitungen getroffen, für den Fall, daß ich nirgendwo unterschreiben würde. Ich hatte mit meinen Eltern und meinen Freunden gesprochen. Von ihnen wäre niemand überrascht, wenn ich schon in den nächsten Tagen nach Amerika übersiedeln würde.

Am nächsten Morgen reservierte ich mir Flüge für den kommenden Samstag, den 17. August. Auch dem Umzugsunternehmen sagte ich Bescheid, daß es nun bald in Richtung Florida losgehen würde. Nachdem ich unser Haus in München aufgegeben hatte, lagerte ich meine Sachen bei der Firma ein.

Mit Claudias Schwager fuhr ich am nächsten Morgen nach Mönchengladbach, um ein Wohnmobil abzuholen. Er wollte mit Claudias Schwester und den Kindern damit nach Italien in den Urlaub fahren. Tausend Gedanken gingen mir durch den Kopf: Schöne Karriere, leider ein schlechtes Ende. Obwohl ich noch großen Spaß gehabt hätte weiterzuspielen, hatte ich mich ziemlich still und leise von der großen Bühne des Fußballs verabschiedet. Statt mich bei einem anderen Club auf die Saison vorzubereiten, saß ich nun hier und plante meinen Umzug nach Florida. Vielleicht hatte ich mich zu sehr auf windige Spielervermittler verlassen, aber das war nun nicht mehr zu ändern. Ich hatte meine Entscheidung getroffen.

Auf dem Rückweg von Mönchengladbach rief Claudia mich an.

»Du darfst noch nicht aufhören. Tu mir einen Gefallen: Wenn du mich liebst, höre noch nicht auf, Fußball zu spielen. Überleg dir den Entschluß noch einmal, den du gestern gefaßt hast.«

»Claudia, wenn ich etwas sage, dann meine ich das auch so.«

Ich wunderte mich über ihren Anruf und konnte mir keinen rechten Reim darauf machen. Warum sollte ich nicht aufhören? Was sollte das Ganze?

Als ich zurück in Menden war, saß Claudia da und sagte: »Ich habe eben auf deinem Handy telefoniert.«

Weil ich kein Bock mehr hatte, mit irgendwelchen bescheuerten Vermittlern oder anstrengenden Journalisten zu reden, hatte ich mein Handy gar nicht mitgenommen, sondern es Claudia dagelassen.

»Es hat einer angerufen«, sagte Claudia weiter.

»Ja, wer hat angerufen?«

»Ein Verein aus der Bundesliga.«

Ein echte Überraschung! Ich hatte doch überall erzählt, daß ich nicht mehr in der Bundesliga spielen würde.

»Welcher Verein denn?« Ich wurde allmählich neugierig.

»Rate mal!«

»Was weiß ich? Hamburg oder Schalke oder 60 München.«

»Nein.« Claudia lächelte. »Der VfL Wolfsburg hat sich gemeldet.«

»Wolfsburg?« Ich war baff. »Und wer hat dich angerufen?«

»Der Mann heißt Norbert Nasse. Er hat gesagt, daß Wolfsburg stark interessiert ist, dich zu verpflichten.«

Norbert Nasse hatte meine Nummer von Pablo Thiam bekommen. Pablo hatte sich vor einigen Tagen bei mir erkundigt, was denn nun mit mir sei, und mich gefragt, ob er meine Nummer an einen befreundeten Rechtsanwalt weitergeben dürfte. Klar durfte er die Nummer weitergeben. Lange würde die ohnehin nicht mehr existieren.

Claudia hatte Nasse schon im groben beschrieben, was ich mir so vorstellte.

Wenig später rief er mich dann an. Wir plauderten ein wenig und sprachen darüber, wie ein Vertrag mit Wolfsburg aussehen könnte. Nasse war sehr nett und schien seriös zu sein.

Ich wußte natürlich, daß Peter Pander in Wolfsburg Manager war. Ein guter, sympathischer Mann, der mit dem Verein einiges vorhatte. Sie hatten gute Leute geholt, und ein neues Stadion war auch in Bau. Keine schlechten Aussichten! Aber ganz ehrlich, ich hatte doch noch so einige Fragen.

Wolfsburg machte sofort Tempo. Nichts mit: »Wir überlegen mal und melden uns in den nächsten Tagen wieder!« Nach drei, vier Telefonaten mit Nasse arrangierten wir ein Treffen im *Hotel Mercure* in Dortmund. Zusammen mit Claudia machte ich mich auf den Weg. Ich wollte sie bei mir haben. Sie sollte auch einen Eindruck von Nasse und Pander bekommen.

»Hast du was gemacht?« wollte Pander von mir wissen. »Hast du dich fit gehalten?«

»Ja, klar. Ich habe jeden Tag trainiert, und ich bin auch noch motiviert. Allerdings wollte ich gestern aufhören, Fußball zu spielen. Aber jetzt ist ja eine andere Situation eingetreten.«

»Allerdings«, sagte Pander. »Wir haben uns das reiflich überlegt. Wir wollen dich unbedingt zu uns holen und glauben, daß du die Mannschaft verstärken kannst. Morgen fährst du zur sportärztlichen Untersuchung nach Leverkusen, und wenn bei dir alles in Ordnung ist, liegt der Vertrag da, und du mußt nur noch unterschreiben. Dann sind wir klar! Am Sonntag spielen wir gegen Gladbach. Das ist noch zu früh für dich, aber danach bist du dabei.«

Pander reichte mir die Hand, und ich schlug ein. Außer Rolf Rüssmann damals hatte noch niemand so schnell einen Vertrag mit mir gemacht. Das imponierte mir! Der Manager ist ein Mann, der genau weiß, was er will. Wenn es in Wolfsburg so weiterging, war ich an der richtigen Adresse.

Als wir zurückfuhren, sagte ich zu Claudia. »Das kann doch nicht wahr sein. Gestern habe ich meine Karriere beendet, wir haben darauf angestoßen und gefeiert, und jetzt soll ich in neun Tagen mein 352. Bundesligaspiel machen – mein erstes für Wolfsburg. Unglaublich!«

Am nächsten Tag fuhr ich zu der Untersuchung nach Leverkusen. Auf dem Weg riefen mich schon Journalisten an: ein Typ von SAT.1 und ein Reporter von der *TZ*.

»Stefan, wir haben gehört, du bist auf dem Weg nach Leverkusen zur sportärztlichen Untersuchung. Was läuft denn da bei dir?«

»Ich bin zwar im Auto und weiß, wohin ich fahre, aber das muß ich keinem Journalisten auf die Nase binden«, sagte ich. Keine Ahnung, wie die Journalisten von dieser Sache Wind bekommen hatten.

Bei der Untersuchung lief alles glatt. Ich war topfit, hatte absolut gute Werte. Norbert Nasse saß mit dem fertigen Vertrag dabei, und kaum hatte ich mich wieder angezogen, unterschrieb ich noch beim Arzt den Vertrag.

Peter Pander meldete sich am Telefon. »Herzlichen Glückwunsch, Stefan. Jetzt bist du Spieler vom VfL Wolfsburg. Super. Wir freuen uns alle und geben den Wechsel sofort bekannt.«

Während ich noch nach Menden zurückfuhr, lief die Meldung bereits im Radio: »Stefan Effenberg geht nach Wolfsburg. Vertrag über ein Jahr unterschrieben.« Es war für alle eine Sensation – auch für mich.

Ich redete mit meinen Eltern, die absolut glücklich waren, vor allem weil ich nun noch eine Weile in Deutschland bleiben würde, noch dazu in der Nähe von Hamburg.

Dann rief Christian Hochstätter an und gratulierte mir. »Ein gute Entscheidung. Wolfsburg ist ein gut geführter Verein. Da kannst du echt froh sein.«

Auch Ottmar Hitzfeld beglückwünschte mich am Telefon. »Toll, Stefan. Ich freue mich für dich, daß es doch noch geklappt hat.«

Alle, die ich sprach, waren sehr begeistert. Nur mein Reiseunternehmen war verwundert, als ich meine reservierten Tickets wieder freigab. Auch dem Umzugsunternehmen sagte ich Bescheid. »Mit meiner Übersiedlung nach Florida wird es noch etwas dauern.«

Abends saß ich mit Claudia zusammen. »Ich ziehe jetzt noch einmal an einer Zigarette, und dann ist Schluß. Ich höre mit dem Rauchen auf. Heute ist ein besonderer Tag.«

Wir fuhren zu einem Fluß in der Nähe, stellten uns Arm in Arm ans Ufer und kramten unsere Handys hervor. Die alten Dinger konnten wir nun nicht mehr gebrauchen. Fast jeder Spielerberater, jeder Journalist hatte mittlerweile meine Nummer. All die ganzen anstrengenden Leute. Nun aber begann ein neuer Abschnitt. Wir warfen unsere Handys komplett mit SIM-Karte in den Fluß.

Gluck, gluck, waren sie auf Nimmerwiedersehen verschwunden.

In den nächsten zwei Tagen trainierte ich noch für mich. Dann, am Sonntagabend, während Wolfsburg ausgerechnet gegen Mönchengladbach spielte, stieg ich ins Auto und machte mich auf den Weg ins schöne Wolfsburg.

Der erste Auftritt

Ich war schon öfter in Wolfsburg gewesen, aber da hatte ich im Mannschaftsbus der Bayern gesessen und brauchte mich um nichts zu kümmern. Als ich schon unterwegs war, mußte ich erst mal Christian Hochstätter anrufen, der ja gerade mit der Borussia in Wolfsburg spielte. »Ich habe ein kleines Problem, Christian, kannst du mir sagen, wie ich nach Wolfsburg komme? Welche Autobahn muß ich nehmen?«

»Die A 2 Richtung Hannover«, meinte er.

»Glück gehabt«, sagte ich. »Dann bin ich wenigstens auf der richtigen Autobahn gelandet.«

Christian lachte und erklärte mir dann den genauen Weg. Zwischendurch rief auch Peter Pander an, um mir zu sagen, wie sehr man sich auf mich freuen würde, und um mir durchzugeben, daß wir gegen Gladbach gewonnen hatten.

In Wolfsburg nahm ich irgendwo eine falsche Abzweigung und endete auf der Suche nach dem Hotel *Ritz-Carlton* direkt in der Fußgängerzone.

Am Taxistand fragte ich nach dem Hotel. »Zum *Ritz-Carlton* geht's da lang«, sagte man mir. »Aber eigentlich dürfen Sie hier gar nicht fahren.«

»Weiß ich, doch irgendwie muß ich hier wieder rauskommen. Ich kann ja nicht meinen Wagen stehen lassen und zu Fuß gehen.«

Am Montagmorgen traf ich mich mit Pander und dem Trainer Wolfgang Wolf zum Frühstück. Dann fuhren wir zur Geschäftsstelle zum ersten Training.

So einen Auflauf von Journalisten, Kameraleuten und Fans hatte man in Wolfsburg noch nicht gesehen. Ein totales Chaos! Normalerweise fuhr man mit den Spielern mit zwei, drei Kleinbussen in einen nahen Wald, wenn Lauftraining angesagt war. Nun aber mußten wir in den Wald laufen, weil die Busse gar nicht durchkamen.

Ich hatte ein absolut gutes Gefühl und kam auch mit der Mannschaft superschnell klar. Am nächsten Samstag gegen Bielefeld war ich schon im Team. Wir verloren mit 0:1. Ein schlechter Einstand.

Unser erstes Heimspiel machten wir zehn Tage später am Mittwoch gegen den HSV. Am Wochenende vorher traf ich Bernd Wehmeyer, den Teammanager vom HSV, im *Wollenberg* in Hamburg.

»Du weißt schon, daß ich gegen euch ein Tor mache und wir gewinnen?« sagte ich zu ihm.

Er guckte mich nur an.

»Das wird die Strafe dafür sein, daß ihr mir kein Angebot gemacht habt«, meinte ich nicht ganz ernst.

Mein Versprechen hielt ich dann auch. Gegen Hamburg schoß ich mein erstes Tor für Wolfsburg, das ich dem Vater von Claudia widmete, der in der Woche zuvor verstorben war.

Es lief nicht schlecht für mich. Ich hatte genau die richtige Entscheidung getroffen. Anders als bei allen Vereinen, mit denen ich zuvor gesprochen hatte, war mit Wolfsburg von vornherein alles sehr professionell und sympathisch abgelaufen. Sie wollten mich unbedingt und hielten alle die Dinge ein, die sie versprochen hatten.

Ich glaube, auch der Verein war zufrieden. So oft war Wolfsburg noch nie in den Schlagzeilen gewesen. Der Bürgermeister meinte, sie hätten alles getan, um Wolfsburg bekannt zu machen, eine Van-Gogh-Austellung und viele andere Dinge, aber erst mit meiner Verpflichtung hätte die Stadt in den Medien richtig Bedeutung gefunden.

Nach meinen ersten Spielen für Wolfsburg hatte Gaby Schuster meine neue Handynummer rausbekommen. Sie ließ nicht locker, obwohl ich ihr schon deutlich gesagt hatte, wie unzufrieden ich mit ihrer Arbeit gewesen war. Statt konkrete Ergebnisse nur viel Blabla.

»Wie sieht es denn mit Spanien aus?« fragte sie. »Wärest du interessiert?«

»Liebe Gaby, liest du keine Zeitung? Ich habe gerade einen Vertrag in Wolfsburg unterschrieben.«

»Ja, Stefan, aber ich habe jetzt einen Verein, der total heiß drauf ist, dich zu kriegen. Vielleicht kannst du ja schon im Winter nach Spanien wechseln.«

»Mit Sicherheit nicht, Gaby«, sagte ich und konnte gar nicht glauben, was sie da erzählte. »Ich werde meinen Vertrag in Wolfsburg auf jeden Fall erfüllen. Schönen Tag noch!« Dann legte ich einfach auf. Den Anruf hätte die gute Gaby sich wirklich klemmen können.

Wolfsburg ist nicht Bayern

Keine Frage, in Wolfsburg findet man nicht die Bedingungen wie beim FC Bayern vor. Trotzdem fand ich mich sofort zurecht. Ich fühlte mich an meine Anfänge in

Mönchengladbach erinnert. Ich habe kein Problem damit, meine Schuhe selber zu putzen oder Bälle raus mit zum Training zu nehmen. So etwas macht mir nichts aus – ist doch auch keine große Aktion.

Als mein Wechsel feststand, meldeten sich viele superschlaue Leute zu Wort: »Mit dem Effenberg in Wolfsburg – das klappt sowieso nicht!« hieß es nicht selten. Aber diese Leute haben keine Ahnung.

Ich fühlte mich in Wolfsburg schnell sehr wohl. Die Fans empfingen mich sehr herzlich. Da war nichts von Distanz und gar Ablehnung zu spüren. Ein schönes Gefühl!

Als ich in ein Haus nach Vordorf zog, sorgten sich auch gleich alle Nachbarn um mich.

Herr Wolf, ein freundlicher älterer Mann, kam vorbei. »Herr Effenberg, fragen Sie mich ruhig, wenn Sie ein Problem haben. Ich kümmere mich um alles, um das Haus und um Ihren Garten.«

Während meine Mutter einmal anrief, war Herr Wolf gerade wieder da.

»Soll ich die Mülltonnen rausstellen?« rief er zu mir herüber.

»Ja, Herr Wolf«, sagte ich, »wenn die Mülltonnen heute raus müssen, können Sie das gerne erledigen.«

»Wie bitte?« fragte meine Mutter vollkommen entgeistert. »Das glaube ich ja nicht! Dein Trainer trägt bei dir die Mülltonnen raus?«

Ich mußte lachen. »Nein, Mama, das ist doch nicht mein Trainer. Dieser Herr Wolf ist ein älterer Mann, so eine Art Hausmeister, der in der Nähe wohnt.«

In Vordorf ist die Nachbarschaft etwas ganz Besonderes. Wenn an meinem Haus ein Dachziegel schief hängt, rufen irgendwelche Nachbarn bei der Geschäftsstelle vom

Meine letzte Station in der Bundesliga: VfL Wolfsburg

VfL Wolfsburg an und sagen Bescheid. Mein Haus ist so bewacht wie Fort Knox.

Am Anfang klingelten auch ohne Ende Kinder an meiner Tür. Sie fragten nach Autogrammen und wollten sich Trikots signieren lassen. Ich machte auch immer die Tür auf und schrieb fleißig, doch dann führte ich wie zu Gladbacher Zeiten ein paar Regeln ein. Wenn die Tür in dem Zaun, den ich um mein Grundstück ziehen ließ, geschlossen ist, heißt das: Ich will meine Ruhe haben. Dann wissen die Kinder, daß sie nicht hereinkommen dürfen. Wenn die Tür aber offen war, wurden alle Wünsche erfüllt, und die Kids hatten ihren Spaß.

Nervig waren lediglich die Fotografen, die am Anfang mein Haus umlagerten. Als ich einzog, stand der Zaun noch nicht, da konnte man überall auf das Grundstück gucken. Als all meine Bitten, mich in Ruhe zu lassen, nichts brachten, wurde es mir zu blöd. Ich lief auf die Straße und stellte den Fotografen zur Rede, der zusammen mit seinem Freund immer weiter draufhielt. Sie machten unzählige Fotos von Claudias Kindern und uns.

»Ich habe Sie jetzt mehrmals freundlich gebeten, das sein zu lassen. Sie haben doch schon mindestens fünfundneunzig Bilder geschossen. Können Sie nicht endlich abhauen?«

»Herr Effenberg, ich mache hier nur meinen Job. Wenn ich zu Ihnen sage: ›Hören Sie bitte auf Fußball zu spielen, Ihr Gekicke nervt mich‹, machen Sie das doch auch nicht!« Zwar kein schlechter Spruch, aber …

Ich war auf hundertachtzig und wollte ihn mir packen.

Er rief gleich nach seinem Freund, während ich ihm hinterherlief, schrie er immer wieder: »Halt drauf! Halt drauf!« Leider hatte ich Badelatschen an und erwischte ihn nicht.

Schon sehr früh träumte ich davon, nach Amerika zu gehen. Mit achtzehn war ich zum ersten Mal dort und verliebte mich gleich in das Land. Danach war ich oft drüben, in New York, Chicago, San Francisco, San Diego, fast überall. Irgendwann landete ich dann in Florida. Es ist einfach wunderschön dort. Kaum jemand kennt mich. Ich kann mich drüben vollkommen frei und ungezwungen bewegen.

Zweimal beteiligte ich mich an der Lotterie und versuchte auf diesem Wege, eine Greencard zu gewinnen, also die unbestimmte Aufenthaltsgenehmigung zu erlangen. Aber zweimal klappte es nicht. Ein drittes Mal wollte ich es gar nicht versuchen. Es gibt auch die Möglichkeit, eine Greencard zu bekommen, indem man in den USA Arbeitsplätze schafft, erhält und investiert – entweder 1000000 Dollar in strukturschwachen Gebieten oder 500000 in reicheren Gegenden.

Ich versuchte es auf eine dritte Art. Im Herbst 1999 nahm ich mir in Florida eine Anwältin. Ich hatte gehört, daß es eventuell die Möglichkeit gab, eine VIP-Greencard zu bekommen, und erklärte der Anwältin, wer ich war: ein in Deutschland und Europa bekannter Fußballspieler, mit vielen Erfolgen und so weiter.

»Okay«, sagte die Anwältin, die sehr gut Deutsch sprach, »das sieht nicht schlecht aus. Ich habe schon einem bekannten Sängern aus Italien eine Greencard besorgt. Die Bedingung ist: Sie müssen alle Berichte und Artikel, die es über Sie gibt, sammeln und übersetzen lassen. Dann schicken Sie mir das komplette Material zu.«

Das war eine Höllenarbeit. Einer Sekretärin vom FC Bayern, die perfekt Englisch spricht, gab ich alle Zeitungsartikel, die ich über mich heraussuchen ließ, und bat sie, diese zu übersetzen. Sie brauchte ein paar Monate dafür. Parallel dazu rief ich Fotografen an und fragte sie nach Bildern über meine Zeit bei Gladbach, bei Florenz, bei den Bayern und bei der Nationalmannschaft. Auch den DFB bat ich um eine Bestätigung, daß ich Nationalspieler gewesen war, und so weiter und so weiter. Außerdem mußte ich meine Einkommensteuererklärung der letzten zwei Jahre einschicken, um zu zeigen, daß ich genug verdiente und nicht irgendwann dem amerikanischen Staat auf der Tasche liegen würde.

Nach über einem Jahr hatte ich alle Fotos, Berichte und Unterlagen zusammen: insgesamt zehn Ordner. Im Urlaub gab ich zwei riesige Sporttaschen bei der Anwältin ab.

»Reicht das nun für eine Greencard?« fragte ich sie.

Sie sah sich meine Ordner kurz an und sagte: »That looks great! That's more than enough!«

Ich war sehr gespannt, ob es auf diesem Weg nun wirklich klappen würde. Von der Anwältin ging das Material dann zu einer amerikanischen Behörde. Nach neun Monate kam aus den USA endlich das Okay.

Die Anwältin rief mich an. »Hier in Amerika sind wir durch. Der entscheidende Schritt für die Greencard ist gemacht. Jetzt werden die Unterlagen noch zum amerikanischen Konsulat nach Frankfurt geschickt.«

Bei uns brach große Freude aus. Auch Martina und meine Kinder fieberten die ganze Zeit richtig mit, ob und wann wir die Greencard bekommen würden.

Aber noch hatten wir sie nicht. Zuerst mußten wir alle noch einen Arzt aufsuchen und nachweisen, daß wir gesund waren. Anschließend fuhren wir nach Frankfurt zum Konsulat, um befragt zu werden, warum wir eine Greencard haben wollten. Am Ende des Interviews mußten wir schwören, daß wir alle unsere Angaben nach bestem Wissen und Gewissen gemacht hatten.

Als wir alles bestens erledigt hatten, hieß es: »In zwei Tagen bekommt jeder von Ihnen einen Umschlag mit den Dokumenten für Ihre Einreise in die USA.«

Wir hatten es geschafft! Es gab nur noch eine kleine Schwierigkeit. Damit Martina und meine Kinder einreisen konnten, mußte ich als der Antragsteller der Greencard zuerst in die USA fliegen und die Greencard aktivieren. Martina und die Kinder wollten in zehn Tagen nach Florida, ich hatte vor, in Deutschland zu bleiben, doch nun mußte ich meine Pläne kurzfristig ändern, um die Greencard für die ganze Familie klarzumachen. Also buchte ich für den nächsten Tag einen Flug von Frankfurt nach Washington. Nach zweieinhalb Stunden flog ich bereits wieder zurück. Die Zeit reichte gerade, um den Umschlag mit meinen Dokumenten abzugeben und die Greencard zu aktivieren. Eine echter Höllentrip mit der Zeitverschiebung: einmal minus sechs Stunden, dann wieder plus sechs Stunden. Als ich wieder in Frankfurt landete, war ich total erschöpft. Aber damit hatte ich den größten Coup meines Lebens erledigt. Wir hatten für mein Traumland die unbegrenzte Aufenthaltsgenehmigung.

Irgendein Journalist sah mich in Washington am Flughafen und machte sich einen besonderen Reim darauf. Am nächsten Tag erschien die Schlagzeile: »Effenberg verhandelt mit Washington, D. C.« Verrückt, oder?

Insgesamt hatte mich die Greencard neben einer Unmenge Zeit höchstens 3000 bis 4000 Dollar gekostet. Eine geniale Investition! Damit habe ich die Freiheit, in den USA zu leben und zu arbeiten. Nach fünf Jahren kann ich darüber hinaus die amerikanische Staatsbürgerschaft annehmen. Aber noch ist das kein Thema für mich. Vielleicht später einmal.

Vor der Winterpause wollte Peter Pander wissen, ob ich nicht noch ein Jahr dranhängen könnte. Es lief bei mir ganz gut, und Wolfsburg wollte die Zusammenarbeit verlängern.

»Okay«, sagte ich. »Im Urlaub werde ich darüber nachdenken und mit meinen Kindern sprechen. Ich muß wissen, was sie darüber denken.«

Ich flog nach Florida und sah endlich meine Kinder wieder. Was das Fußballspielen anging, war Nastassja, meine älteste Tochter, sehr eindeutig: »Ja, Papa, ist doch klar, wenn du so viel Geld verdienen kannst, mußt du noch weiterspielen. Wir warten hier auf dich. Lange wird es ja nicht mehr dauern.«

Auch Etienne meinte: »Du hast doch noch Lust, also spiele ruhig noch ein Jahr länger.«

Wenn ich als Vater gespürt hätte, daß meine Kinder sich ohne mich nicht wohl fühlten, hätte ich Peter Pander gesagt: »Sorry, im Sommer ist für mich Schluß!« Aber so hatte ich vor, erst im Sommer 2004 die Fußballschuhe an den Nagel zu hängen und noch ein weiteres Jahr in Wolfsburg zu spielen.

Die Dinge änderten sich jedoch. Wir spielten so, daß unser großes Ziel, einen internationalen Wettbewerb zu erreichen, in weite Ferne rückte. Der Trainer Wolfgang Wolf gab seinen Rücktritt bekannt. Ich fand das sehr schade, denn er war ein guter Trainer, aber auch ich spürte, daß er nicht mehr an die Mannschaft herankam. Dann verletzte ich mich auch noch. Wegen eines Muskelfaserrisses in der rechten Wade mußte ich mehrere Wochen pausieren und anschließend ein Aufbauprogramm absolvieren. Immer wieder fragte ich mich: Wo wird meine Reise in der nächsten Saison hingehen?

Meine Motivation, hier in Deutschland in der Bundesliga zu spielen, tendierte auf einmal gegen null. Ich machte mir hierüber viele Gedanken, als ich mein Reha-Programm durchzog, und Mitte März stand für mich dann fest: Das Kapitel Bundesliga ist für mich beendet. Ich werde in Wolfsburg nicht verlängern. Mir tut das unglaublich leid – für die Fans, für alle Betreuer, die Mannschaft und vor allen Dingen den Manager Peter Pander. Ich hätte hier gerne noch einen großen Erfolg gefeiert, aber ich spürte von einigen wenigen nicht mehr die absolute Rückendeckung. Schade ...

Ich gehe nach der Saison erst mal nach Amerika und mache mit meinen Kindern Urlaub. Sollte sich in der Zeit ein Verein aus dem Ausland bei mir melden und mir ein gutes Angebot unterbreiten, werde ich mir das genau überlegen. Ansonsten ist Schluß. Sollte das der Fall sein, würde es bei mir keine Trauer geben, denn ich hatte viele schöne und erfolgreiche Jahre. Ich werde dann nicht zurückschauen, sondern freue mich auf meine spannende Zukunft.

Die drei Weisen des Fußballs

Im Herbst 2002 begann ich, für RTL die Champions League zu kommentieren. Wolfsburg war nicht in einem internationalen Wettbewerb vertreten, also konnte ich es mir zeitlich einrichten. Es machte mir sofort einen Riesenspaß, Spiele zu begleiten und zu analysieren. Mein großer Vorteil dabei war, daß ich selbst jahrelang in der Champions League gespielt habe. Ich kenne die meisten Spieler, kenne viele Stadien und weiß, was vor solchen Spielen in der Kabine los ist. Ich bin an dem Geschehen noch sehr nah dran. Außerdem habe ich mit dem RTL-Kommentator

Eine neue Herausforderung – Co-Kommentator bei RTL

Tom Bartels und dem RTL-Moderator Florian König die perfekten Leute an meiner Seite. Trotzdem muß ich mich auf solche Spiele natürlich gewissenhaft vorbereiten.

Wenn ich ein Spiel kommentiere, kommt es mir nicht drauf an, auf die Spieler einzuprügeln und zu erzählen, was sie alles falsch gemacht haben. Nein, ich möchte fair bleiben und die Hintergründe des Spiels und die Taktik der Trainer erklären.

Ich bin ja keineswegs der erste Experte, der im Fernsehen auftritt. Drei andere Sportsfreunde haben sich da in letzter Zeit besonders hervorgetan: Paul Breitner, Günter Netzer und Udo Lattek.

Wenn man Paul Breitner auf dem Bildschirm sieht, könnte man glauben, daß er den Fußball eigentlich erfunden hat – noch vor Sepp Herberger. Wahrscheinlich stammt auch von Breitner die größte aller Fußballweisheiten: »Der Ball ist rund.«

Mit Breitner hatte ich selbst nie richtig Kontakt. Einmal quatschte er mir auf meine Mailbox, weil er mich in eine Sendung des Sportfernsehens einladen wollte, aber ich rief nie zurück. Ich halte nicht viel von Leuten, die sich in irgendwelche Sendungen setzen, um Spieler zu zerlegen, so nach dem Motto: »Ich war sowieso der Allergrößte.«

Auf genau diese Masche fährt Paul Breitner ab. In mancher Sendung ist er zwar ganz normal, doch dann haut er wieder Dinger raus, daß man nur staunen kann. Irre, wie er sich einzelne Spieler vornimmt und sie fertigmacht. Daß es bei ihm manchmal auch nicht so lief, als er noch gegen den Ball trat, spielt dann gar keine Rolle mehr. Als ich neulich durchs Programm zappte, sah ich schon wieder den Paul, aber nicht als Fußballexperte, sondern am Kochtopf bei Alfred Biolek. Ich war fasziniert. Das sah richtig gut aus, was er da so brutzelte. Vielleicht sollte er sich künftig mehr auf diesem Gebiet bewegen.

In den vier Jahren, die ich bei den Bayern spielte, war von Breitner nie etwas zu sehen. Er tauchte weder groß beim Training noch bei den Spielen auf. Ich jedenfalls wechselte in dieser Zeit nie ein einziges Wort mit ihm.

Trotzdem machte er immer einen auf großen Insider, als wäre er vor jedem Spiel mit in der Kabine. Dabei war er an dem Geschehen nun wirklich nicht mehr nahe dran. Er konnte unsere Situation also gar nicht richtig einschätzen, weil er nie genau wußte, was bei uns wirklich los war. Es wäre auch schon komisch gewesen, wenn der DFB ausgerechnet ihn, der nie eine Profimannschaft betreut und – anders als Rudi Völler – schon vor Jahren aus dem eigentlichen Geschäft ausgestiegen war, zum Bundestrainer gemacht hätte.

Andererseits ist es schon merkwürdig, daß Breitner kein Trainer geworden ist. Wenn ich ihn so höre, wie er Spielzüge analysiert und Spieler beurteilt, als hätte er als Trainer zig Titel auf seiner Visitenkarte, frage ich mich immer: Warum sitzt er da in einem warmen Fernsehstudio, statt auf einem Trainingsplatz zu stehen und eine Top-Mannschaft zu betreuen? Irgendeinen Grund muß das ja wohl haben.

Von dem zweiten großen Weisen des deutschen Fußballs kriegte ich seit Jahren mächtig Druck. Günter Netzer kam gern aus seiner Schweizer Ecke und füllte seine Kolumnen nicht selten mit negativen Kommentaren über mich. Ich habe überhaupt nichts gegen Kritik, aber ein wenig fundiert dürfte sie schon sein. Sprüche in der Art wie »Nur Kahn ist ein Führungsspieler, Effenberg ist ein Schlawiner« sind nicht gerade das Gelbe vom Ei. Ich sage ja auch nicht: »Der Günter mit seiner tollen Frisur ist ein Top-Model.«

Mit Netzer habe ich ebenfalls nie ein Wort gewechselt. Er wurde auch weder in München noch in Mönchengladbach beim Training oder bei irgendwelchen Spielen gesehen – zumindest nicht von mir. In seinen Kommentaren vergißt er manchmal, daß die Zeiten sich geändert haben. Zu seiner aktiven Zeit konnte man mit dem Ball in aller

Ruhe vierzig Meter durch das Mittelfeld traben, ohne daß man angegriffen wurde. Mit Pressing oder aggressiver Verteidigung war da nichts. Heute sieht das anders aus! Das ist überhaupt nicht mehr zu vergleichen.

Den dritten selbsternannten Weisen darf man natürlich auch nicht vergessen: Udo Lattek. Er war als Trainer riesig erfolgreich, aber das ist schon ein paar Tage her. Heute schreibt er Kolumnen ohne Ende und hockt in einigen Sportsendungen. Er geht immer auf das ein, was gerade aktuell ist – und da scheine ich auf seiner Liste auch oben zu stehen. Vor einiger Zeit schrieb er, Wolfsburg würde den größten Fehler machen, wenn sie mich weiter verpflichten würden. Ich würde dem Verein nichts bringen. Ich verstehe nicht, warum sich manche Leute so aus dem Fenster lehnen müssen. Ich habe nicht den Eindruck, daß Lattek wirklich weiß, was in Wolfsburg los ist. Vielleicht geht es ihm aber auch nur um die Schlagzeilen und um ein, zwei knackige Sätze. Mit mir jedenfalls hat er noch nie gesprochen, und ich glaube, mit Peter Pander und anderen Leuten aus dem Verein auch nicht. Er hat sich aus der Distanz wie so oft etwas zusammengereimt. Gute Recherche sieht anders aus.

Es ist auch seltsam, wie manche Experten ihre Meinung ändern, wenn sie plötzlich eine andere Rolle haben. Als Lattek in der Endphase der Saison 1999/2000 mit Matthias Sammer für ein paar Wochen Dortmund trainierte und vor dem Abstieg rettete, redete er auf einmal ganz anders. Er prügelte nicht auf die Spieler ein wie sonst, sondern behandelte seine Jungs ganz vorsichtig, faßte sie mit Samthandschuhen an und versuchte, sie wiederaufzubauen. Er hatte plötzlich ein ganz anderes Gesicht als wenige Tage zuvor. Da saß er noch im Fernsehstudio und gab seine superschlauen negativen Kommentare ab – unter anderem auch über Dortmund. Meiner Meinung nach wird man

RTL macht's möglich – mit dem Privatflieger zur Champions League

durch solch eine plötzliche Verwandlung total unglaubwürdig. Man kann ja gerne Kritik üben, aber die darf sich nicht danach richten, welche Position man gerade bekleidet. Wenn man sich mal kritisch äußert, sollte man immer eine Linie fahren – so wie Ottmar Hitzfeld, Matthias Sammer und ich das tun. Auch wir äußern uns kritisch, aber wir sind nahe am Geschehen dran und pauschalisieren nicht, um Verein und Spieler in die Pfanne zu hauen.

Man muß jedem Spieler und jedem Verein auch mal eine Phase zugestehen, in der es nicht so gut läuft. Da darf man nicht gleich den Knüppel rausholen und draufschlagen. Wenn etwa die Bayern in der ersten Runde der Champions League ausscheiden, heißt das damit nicht, daß alles schiefläuft, wie es die Herren Netzer und besonders Breitner und Lattek gerne erzählen.

Viele Profis fallen nach ihrer aktiven Zeit in ein tiefes Loch. Alles hat sich jahrelang um Fußball gedreht, und nun geht plötzlich nichts mehr. Mir wird das nicht passieren. Für meine Zukunft habe ich bereits konkrete Vorbereitungen getroffen. Ich werde mit meiner Partnerin Claudia zunächst einmal nach Amerika gehen. Wir werden in der Nähe meiner Kinder unsere Zelte aufschlagen.

Als Trainer oder Manager zu arbeiten kommt für mich auf absehbare Zeit nicht in Frage. Zuerst will ich etwas Abstand vom alltäglichen Fußball gewinnen und den Kopf freikriegen. Ein Manager ist absolut gefordert. Der fährt morgens um acht Uhr ins Büro und sitzt bis spät abends da, wenn er nicht gerade auf Reisen gehen muß, um sich neue Spieler anzuschauen. Ich möchte zunächst das Leben genießen. Allerdings könnte ich mir vorstellen, weiterhin fürs Fernsehen als Co-Kommentator oder Co-Moderator zu arbeiten. Das Echo war überaus positiv, und es würde mich reizen, meinen Vertrag mit RTL zu verlängern oder, wenn das nicht klappt, für einen anderen Sender zu arbeiten. Mal sehen, was kommt.

In Florida werde ich auch nicht den ganzen Tag am Strand liegen. Ich habe da sehr genaue Vorstellungen. Ich werde Häuser kaufen, sie nach meinen Vorstellungen umbauen lassen und sie stilvoll mit einem gewissen Flair einrichten, um sie dann zu vermieten. Florida ist das ganze Jahr über ein phantastisches Reiseziel. Da gibt es für Häuser einen gigantischen Markt. Es wird ein Leben in einer ganz anderen Welt sein, aber darin liegt ja gerade der besondere Reiz.

Außerdem habe ich angefangen zu malen. Ein neues,

riesengroßes Hobby von mir! In meinem Haus in Wolfsburg habe ich mir einen eigenen Raum dafür eingerichtet – mit Staffelei, Leinwand und allem Drum und Dran. Wann immer ich Zeit finde, ziehe ich mich in dieses Zimmer zurück und mache mich an die Arbeit.

»Ich tue jetzt etwas, was ich immer schon machen wollte«, sagte ich zu Claudia, bevor ich anfing. »Ich versuche zu malen.«

»Es wäre echt schön, wenn dein erstes Bild für mich wäre«, meinte sie.

»Natürlich gehört dir mein erstes Bild«, versprach ich ihr.

Ich malte ein Riesenherz in einem wunderschönen Farbton. Unter das Herz setzte ich unsere Initialen. Claudia war total begeistert und hatte Tränen in den Augen, als sie das Bild bekam. Sie liebt Herzen und sammelt sie. Dieses Bild war für sie die schönste Liebeserklärung, die ich ihr machen konnte.

»Ich hab gewußt, daß du malen kannst«, sagte sie zu mir. »Das habe ich schon an deiner Handschrift gesehen.«

Ehrlich gesagt, ich fand das Bild auch klasse, und Claudias Lob bestärkte mich darin, weiterzumalen. Abends gehe ich oft in meinen Arbeitsraum und schwinge den Pinsel. Ich kann dabei wunderbar abschalten und meiner Phantasie freien Lauf lassen. Die Malerei hat mich schon immer fasziniert.

Irgendwann werde ich sicherlich auch eine Ausstellung machen und einem größeren Publikum meine Bilder vorführen.

STERRE

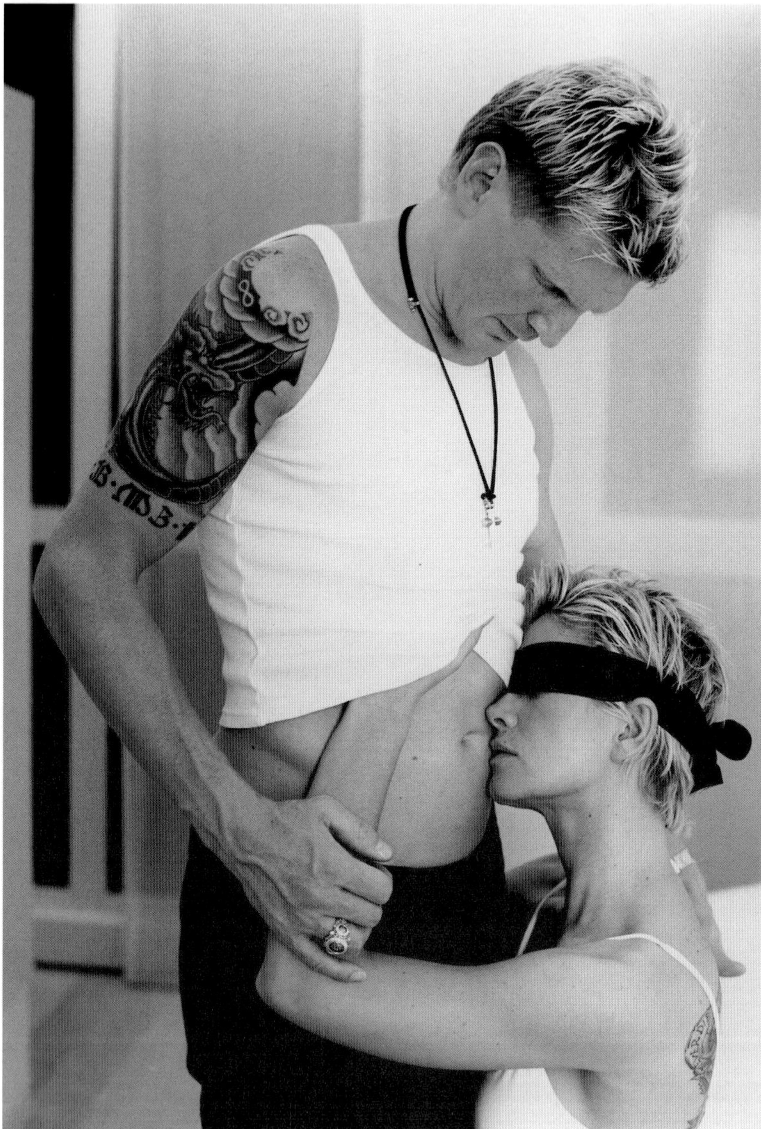

8. MAN LIEBT MICH, MAN LIEBT MICH NICHT, MAN LIEBT MICH …

Meine Zeit mit der Nationalmannschaft

Schon als Jugendspieler träumte ich davon, in der Nationalmannschaft zu spielen. Doch das gelang mir nie. Obwohl ich oft in der Hamburger Auswahl spielte, erhielt ich nicht einmal eine Einladung zur Jugendnationalmannschaft. Als ich im Sommer 1990 mit einundzwanzig Jahren von Mönchengladbach nach München wechselte, wollte ich nicht nur in einer Mannschaft spielen, die das Zeug hatte, deutscher Meister zu werden. Ich wollte auch den Sprung in die Nationalmannschaft schaffen. Ich war sicher: Wenn ich beim FC Bayern meine Leistung brachte und mich durchsetzte, dann würde ich über kurz oder lang Nationalspieler werden. Den Adler auf meiner Brust zu tragen würde mich mit Stolz erfüllen. Es war mein größter Wunsch, für mein Land zu spielen. Ich wollte es unbedingt schaffen – um jeden Preis. Nachts träumte ich sogar davon.

Meine erste Chance erhielt ich relativ schnell. Jupp Heynckes teilte mir mit, daß Vogts mich in den Kader der Nationalmannschaft nominiert hatte. Ich freute mich riesig. Endlich hatte ich es geschafft. Diesen Schritt hatte ich jetzt auch gemacht. Nun mußte ich dranbleiben und weitermarschieren – im Verein und in der Nationalmannschaft, denn ich wollte Titel – im Verein und in der Nationalmannschaft.

Mein erstes Spiel machte ich am 5.6.1991 in Wales – ein Qualifikationsspiel zur Weltmeisterschaft 1994. Kurz vor Schluß wurde ich eingewechselt. Wir verloren 0:1. Trotzdem war ich für den Moment total glücklich und stolz, doch natürlich wollte ich noch mehr: Ich wollte schon auf dem Feld stehen und richtig laut mitsingen, wenn die Hymne gespielt wurde, und nicht auf der Bank sitzen.

Als ich mit breiter Brust nach München zurückkehrte, hieß es vom Trainer und einigen Spielern: »Bleib mal auf dem Teppich, Stefan. Nicht daß du dich jetzt als Nationalspieler fühlst, da mußt du noch ein paar Spiele machen, um richtig dazuzugehören.«

Der erste Streß

Nach meinem ersten Spiel war ich absolut motiviert. Ich wurde auch zu den nächsten Spielen eingeladen. Im Rückspiel gegen Wales, das wir in Nürnberg 4:1 gewannen, wurde ich erneut eingewechselt. Das Frankenstadion ist für jeden Bayern-Spieler ein heißes Pflaster, weil die Rivalität zwischen dem Club und dem FC Bayern riesengroß ist. Aber daß ich auch im Nationaldreß mit einem gnadenlosen Pfeifkonzert empfangen wurde, überraschte mich dann doch. Halt, dachte ich mir, ich spiele für Deutschland. Warum pfeifen die Leute? Ich konnte meine eigene Stimme nicht mehr verstehen – so laut pfiffen die Fans. Ich hätte vor Enttäuschung heulen können.

Nach dem Spiel war ich total down und fühlte mich unglaublich schlecht. Auf dem Bankett versuchten einige ältere Spieler mich zu trösten. Stefan Reuter meinte: »Da mußt du jetzt durch, Stefan, aber das schaffen wir gemein-

Ich unter Dampf – so bin ich – voller Emotionen

sam.« Sie konnten es auch nicht verstehen, was da gerade abgegangen war. Dieser Zuspruch tat mir in diesem Moment unglaublich gut. Vor allem Stefan Reuter, der ja aus Nürnberg stammt, schämte sich richtig für die Nürnberger Fans. Brian Laudrup, damals noch mein dickster Buddy, rief mich an und machte mir ebenfalls Mut. Er meinte nur: »Stefan, du mußt jetzt gar nichts sagen, ich bin heute abend bei dir, und dann können wir quatschen und ein gutes Glas Rotwein trinken.«

Fast gewonnen

1992 fuhren wir zur Europameisterschaft nach Schweden. Es war mein erstes großes Turnier für mein Land. Eigentlich hatte ich mir so ein wichtiges Turnier aber anders vorgestellt. Wir spielten unsere Gruppenspiele in einem ganz kleinen Stadion in Norrköping. In Deutschland wäre da allenfalls ein mittelmäßiger Regionalligist aufgelaufen. Die Atmosphäre war schlecht. Für eine EM paßten viel zu wenig Zuschauer in das Stadion.

Mit Ach und Krach überstanden wir die Vorrunde. Häßler rettete uns mit seinem Freistoßtor zum 1:1 gegen Rußland, sonst wären schon draußen gewesen, und mein erstes Turnier hätte mit einer riesigen Enttäuschung geendet.

Ich war immer von Anfang an dabei. Es war ein tolles Gefühl, dazustehen und die Nationalhymne mitzusingen. Ich hatte eine Gänsehaut. Am 15.6.1992 feierte ich meinen nächsten Höhepunkt: Ich schoß gegen Schottland mein erstes Tor für Deutschland. Wir gewannen 2:0. Es war mein erstes von insgesamt fünf Toren, die ich für die Nationalmannschaft machte.

Die Europameisterschaft entwickelte sich dann für uns richtig prächtig. Im Halbfinale gegen den Gastgeber Schweden gewannen wir 3:2, unser bestes Spiel des Turniers. Wir waren im Finale – ein tolles Gefühl. Jetzt wollte ich auch den Titel und mich in Deutschland als Europameister feiern lassen.

Im Endspiel trafen wir auf Dänemark, auf meinen Freund Brian Laudrup. Wir waren haushoher Favorit, doch dann kam die Ernüchterung. Wir fanden nie zu unserem Spiel und verloren vollkommen verdient 0:2.

Mein erstes großes Turnier endete mit meiner Niederlage. Ich gratulierte Brian kurz und verzog mich dann in die Kabine. Ich war sehr enttäuscht. Wir hatten eine riesige Chance vergeben.

Berti Vogts nahm mich in den Arm. »Du wirst schon noch ein großes Turnier gewinnen«, sagte er zu mir. »Du mußt halt alles dafür tun.«

»Ich werde alles tun«, versprach ich ihm. »Das nächste große Turnier will ich gewinnen.« In zwei Jahren fand die Weltmeisterschaft in Amerika statt. Ein Sieg würde noch viel schwieriger werden, aber es half ja nichts, der vertanen Chance nachzutrauern: Ich mußte nach vorne schauen und mir neue Ziele setzen – jetzt wollte ich Weltmeister werden.

Nach der EM war ich weiterhin im Kader der Nationalmannschaft, doch ich spielte nicht immer auf meiner Lieblingsposition im zentralen Mittelfeld, sondern oft auch als rechter Verteidiger. Das Gedränge im Mittelfeld war groß. Matthias Sammer und Guido Buchwald waren meine schärfsten Konkurrenten.

1993 gewann ich dann mein erstes Turnier im Nationaldreß. Wir siegten im US-Cup in einem sehr stark besetzten Turnier. Im ersten Spiel gegen Brasilien lagen wir zur Halbzeit bereits 0:3 zurück. Wir standen vor einer dicken Blamage. Ich spielte die ersten fünfundvierzig Minuten als rechter Verteidiger, dann rückte ich ins Mittelfeld, und gleich lief es besser. Wir schafften noch das beinahe Unmögliche: ein 3:3. Vogts kam nach dem Spiel zu mir und sagte: »Ich weiß jetzt genau, wo deine Position ist: im Mittelfeld.«

Okay, dachte ich, jetzt muß es ja jeder gesehen haben. Damit hatte ich wohl meine Position in der Nationalmannschaft gefunden – es dürfte eigentlich keine Diskussionen mehr geben.

Im entscheidenden Spiel gegen England in Detroit machte ich wieder ein Tor. Wir gewannen 2:0 und holten uns somit den Turniersieg. Dafür konnten wir uns zwar nichts kaufen, doch auf dem Weg zur Weltmeisterschaft 1994 war das ein schönes Erfolgserlebnis.

Wir bereiteten uns in Kanada auf die WM vor. Die Mannschaft war eigentlich intakt. Alle waren motiviert und wollten den Titel verteidigen. Aber so richtig rund lief es in der Truppe von Anfang an nicht.

Vor dem Flug in die USA hielt Vogts eine heftige Rede: »Ich möchte, daß hier alle mitziehen und sich an die Regeln halten. Ich habe hier zwei offene Flugtickets nach Deutschland. Da steht noch kein Name drauf, aber wenn hier irgendwas nicht so klappt, dann werden die Tickets ganz schnell ausgestellt, und derjenige, der querschießt, fliegt direkt zurück nach Hause.«

Na toll, dachte ich, eine super Ansprache, wahrscheinlich steht auf dem einen Tickets schon »Effenberg« drauf.

Wir schlugen unser Trainingslager während der WM in der Nähe von Chicago auf. Die Regel, die der Trainer und der DFB aufgestellt hatten, waren ziemlich merkwürdig – vorsichtig formuliert. Man hatte wohl vergessen, daß man es mit erwachsenen Menschen zu tun hatte, von denen einige bereits Familienväter waren und Kinder erzogen. Man konnte einem gestandenen Bundesligaspieler nicht sagen: »Hör mal, du mußt um elf Uhr ins Bett gehen, dir vorher drei Minuten die Zähne putzen und um fünf nach elf das Licht ausmachen!«

Auch daß die Frauen und Kinder einiger Spieler mit in die USA gekommen waren, gefiel einigen Leuten beim DFB nicht wirklich. Als wir nach dem Mannschaftsessen so gegen acht frei hatten, fuhr ich mit Bodo Illgner zu einem Hotel in der Nähe, in dem seine Frau Bianca und meine Familie abgestiegen waren. Martina und die Kinder waren gerade angekommen. Wir hatten uns wegen der intensiven Vorbereitung lange nicht gesehen, und deshalb wollte ich ihnen nicht nur am Telefon hallo sagen, sondern ihnen zeigen, wie sehr ich mich freute, daß sie dawaren und mich unterstützten.

Als ich mit Bodo pünktlich um zehn vor elf in unser Hotel zurückkehrte, gab es eine kleine Ansage vom Bundestrainer: »Mußtet ihr unbedingt das Hotel verlassen? Wo wart ihr überhaupt?«

»Wir haben unsere Frauen besucht. Ist doch nicht verboten, oder?«

»Konzentriert euch mal lieber auf den Fußball, als hier in der Gegend rumzufahren.«

Ich guckte Bodo Illgner an. Das war doch nicht wahr, was Vogts da gerade sagte. Hatten wir was verbrochen? Wo war das Problem? Martina lag nicht mit mir auf einem Zimmer; sie war in einem Hotel zwanzig Minuten entfernt. Da konnte doch ein vernünftiger Mensch nichts dagegen haben, daß ich sie kurz besuchte.

Das erste Spiel gegen Bolivien gewannen wir 1:0, keine Glanzleistung, jedoch ein wichtiger Sieg zum Auftakt. Meine Freude war allerdings getrübt. Entgegen meiner Erwartung fand ich mich als Verteidiger auf der rechten Außenbahn wieder und nicht als Chef im Mittelfeld. Ich war ziemlich enttäuscht. Ich war kein rechter Verteidiger. Das hatte ich auch öffentlich erklärt, aber Vogts meinte: »Du hast auf der rechten Seite schon gute Spiele gemacht. Du bist da wichtig für die Mannschaft.«

Okay, ich mußte mich mit dieser Position anfreunden. Was für einen Sinn hatte es, zu Beginn eines großen Turniers deswegen Ärger zu machen? Vielleicht würde er mich ja in den nächsten Spielen wieder im Mittelfeld einsetzen.

Nach dem Spiel war ein Mannschaftsessen angesetzt, zu

dem auch die Spielerfrauen eingeladen wurden, die in die USA gereist waren.

Am Tag vorher fragte ich Vogts: »Trainer, kann meine Frau unsere beiden Kinder mitbringen? Meine Eltern kommen leider erst übermorgen, und wir haben keinen Babysitter.«

Vogts war nicht begeistert. »Eigentlich sind nur die Frauen vorgesehen, aber wenn ihr niemanden für eure Kinder habt, ist das okay.«

Also brachte Martina auch Nastassja und Etienne mit. Wir saßen zusammen am Tisch. Niemand störte sich an unseren Kids. Im Gegenteil, einige Spieler hatten richtig Spaß daran, mit ihnen herumzualbern.

Am nächsten Tag aber hieß es nach dem Vormittagstraining von Vogts: »Hör mal, Stefan, das war unkameradschaftlich von dir. Andere Spieler hatten ihre Kinder gestern abend nicht dabei, die haben das anders organisiert. Nur ihr habt euch nicht an die Regeln gehalten.«

»Aber, Trainer«, sagte ich, »meine Eltern kommen erst heute, und außerdem habe ich Sie doch vorher gefragt.«

»Wir machen nachher eine Mannschaftssitzung«, sagte Vogts, »dann entschuldigst du dich bei den anderen Spieler, die ihre Kinder gestern beim Abendessen nicht dabei hatten.«

Vollkommen entgeistert guckte ich Vogts an. »Wie bitte? Was soll ich machen?« Ich dachte, ich hätte mich verhört.

»Das ist nur fair den Spielern gegenüber, die ihre Kinder nicht mitgebracht haben. Du mußt bloß kurz ›Tut mir leid‹ sagen, dann ist die Sache in Ordnung.«

»Ich soll mich für meine Kinder entschuldigen?« Ich hatte keine Ahnung, ob da einer von den Spielern gestänkert hatte, aber vorstellen konnte ich mir das eigentlich nicht. Wahrscheinlich hatte einer der Bosse vom DFB ge-

Der eine so – der andere so. Nicht immer waren Berti Vogts und ich einer Meinung.

sagt: »Wir müssen hier eine harte Schiene fahren, sonst haben wir keinen Erfolg. Daß der Stefan seine Kinder hier anrücken läßt, geht einfach nicht!«

Nach der Mannschaftssitzung, auf der es zunächst um das Spiel gegen Bolivien ging, machte Vogts tatsächlich seine Ankündigung wahr. Er ließ all die Leute abziehen, die ihre Frauen und Kinder nicht in die USA mitgebracht hatten. Die anderen mußten noch sitzen bleiben und wunderten sich, was diese Aktion sollte.

»Stefan hat auch noch was zu sagen«, meinte Vogts und erteilte mir das Wort.

Bis zu diesem Moment hatte ich immer noch gehofft, er hätte sich nur einen Scherz mit mir erlaubt.

Voller Ironie sagte ich: »Liebe Leute, es tut mir unwahrscheinlich leid, daß ich meine Kinder gestern abend bei unserem Mannschaftsessen dabeihatte. Wirklich, Jungs! Ich möchte mich bei jedem von euch persönlich entschuldigen. Sorry, daß meine Kinder da waren.«

Jeder der Spieler verstand die Ironie, nur Vogts anscheinend nicht: »Alles klar«, sagte er. »Damit ist das Thema erledigt.«

Hinterher verdrückte ich mich auf mein Zimmer und dachte mir nur: Ich bin mal gespannt, wo diese Reise hier endet. Wenn es schon so losgeht, werde ich hier wahrscheinlich nicht alt.

Stinkefinger

Unser drittes Spiel machten wir in Dallas gegen Südkorea. Wir waren haushoher Favorit. Mit einem Sieg waren wir im Achtelfinale. Ein erster Schritt zu meinem großen Traum wäre getan gewesen. Vogts stellte mich wieder als rechten Verteidiger auf. Ich wäre bei der Mannschaftssitzung fast verrückt geworden. Das Spiel lief anfangs allerdings recht ordentlich. Wir führten schnell und ohne große Probleme 3:0. Die Bedingungen waren mörderisch: Es war Mittagszeit und mit 45 Grad saumäßig heiß. Für uns hieß es nur noch: das Spiel ruhig nach Hause schaukeln. Doch Südkorea kam noch einmal heran, verkürzte erst auf 1:3, später sogar auf 2:3.

Die deutschen Fans ließen ihrem Unmut freien Lauf. Vor allem mich hatten sie im Visier. Sobald ich am Ball war, gab es Pfiffe und immer lautere Rufe: »Effe raus!« Da ich auf der rechten Außenbahn nur zehn Meter von ihnen entfernt spielte, bekam ich die Unruhe hautnah mit. Hätte ich im Mittelfeld gespielt, hätte ich die Pfiffe wahrscheinlich nicht so bewußt wahrgenommen.

Was geht denn hier ab? dachte ich. Wir haben doch alle ein Ziel, ob Spieler, Funktionäre oder Fans – wir wollen Weltmeister werden. Ich konnte diese Pfiffe und Provokationen überhaupt nicht verstehen. Als Vogts eine Auswechselung anzeigte, rief ich quer über den Platz: »Am besten wechselt ihr mich aus! Das bringt hier alles gar nichts mehr.« Aber auf der Trainerbank, die auf der anderen Seite lag, kriegte das anscheinend keiner mit.

Die Unruhe blieb. Wenig später, nach irgendeiner Aktion, die wieder mit Buhrufen und Pfiffen begleitet wurde, entlud sich mein Frust. Ich streckte den deutschen Fans den Mittelfinger entgegen – einmal und nur für höchstens zwei Sekunden. Die meisten Leute im Stadion sahen das gar nicht. Ich selbst registrierte es eigentlich auch nicht, eine Kurzschlußhandlung. Ein schlechtes Gewissen hatte ich daher überhaupt nicht.

Dann endlich wurde ich ausgewechselt – in der 75. Minute kam Thomas Helmer für mich ins Spiel. Ich setzte mich auf die Bank und fieberte bis zur Schlußminute mit. Wir hielten das 3:2 und waren damit im Achtelfinale. Unser Minimalziel hatten wir erreicht.

Die Enttäuschung bei mir blieb trotzdem. In der Kabine schob ich richtig Frust darüber, wie mich die Fans behandelt hatten. Ihre Pfiffe hörte ich immer noch. Einige Spieler wie Sammer, Häßler und Illgner kamen zu mir und meinten: »Effe, nimm dir das nicht so zu Herzen.« Natürlich hatten sie mitbekommen, was für eine Stimmung im Stadion gegen mich herrschte. Auch Vogts redete mir gut zu: »Komm, Stefan, Kopf hoch, es geht weiter. Im nächsten Spiel sieht alles wieder anders aus.«

Ich war trotzdem ziemlich deprimiert. Das kann doch nicht sein, dachte ich immer wieder, daß bei der WM die deutschen Fans einen ihrer eigenen Spieler fertigmachen wollten. Unglaublich!

Noch im Stadion in Dallas oder auf dem Rückflug in unserer Trainingscamp in Chicago wurde an den Trainer und den DFB-Präsidenten Egidius Braun herangetragen, daß ich den Fans den Mittelfinger gezeigt hatte. Angeblich soll Rummenigge alias Killer-Kalle ihnen das gesteckt haben.

Noch in der Nacht sprach Vogts mich an. »Stefan«, sagte er. »Es ist was vorgefallen. Du hast dich den deutschen Fans gegenüber unglaublich verhalten. Was hast du dir dabei gedacht?«

Ich versuchte die Situation zu erklären. »Die Fans haben mich die ganze Zeit provoziert und beleidigt. Jeder im Stadion hat die Pfiffe gegen mich gehört. Und warum sie gerade mich so niedergemacht haben, ist mir sowieso ein Rätsel.«

»Ja, aber dein Verhalten war absolut nicht in Ordnung. Die Fans bezahlen eine Menge Geld, um uns hier zu sehen, und dann passiert so etwas. Du kannst ihnen doch nicht den Mittelfinger zeigen!« Vogts tat gerade so, als ob ich ihnen mein bestes Stück entgegengehalten hätte.

»Das Verhalten der Fans mir gegenüber ist wohl scheißegal?« fragte ich ihn.

Darauf ging Vogts nicht ein. »Wir beraten heute nacht noch, wie wir reagieren werden, und treffen dann eine Entscheidung. Entweder wir stehen das alle durch und spielen das Turnier gemeinsam zu Ende, oder wir ziehen eine andere Konsequenz.« Wie diese Konsequenz genau aussehen könnte, sprach er nicht aus, aber es fiel mir nicht schwer, es mir zu vorzustellen. Es konnte nur heißen: Dann ist die WM für dich hiermit beendet. Ich erinnerte mich sofort an die zwei offenen Rückflugtickets. Ich habe allerdings nie eines bekommen. Den Rückflug bezahlte ich selber.

Bei der WM 94 kam nach dem Spiel gegen Korea mein Aus – wegen des Mittelfingers.

»Gut zu wissen«, sagte ich zu Vogts und ging auf mein Zimmer, wo ich sofort Martina anrief.

»Hör zu«, sagte ich und erklärte ihr kurz die Situation. »Ich werde jetzt meine Sachen packen. Morgen früh wird es noch ein Gespräch geben, aber gegen Mittag bin ich bei euch. Dann können wir zusammen in Urlaub fahren.« Obwohl noch gar keine Entscheidung gefallen war, sagte mein Gefühl mir, wie die Angelegenheit ausgehen würde.

Ich war am Boden zerstört. Die WM in Amerika zu spielen war mein großer Traum gewesen – und nun das! Natürlich sahen auch die Spieler, daß ich fix und fertig war. Ich erzählte ihnen von meinem Gespräch mit Vogts.

»Morgen«, sagte ich, »ist das Kapitel WM für mich beendet. Ich habe auch schon meine Klamotten gepackt.«

Bodo Illgner und Icke Häßler versuchten mich aufzurichten, aber ihnen fiel nicht mehr als die üblichen Dinge ein, die man so sagt: »Stefan, bleib mal ruhig. Warte bis morgen. Vielleicht überlegen die es sich ja doch anders.«

Nur Rudi Völler meinte: »Das Ganze ist absolut lächerlich, Stefan. Wir haben da auch noch ein Wort mitzureden und werden mit dem Trainer sprechen. So weit ist es noch nicht, daß du deine Koffer packst und morgen wegfährst.«

Ich weiß nicht, ob Rudi Völler tatsächlich zu Vogts gegangen ist. Aber Rudi war immer eine ehrliche Haut, und wenn er etwas ankündigte, tat er das auch. Ich habe ihn später jedoch nie danach gefragt.

Am nächsten Morgen mußte ich zu Egidius Braun. Allein saßen wir in einem Besprechungszimmer, und er fing an, mir ein bißchen die Leviten zu lesen. Er erzählte mir dasselbe, was auch Vogts mir schon gesagt hatte: wie unmöglich mein Verhalten den Fans gegenüber gewesen war, die Tausende von Kilometer angereist waren ... und so weiter.

Ich versuchte mich zu rechtfertigen. »Ich reiße mir hier bei der Hitze den Arsch auf, und als Dankeschön werde ich ausgepfiffen und niedergemacht. Damit bin ich nicht einverstanden.«

Braun kapierte meine Einwände überhaupt nicht. Was ich sagte, interessierte ihn auch nicht groß. »Die Konsequenz ist: Du verläßt uns jetzt«, sagte er.

»Okay«, sagte ich. »Kein Problem. Ich habe meine Sachen schon gepackt. Schöne WM und ein schönes Leben noch!« Ich stand auf.

Egidius Braun guckte mich ganz entgeistert an und wußte gar nicht mehr, was los war. Damit hatte er nicht gerechnet. Wahrscheinlich hatte er gedacht, daß ich ihn bitten und anflehen würde, mir noch eine Chance zu geben und mich nicht nach Hause zu schicken. Aber da täuschte er sich gewaltig! Auf Knien vor jemandem herumzurutschen war nicht meine Art. Vor Enttäuschung hätte ich in diesem Moment allerdings weinen können.

Ich machte noch meine Abrechnung und holte mir das Tagegeld ab, das jeder Nationalspieler bekam. Dann ging ich zum letzten Mal auf mein Zimmer und nahm meine Klamotten. Einige Spieler waren echt erschüttert, als sie mich da abziehen sahen. Ein Gespräch mit Vogts gab es nicht mehr.

René Hiepen, der damals als Reporter für *Premiere* arbeitete, holte mich ab und fuhr mich in das Hotel rüber, in dem Martina mit unseren Kindern wohnte. René war ein halber Freund von mir. Er hatte mich Monate zuvor in Florenz besucht und eine große Geschichte über mich gemacht.

Er kam mit seinem Kameramann. Die Kamera stand auf dem Sitz, war aber auf mich gerichtet.

»René«, sagte ich. »Die Kamera läuft doch wohl nicht. Wir können uns hier unterhalten, aber filmen ist nicht.«

»Nein, Quatsch«, sagte er. »Das Ding ist aus.«

Pustekuchen! Die Kamera lief natürlich, und einige von diesen sehr privaten Bildern wurden später in Deutschland gesendet.

Im Hotel machte er noch ein Interview mit Martina und mir.

»Durch euer Statement nehmen wir ein bißchen den Wind raus«, meinte er. »Dann regen sich die Leute in Deutschland nicht so auf.«

Heute würde ich so etwas natürlich komplett anders angehen und niemandem mehr glauben. Es war auf jeden Fall eine riesige Enttäuschung für mich, als ich erfuhr, daß Hiepen ein Band nach Deutschland geschickt hatte, das dort sofort über den Sender ging. Zwischen René und mir herrschte danach absolute Funkstille.

Viel später, als wir uns nach langer Zeit wiedersahen, sagte ich zu ihm: »Unglaublich, was du da in den USA für eine Nummer abgezogen hast.«

»Dafür kann ich nichts.« Er versuchte die Schuld auf

andere zu schieben. »Ich war ja in Amerika, ich hatte keinen Einfluß darauf, was die in Deutschland mit dem Tape gemacht haben.«

»Tolle Ausrede«, sagte ich, »aber das Thema ist für mich erledigt. Geh auch du deinen Weg und werde glücklich.«

Diesen Vertrauensbruch konnte ich ihm nicht vergessen. Wenn ich danach einem Journalisten begegnete, hatte ich immer ein schlechtes Gefühl. Das ohnehin schon angespannte Verhältnis zwischen der Presse und mir wurde dadurch natürlich nicht besser.

Belagerung

Das Hotel, in dem Martina wohnte, wurde bald von Fotografen und Journalisten umstellt. Plötzlich war ja hochinteressant, was wir nach meinem Rausschmiß machten. Saß ich heulend am Pool, oder amüsierte ich mich, als wäre nichts passiert? Jeder wollte seinen Schnappschuß und sein Interview haben. »Komm, Stefan«, riefen die Reporter, »erzähl mal, was passiert ist! Das wollen die Leute jetzt wissen!«

»Hört zu«, sagte ich. »Fotos könnt ihr alle knicken. Hier kommt kein Fotograf rein!« Wir riefen die Polizei, die sofort dafür sorgte, daß die Fotografen abziehen und uns und die anderen Hotelgäste in Ruhe lassen mußten. Nur die Journalisten belagerten weiter das Hotel.

»Okay«, sagte ich mir dann, »warum soll ich eigentlich nicht reden? Warum soll ich mich in Deutschland niedermachen lassen, ohne mich zu wehren? Jeder kriecht sowieso aus seinem Loch und gibt seinen Senf dazu. Dann kann ich auch reden und die Sache richtigstellen.«

Ich wußte natürlich, daß ein Interview, das ich geben wollte, keine besondere Wirkung erzielen würde. Die Bombe war geplatzt: »Effe bei der Nationalmannschaft rausgeschmissen!« Dem ganzen Medienhype konnte ich mit meinen Aussagen wenig entgegenhalten.

Die Journalisten rannten mir die Bude ein. Absolut jeder wollte diese Geschichte haben. Es klopfte an der Tür: Die Leute von der *Bild-Zeitung* standen vor mir. »Hör zu, Stefan. Wir arbeiten ein paar Stunden zusammen, du erzählst uns die Geschichte, und du kannst dabei auch noch Geld verdienen.«

»Nee, Freunde«, sagte ich. »Dazu bin ich noch nicht bereit.«

Fünf Minuten später klopfte es wieder. »Ja, hier ist der ›Kicker‹. Wir brauchen deine Geschichte exklusiv. Es ist wirklich wichtig für uns.«

»Tut mir leid«, sagte ich. »Daraus wird nichts.«

Kurz darauf pochte der nächste an der Tür. »Ich komme von der ›Sport-Bild‹. Wir bezahlen auf jeden Fall fünftausend Mark mehr als die Konkurrenz. Egal, was die anderen dir bieten.«

Es wurde richtig lustig. Die Journalisten drückten sich die Klinke in die Hand und überboten sich, was das Zeug hielt.

Finally gab ich der *Sport-Bild* den Zuschlag. Ich dachte mir, die interessieren sich mehr für den Sport und machen nicht so stark einen auf Boulevard. Damit waren die anderen Journalisten natürlich stinksauer und zogen mit einem dicken Hals ab. Die Geschichten, die sie schrieben, fielen dann auch dementsprechend aus. Ich kriegte richtig was vor den Koffer.

Stundenlang hockte ich mit den Leuten von der *Sport-Bild* zusammen und erzählte ihnen, wie es gewesen war. Ich erlaubte ihnen, doch einige Fotos zu schießen. Sie machten eine Serie über mich, die sich über einige Wochen hinzog. Eine Wirkung erzielten diese Berichte nicht. Null! In Deutschland gab es wohl bis auf meine Eltern und ganz enge Freunde niemanden, der auch nur einen Hauch von Verständnis für mich hatte.

Die fünfundsiebzigtausend Mark, die ich von der *Sport-Bild* bekam, spendete ich für ein Hospital in Ghana. Eine Nonne aus Mönchengladbach hatte uns erzählt, daß man dort unbedingt Geld für neue Geräte und einen Anbau benötigte. Jahre später in München kam Sammy Kuffour einmal zu mir und meinte: »Stefan, weißt du eigentlich, daß es in Ghana eine Briefmarke gibt, auf der du drauf bist?«

»Sammy«, sagte ich zu ihm. »Verarschen kann ich mich allein, da brauche ich dich nicht dazu.«

»Nein, Stefan, das stimmt wirklich. Du bist in Ghana ein echter Hero, weil du diesem Krankenhaus so viel Geld gegeben hast. Das weiß in meinem Land fast jedes Kind.«

»Ehrlich? Werde ich jetzt auch noch angeleckt und auf einen Briefumschlag gekloppt?« So wie Sammy mich anguckte, mußte die Geschichte stimmen. Ich war superstolz. In Deutschland war ich der bad boy, und in Ghana wurde ich durch eine solche Spende zum Volkshelden.

Schon im Frühjahr 94 hatte ich vorgehabt, dem Hospital in Ghana zu helfen. Ich wollte zusammen mit Martina am Millerntor beim FC St. Pauli eine Benefizspiel organisieren. Die Mannschaft vom Kiez sollte gegen eine internationale Auswahl antreten. Ich hatte bereits mit Toni Schumacher, Icke Häßler, Gabriel Batistuta und Stefano Carobbi gesprochen. Sie waren total begeistert und sagten sofort zu. Christian Hinzpeter vom FC St. Pauli, mit dem ich mich deswegen in Hamburg traf, fand die Idee ebenfalls superklasse. Er hätte uns das Stadion kostenlos zur Verfügung gestellt, und auch für den Sicherheitsdienst hätten wir nichts bezahlen müssen. Ein guter Freund von mir, der bei einem Pharma-Unternehmen in Hamburg arbeitete, wäre als Sponsor aufgetreten und hätte tonnenweise Medikamente für das Hospital gestiftet. Die Zuschauereinnahmen hätten wir dem Hospital ebenfalls komplett zur Verfügung stellen können. Es war also schon fast alles organisiert, doch dann kam der Hammer.

Als ich dieses Spiel beim DFB anmelden wollte, hieß es nur: »Eine Genehmigung bekommst du hierfür nicht.«

Eine für mich schlüssige Begründung habe ich nie erhalten. Den Spielern wie Toni Schumacher, Häßler und Batistuta mußte ich wieder absagen. Sie waren total enttäuscht und konnten es überhaupt nicht verstehen. Ich allerdings auch nicht.

Ein letztes Goodbye

Nach meinem Rausschmiß zog ich mich mit Martina und meinen Kindern in ihr Hotel zurück. Wir waren nicht scharf darauf, irgend jemanden zu sehen. Nicht einmal meine Eltern wollte ich sprechen. Sie waren in die USA gereist und hatten Karten für alle Spiele der deutschen Mannschaft – bis zum Endspiel hatten sie gebucht. Nur durch Zufall bekamen sie mit, daß ich rausgeflogen war. In einem Lokal in Chicago unterhielten sich deutsche Touristen über meinen Rauswurf. Als sie meinen Vater entdeckten, der mir ziemlich ähnlich sieht, begannen sie zu feixen. »Effe ist draußen. Den haben sie vor die Tür gesetzt.« Für meine Eltern brach eine Welt zusammen. Erst am Abend konnten wir telefonieren. Meine Mutter war völlig aufgelöst und weinte.

Drei Tage blieb ich noch in diesem Hotel, bevor wir endgültig in den Urlaub fuhren. Am letzten Abend veranstalteten wir ein Barbecue, um uns zu verabschieden. Bodo und Bianca Illgner waren mit ihren Kindern dabei. Auch Angela Häßler kam.

Bodo Illgner war noch immer ganz geschockt. »Wirklich toll, was der DFB mit dir abgezogen hat! Das ist auch nicht mehr meine Welt«, sagte er zu mir.

»Ja, meine Welt auch nicht«, sagte ich. »Aber ich fahre morgen in Urlaub.«

Ich glaube, mein Rausschmiß trug mit zu seiner Entscheidung bei, daß er nach der WM seinen Rücktritt von der Nationalmannschaft erklärte.

In Deutschland wurden wir, wie kaum anders zu erwarten, auch für dieses Barbecue kritisiert. Irgendein Paparazzo hatte ein Foto geschossen, das durch die Zeitungen ging. Aber was war wirklich dabei? Ich war rausgeflogen und gab für enge Freunde eine Abschiedsparty.

Ich bekam noch das Ausscheiden der Nationalmannschaft mit. Im Viertelfinale war nach einem 1:2 gegen Bulgarien Ende. Das tat mir unendlich leid für die Jungs. Mit mir wäre es vielleicht anders gekommen – aber nur, wenn ich im Mittelfeld gespielt hätte.

Wenn ich gewußt hätte, was alles passieren würde, hätte ich mir im Spiel gegen Südkorea vielleicht auf die Lippe gebissen, statt meinem Frust freien Lauf zu lassen. Aber solche Dinge passieren nun einmal. Vor mir hatten sich auch schon andere Spieler mit dem Publikum angelegt. So hatte Franz Beckenbauer einmal vor den Fans die Hose runtergezogen. Er wurde nicht bestraft. Außerdem verhielten sich die Fans, die mich auspfiffen, auch nicht gerade einwandfrei, doch darüber diskutierte niemand.

Nicht nur ich habe durch die Vorfälle in den USA viel gelernt; ich glaube, auch Rudi Völler hat seine Lehren daraus gezogen. Er hat bei der WM 2002 gezeigt, wie man eine Mannschaft führt. Deshalb ist er Vizeweltmeister geworden, weil die Atmosphäre im Team stimmte und sich jeder wohl fühlte. Bei Vogts 1994 war das leider anders. Aber vielleicht ist das auch eine Generationenfrage. Völler hat früh erkannt, daß man erwachsene Menschen nicht ständig an der Leine führen kann, sondern ihnen Freiheiten lassen muß, wenn die Leistung stimmen soll.

Zurück im Gegenwind

Nach der verkorksten WM und dem Urlaub kehrte ich zum AC Florenz zurück. Doch auch da fühlte ich mich nicht mehr wohl. Der Trainer war gegen mich und wollte mich loswerden, und die Vereinsführung, die mir erst große Versprechen gemacht hatte, änderte ihre Meinung. Als ein Wechsel anstand, stellte ich mir die Frage: Soll ich wirklich nach Deutschland zurückgehen? Alle Medien würden sich auf mich stürzen, ich wäre gewissermaßen jeden Tag auf dem Präsentierteller.

Doch schließlich entschied ich mich, diesen Schritt zu wagen und nach Mönchengladbach zurückzukehren. Klar, es würde starken Gegenwind geben, aber damit mußte ich zurechtkommen. Außerdem würde sich die ständige Mäkelei legen, wenn ich meine Leistung brachte.

Genauso lief es dann auch: Es gab ein paar, die sich über meine Rückkehr aufregten, aber in Mönchengladbach wurde ich herzlich empfangen. Man war froh, mich wieder in der Mannschaft zu haben. Mit mir spielte das Team überragend, und am Ende der Saison standen wir als Pokalsieger bei unseren Fans ganz oben in der Gunst.

Plötzlich, als es für mich so glänzend lief, begannen die

Diskussionen: Darf Effenberg noch für Deutschland spielen oder nicht? Für mich kam eine Rückkehr nicht in Frage. Das Thema war erledigt. Ich war nach 33 Länderspielen rausgeflogen. Traurig, aber so war es nun einmal. Mit Egidius Braun telefonierte ich sogar gelegentlich und erkundigte mich nach seiner Mexiko-Hilfe. Meinen Rausschmiß trug ich ihm nicht nach, aber über meine Rückkehr in die Nationalmannschaft verloren wir nie ein Wort. Auch mit Vogts, der um die Ecke in Korschenbroich wohnte, führte ich darüber nie ein Gespräch. Bei uns herrschte Sendepause. Nur einmal traf ich ihn durch Zufall in einem Restaurant in Mönchengladbach, wo er mit seiner Frau und seinem Sohn saß.

Ich ging zu Vogts und schüttelte ihm die Hand. Die Leute von den Nachbartischen guckten vielleicht. Alle waren mucksmäuschenstill.

Berti meinte nur: »Stefan, es läuft ja super in Mönchengladbach mit dir. Viel Glück noch bei der Borussia.« Nach einer Minute war unser Gespräch zu Ende, und ich setzte mich wieder zu meiner Familie an den Tisch.

Vogts brauchte mich auch gar nicht. Er hatte auch ohne mich eine tolle Mannschaft. Vollkommen verdient wurde er 1996 in England Europameister. Da wäre es lächerlich gewesen, wenn ich gesagt hätte: »Kommt, Leute, laßt mich wieder mitspielen.«

Von der EM bekam ich aber nichts mit. Ich war in Amerika im Urlaub und sah nicht ein einziges Spiel. Die Wunden waren trotz zwei Jahren Abstand noch nicht verheilt.

Ein kurzes Comeback

Die WM 1998 in Frankreich endete für die deutsche Mannschaft in einem Debakel. Sang- und klanglos schied die Mannschaft im Viertelfinale 0:3 gegen Kroatien aus.

Stimmen wurden laut, die voller Zweifel fragten, ob Berti Vogts noch der richtige Trainer sei. Auch wenn Vogts nun wirklich nicht mein dickster Freund war, fand ich diese Kritik unverständlich. Schließlich war er zwei Jahre zuvor mit Deutschland Europameister geworden. Doch dieser Erfolg zählte nach der vergeigten WM nichts mehr.

Ich war zu den Bayern gewechselt und brachte unter Hitzfeld schon während der Vorbereitung eine klasse Leistung. Total souverän gewannen wir vor dem Saisonstart den Liga-Pokal. Einige Leute beim DFB überlegten sich, mich zurückzuholen. Vogts sprach mich schließlich an. Er wollte mich auf eine Länderspielreise nach Malta mitnehmen. Spiele gegen Malta und Rumänien standen auf dem Programm.

Ich sagte nicht sofort zu, sondern bat mir Bedenkzeit aus. Tausend Dinge gingen mir durch den Kopf. In Amerika war ich rausgeschmissen worden, und nun sollte ich die Kastanien aus dem Feuer holen? Konnte ich bei der Sache überhaupt was gewinnen? Wenn wir gegen Malta nicht 5:0 siegten, käme das einer Niederlage gleich, und gegen Rumänien mußten wir auch überzeugend gewinnen, ansonsten würde ich in allen Zeitungen Prügel beziehen. Die ganze Aufmerksamkeit würde sich auf mich konzentrieren. Ich mußte auf jeden Fall glänzen.

Trotzdem entschied ich mich, das Risiko einzugehen. Okay, sagte ich mir, ich wage das Comeback. Wenn die ganze Reise gut verlief, konnte ich mir vorstellen, im Jahr 2000 bei der Europameisterschaft mitzuspielen. Auch die WM 2002 in Japan und Südkorea würde ein Ziel sein. Es wäre natürlich großartig, mit der Nationalmannschaft einen Titel zu gewinnen. Dieses Ziel hatte ich noch nicht so richtig aufgegeben.

Meine Träume mußte ich aber gleich begraben. Schon auf dem Flug hatte ich kein gutes Gefühl, und als wir auf Malta im Hotel eincheckten, wußte ich, daß ich einen Fehler gemacht hatte. Die Nationalmannschaft war nicht mehr meine Welt. Ich fühlte mich total unwohl. Wenn ich so konsequent gewesen wäre, wie ich es sonst immer war, hätte ich meine Koffer gar nicht erst auspacken dürfen. Ich hätte zu Vogts gehen und ihm sagen sollen: »Trainer, es war eine falsche Entscheidung von mir, hierherzukommen. Ich reise wieder ab.« Statt dessen sagte ich mir: Okay, schauen wir mal, wie die Woche so verläuft. Aber daß es schiefgehen würde, wußte ich eigentlich vorher. Ich war nicht mit echter Überzeugung bei der Sache.

Das erste Spiel gegen Malta gewannen wir 2:1. Ich hatte viele Ballkontakte und spielte recht ordentlich, ohne aber zu glänzen. Gegen Rumänien gelang uns nur ein 1:1. Die Reise war im Grunde ein Mißerfolg. Es kam auch nie die richtige Stimmung auf. Das ganze Drumherum paßte nicht. Da saßen – wenn überhaupt – 4728 Zuschauer auf der Tribüne, und das Gekicke nannte sich Länderspiel. Wenn wir im Wembley-Stadion gegen England und anschließend in Rom gegen Italien gespielt hätten, wäre die Reise anders ausgegangen. Dann wären viel mehr Emotionen im Spiel gewesen, und jeder Spieler hätte sich anders beweisen und an seine Grenzen gehen müssen.

Ich war froh, als die Woche endlich vorbei war und ich zum FC Bayern zurückgehen konnte, wo ich mich wirklich heimisch fühlte. Auf dem Rückflug nach Deutschland sprach ich noch kurz mit Vogts. Einige Journalisten hatten mir gesteckt, daß sie alles tun würden, damit er aufgab.

»Trainer«, sagte ich, »Sie werden nach diesen Spielen kein leichtes Leben haben. Ein paar Journalisten wollen Ihnen so lange Druck machen, bis Sie zurücktreten.«

»Vielen Dank«, sagte Vogts. »Gut zu wissen.« Er zog dann auch die Konsequenzen und trat wenige Tage später zurück.

In einigen Zeitungen hieß es, ich wäre nur in die Nationalmannschaft zurückgekehrt, um Vogts zu rasieren und kleinzumachen. Das war natürlich kompletter Schwachsinn. Ich respektiere Vogts – und kleinmachen wollte ich ihn bei seiner Größe von 1 Meter 55 bestimmt nicht. Es war wirklich allein seine Entscheidung.

Erich Ribbeck wurde sein Nachfolger. Ich hatte unter ihm bereits in München trainiert und war gut mit ihm zurechtgekommen. Ribbeck wollte mich unbedingt in der Nationalmannschaft halten. Wir trafen uns in München zu einem leckeren Abendessen, das er bezahlte: somit ein gelungener Abend für mich, aber weniger für ihn.

»Meine Entscheidung steht fest«, sagte ich ihm, als wir gegessen hatten. »Ich spiele nicht mehr in der Nationalmannschaft.«

Ribbeck versuchte mich umzustimmen: »Stefan, überleg mal, da kommt bald ein großes Turnier. Wir haben alle Chancen, und wir brauchen dich.«

»Nee, Trainer, ich mach das nicht. Das Thema ist für mich durch.«

Der Bundestrainer war zwar enttäuscht, aber er akzeptierte meine Entscheidung.

Ich hatte mit Hitzfeld und Markus Hörwick, dem Pressesprecher vom FC Bayern, verabredet, daß ich nach unserem Heimspiel gegen den HSV hierzu eine Erklärung abgeben würde. Ich machte in diesem Spiel zwei Tore, und wir gewannen 5:3. Nachdem die Trainer wie üblich ihr Statement abgegeben hatten, rückte ich auf dem Podium an. Die Journalisten rieben sich verwundert die Augen. »Was will der Effenberg denn hier?« Für gewöhnlich kamen nach einem Spiel nur die Trainer auf das Podium. Alle waren sehr gespannt, was ich da vorne zu suchen hatte.

»Ich trete aus der Nationalmannschaft zurück«, erklärte ich. »Für mich ist das Thema endgültig erledigt. Ich bitte meine Entscheidung zu respektieren.« Dann stand ich auf und ging, ohne irgendwelche großen Fragen zu beantworten. Ich war total erleichtert, richtig glücklich.

Ottmar Hitzfeld war auch happy. Er hatte nie versucht, mir mein Comeback in der Nationalmannschaft auszureden, aber er sah natürlich, welche Vorteile es für ihn und den Verein hatte, wenn ich mich nur noch auf den FC Bayern konzentrierte. Für ihn war diese Lösung perfekt. Er hatte ohnehin immer zig Spieler, die er an alle möglichen Nationalmannschaften abstellen mußte.

Während wir mit dem FC Bayern marschierten und einen Titel nach dem anderen einfuhren, ging die Europameisterschaft für die deutsche Mannschaft ziemlich in die Hose. Kläglich schied das Team in der Vorrunde aus, und Erich Ribbeck mußte gehen. Im nachhinein wurde mir klar, daß ich die richtige Entscheidung getroffen hatte, als ich nach der Malta-Reise zurücktrat.

Ein Essen mit Rudi

Nach der EM 2000 wurde Rudi Völler Teamchef. Er war als Spieler sehr wichtig für mich gewesen. Er hatte viel mit mir gesprochen und sich immer für mich eingesetzt. Als er vom DFB nach langem Hin und Her berufen wurde, dachte ich: Endlich! Rudi ist der perfekte Bundestrainer. Er spricht die Sprache der Spieler. Außer Ottmar Hitzfeld gibt es niemanden in Deutschland, der diesen Posten so gut ausfüllen kann.

Völler meldete sich bald darauf. »Stefan, ich komme demnächst nach München. Wir müssen uns mal unterhalten.«

Okay, dachte ich, ein Treffen mit Rudi ist immer nett. Als ich noch in Florenz spielte und Icke Häßler und er in Rom, hatte ich sie mal dort besucht. Wir hatten einen wunderschönen italienischen Abend bei Pasta und Rotwein gehabt. Mir war aber eigentlich klar, daß ich nicht noch einmal in die Nationalmannschaft zurückkehren würde – auch wenn der Bundestrainer nun Rudi Völler hieß und ein guter Kumpel von mir war.

Im Sommer 2000, als ich verletzt war, kam Rudi zu mir nach Hause, und dann fuhren wir zusammen zum Italiener *Eboli* nach Martinsried. Wir aßen zusammen und unterhielten uns prächtig. Klar, daß es auch um meine Rückkehr in die Nationalmannschaft ging. Als wir fertig waren, übernahm Rudi die Rechnung und meinte: »Stefan, nimm dir noch ein paar Tage Zeit und denk darüber nach, ob du nicht doch in die Nationalmannschaft zurückkommen willst. Die Tür steht für dich offen.«

»Okay«, versprach ich ihm. »Wir fahren mit den Bayern ins Trainingslager. Da werde ich mir alles noch einmal durch den Kopf gehen lassen.«

Aber groß nachdenken mußte ich nicht mehr. Ich hatte nie ernsthaft überlegt, zurückzukehren. Es war nur eine Frage des richtigen Zeitpunkts, wann ich Rudi anrief und ihm absagte.

»Paß auf, Rudi«, sagte ich wenige Tage nach unserem Treffen schließlich am Telefon zu ihm. »Ich mache das nicht. Mit dir als Trainer wäre das mit Sicherheit eine überragende Kiste geworden. Das weiß ich. Aber ihr werdet auch ohne mich klarkommen. Da bin ich mir sicher.«

Selbstverständlich akzeptierte Rudi meine Entscheidung. Es gab dadurch keinerlei Mißstimmung zwischen uns, und wenn wir uns heute sehen, sind wir gute Kumpels.

Auf einer Pressekonferenz im Trainingslager erklärte ich: »Es gab ein Treffen zwischen mir und Rudi Völler. Ich habe anschließend mit ihm telefoniert und ihm gesagt, daß ich definitiv nie mehr für die Nationalmannschaft spiele.«

Das Kapitel war endgültig beendet. Ich glaube, auch bei den Bayern machte man drei Kreuze, daß ich nicht noch einmal ein Comeback versuchte.

Natürlich sprachen mich immer wieder Leute darauf an, daß ich hundert Länderspiele hätte machen können, wenn diese Sache in den USA nicht passiert wäre. Aber so war es nun einmal nicht, und es lohnte sich nicht, irgendwelchen Dingen hinterherzutrauern. Sicher, ich hatte mit der Nationalmannschaft keinen Titel gewonnen – außer den unbedeutenden US-Cup 1993 in Amerika. 1996 bei der erfolgreichen EM war ich nicht dabei und bei der WM 2002 auch nicht. Aber wer weiß, ob die Mannschaft mit mir auch so erfolgreich gewesen wäre und ob ich all die Titel mit den Bayern gewonnen hätte, wenn ich Nationalspieler geblieben wäre?

Ich habe niemals bereut, mich auf meine Karriere bei den Bayern konzentriert zu haben. Der Rausschmiß 1994 war meine größte sportliche Enttäuschung, danach setzte ich neue Prioritäten: Ich mußte mit Freude bei der Sache sein, um meine Leistung bringen zu können. Und diese Freude hatte ich vor allem in der Zeit mit Ottmar Hitzfeld bei den Bayern gefunden.

9. DAS WICHTIGSTE IN MEINEM LEBEN
Meine Familie

Ich wollte schon als Kind Fußballprofi werden, daneben hatte ich aber recht früh noch einen anderen Traum. Meine Eltern hatten meine drei Geschwister und mich liebevoll erzogen. Ich hatte eine tolle Kindheit. Für mich stand daher immer fest, daß ich auch Kinder haben und eine eigene Familie gründen wollte. Als ich im März 1989 Martina kennenlernte, ahnte ich bereits, daß ich nun hierfür die richtige Frau gefunden hatte. Ich war zur Vorbereitung auf die neue Saison in der Sportschule Schöneck, als man mir an der Rezeption einen Umschlag mit einem Telegramm überreichte: »Wir haben es geschafft«, stand da. Martina war schwanger. Ich hatte nicht lange gewartet und mich echt ins Zeug gelegt.

Ich hatte gewußt, daß Martina zum Arzt gehen würde, aber trotzdem war es die allerschönste Nachricht überhaupt. Ich freute mich riesig, es war mein absoluter Glückstag. Ich behielt diese Neuigkeit allerdings noch für mich. Erst ein paar Wochen später erzählte ich es meinen Eltern. Sie waren auch richtig happy. Für mich stand fest, daß wir nun auch sehr bald heiraten würden.

Eines Abends im Oktober hatte ich einen Gedankenblitz. Ich wollte Nägel mit Köpfen machen und bei Martinas Eltern um die Hand ihrer Tochter anhalten – ganz offiziell und förmlich. Leider hatten die Geschäfte schon geschlossen, aber ich wollte unbedingt an diesem Abend mit ihren Eltern sprechen. Wo sollte ich Blumen herbekommen? Also fuhr ich zu einer Tankstelle in Mönchengladbach, wo man für fünf Mark Blumen aus einem Automaten ziehen konnte. Kein Witz! Die Blumen sahen wirklich ganz gut aus. Ich mußte mich jedenfalls nicht schämen, mit diesem Strauß bei Martinas Eltern auf der Matte zu stehen.

»Ich hätte ein Anliegen«, sagte ich zu den beiden, nachdem ich meine Blumen überreicht hatte. Sie waren ein bißchen überrascht. »Ich möchte um die Hand Ihrer Tochter anhalten.«

»Aber, Junge«, sagten die Eltern, »kein Problem. Wir sind einverstanden. Wo hast du denn die schönen Blumen her? Toll, wie sie aussehen.«

Am 29.12.1989 heirateten Martina und ich auf dem Standesamt in Mönchengladbach. Wir waren ein kleiner Kreis, Martinas Eltern, meine Eltern und Geschwister. Ich war einundzwanzig Jahre alt und ziemlich nervös. Ein Bundesligaspiel hatte ich jede Woche, das machte mir nichts mehr aus, aber die eigene Hochzeit – das war etwas ganz Besonderes. Ein weiterer Traum war in Erfüllung gegangen. Ich war nicht nur Fußballprofi geworden, sondern war auch dabei, eine eigene Familie zu gründen.

Im Juni 1990 fand in Hamburg die kirchliche Trauung statt. Mittlerweile war unser Sohn Etienne Noël auf der Welt, Martina war also nicht mehr schwanger, und wir konnten ein großes Fest feiern. Die Hochzeit sollte in einem Hotel stattfinden. Mit einer Kutsche fuhren wir zur Kirche, ich in einem fliederfarbenen Anzug und Martina ganz in Weiß. Wir hatten auf gutes Wetter gehofft, aber leider regnete es. Während der Hochzeit ließen wir Etienne taufen, so wurde es ein doppelt wichtiger Tag für uns. Ich war absolut happy. Gleichzeitig wußte ich jedoch, daß ich nun eine Menge Verantwortung übernehmen mußte, viel mehr als andere in meinem Alter, doch das machte mir überhaupt nichts aus, im Gegenteil. Ich hatte nun die ersehnte Familie: Martina, Nastassja und Etienne. Ich war richtig süchtig nach ihnen.

Die Große

Als ich Martina kennenlernte, war ihre Tochter Nastassja dreieinhalb Jahre alt. Ich hatte von Anfang an keine Schwierigkeiten, mich auf die Kleine einzulassen, und auch für sie war ich bald ihr Papa. Nachdem wir geheiratet hatten, adoptierte ich sie, weil ich wollte, daß sie auch meinen Namen trägt. Sie gehörte zur Familie, für mich war sie meine Tochter. Es spielte keine Rolle, daß ich nicht ihr leiblicher Vater war. Ich kriegte immer das Kotzen, wenn ich irgendwo in der Zeitung las: »Stefan Effenbergs Sohn Etienne und seine Adoptivtochter Nastassja.«

Als Nastassja alt genug war, um es zu verstehen, erklärte Martina ihr, daß sie noch einen anderen Papa hatte. Natürlich war sie neugierig und wollte wissen, wer ihr Vater war, und Martina erzählte es ihr dann auch. Ich hatte nie ein Problem damit oder war irgendwie eifersüchtig. Keine Frage, daß Nastassja ihre Familiengeschichte kennen mußte, und wenn sie Kontakt mit ihrem leiblichen Vater gewollt hätte, hätten wir da nie einen Riegel vorgeschoben. Wie auch immer – eines ist sicher: Nastassja wird ihren Weg gehen.

Ich war immer der Meinung, daß man seinen Kindern – dem Alter entsprechend – so viel Freiheiten wie möglich geben sollte. Wenn sie sich später abnabeln und ausziehen,

Meine beiden Mädels – Nastassja und Ann-Kathrin in Florida, 2002

aber immer sehr gerne zu Besuch zurückkommen, hat man alles richtig gemacht. Meine Kinder wissen, daß sie sich immer auf mich verlassen können. Meine Tür steht immer für sie offen, ganz egal, wo ich bin oder wo sie sind.

Die Geburt von meinem Sohn Etienne gehört zu den einschneidendsten Erlebnissen in meinem Leben. Einzigartig und unvergleichlich! Mitten in der Nacht sagte Martina zu mir: »Ich glaube, es geht los!«

Ich half ihr zum Wagen und raste dann los ins Krankenhaus nach Mönchengladbach-Neuwerk. Zum Glück war es ein Uhr in der Nacht. Ich glaube, ich trat auf dem Weg ins Krankenhaus höchstens zweimal auf die Bremse. Ampeln kannte ich in diesem Moment nicht.

Martina kam sofort in den Kreißsaal. Ich war die ganze Zeit bei ihr. Kurze Zeit später wurde Etienne geboren. Es war genau 3 Uhr 42 am 6. März 1990.

Der Arzt schaute mich an und sagte: »Alles dran an Ihrem Kind. Ein gesunder Junge.«

Plötzlich weinte ich vor Freude. Ich konnte nicht anders. Die ganze Anspannung fiel von mir ab. Wie lange hatten wir auf diesen Moment gewartet? Erst hatten wir die Monate gezählt, dann die Wochen und schließlich die Tage. Die Geburt war mir wichtiger als jeder Pokal der Welt. Dieses Erlebnis war nicht zu toppen. Solche Momente vergißt man niemals im Leben. Ich zitterte richtig vor Aufregung.

»Möchten Sie Ihren Sohn auf den Arm nehmen?« fragte mich die Hebamme.

»Natürlich möchte ich meinen Sohn in den Arm nehmen«, sagte ich zu ihr.

»Ja, dann stellen Sie sich mal unter die Wärmelampe. Damit der Kleine es schön warm hat.«

Einen Moment später stand ich mit unserem neugeborenen Sohn unter einer großen Lampe, die an der Wand hing, und die Hebamme war verschwunden. Ich wagte nicht, mich auch nur einen Millimeter zu bewegen, weil ich Angst hatte, irgendwas falsch zu machen. Am liebsten hätte ich auch gar nicht geatmet. Es war unter dieser Lampe teuflisch heiß, wie in einer Sauna, und die Hebamme kehrte nicht zurück. Wo blieb die Frau nur? Es kam mir wie eine Ewigkeit vor, wie ich so allein dastand. War sie zum Kaffeetrinken mal eben nach Hamburg gefahren? Nein, sie war bloß für drei, vier Minuten aus dem Raum gegangen, aber mir schienen es drei, vier Stunden zu sein.

»Soll ich Ihnen den Kleinen wieder abnehmen?« fragte sie, als sie endlich wieder im Rahmen stand.

»Ja, bitte ganz schnell.« Mir war wahnsinnig heiß. Ich war naßgeschwitzt.

Tage später spielten wir gegen Düsseldorf. Ich verwandelte einen Elfmeter und widmete dieses Tor Etienne. Als ich jubelte, galt mein erster Gedanke ihm.

E.T., wie ich ihn später nannte, war ein absolutes Wunschkind. Er war ungeheuer lebendig. Mit neun Monaten konnte er schon laufen und wirbelte durch die Wohnung. Heute, mit dreizehn Jahren, ist er fast so groß wie ich.

Ich fand es immer klasse, daß ich so jung Vater geworden war. Genau wie meine Eltern konnte ich immer mit meinen Kindern spielen, statt wie andere sagen zu müssen: »Tut mir leid, geht jetzt nicht, mein Rheuma ist schlimmer geworden!«

Etienne spielte bei Mönchengladbach und bei den Bayern Fußball. Aber ich hatte ihn nie dazu gedrängt. Ich wollte immer nur, daß er sich einen Sport suchte, der ihm Spaß machte und von dem er überzeugt war.

In München und später in Florida versuchte er es eine Weile auch mit Tennis. Sein Trainer war ganz begeistert von ihm. »Wahnsinn«, sagte er zu mir, »was Ihr Junge in

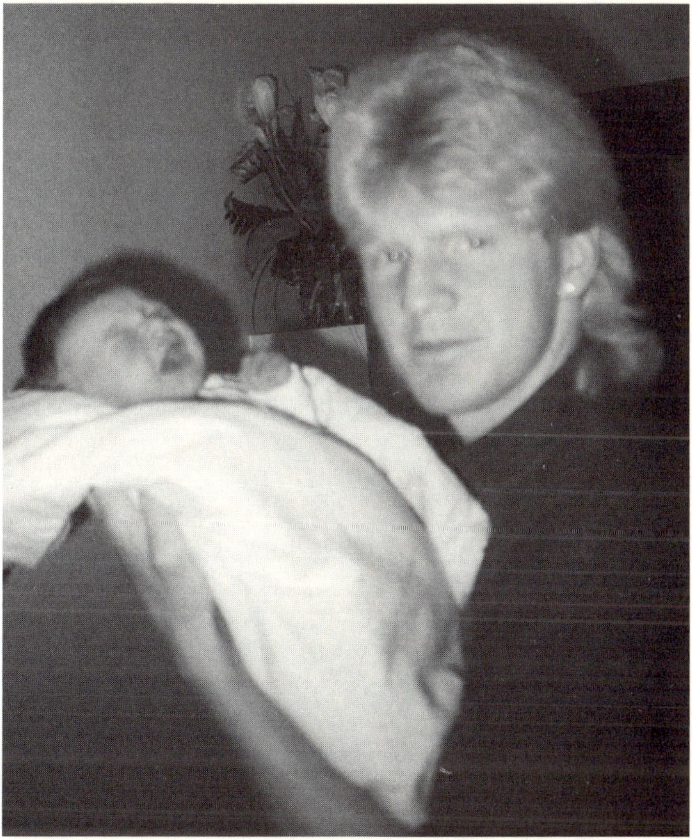

Mein ganzer Stolz – Etienne nach seiner Geburt, 1990

seinem Alter schon bringt. Der muß unbedingt weitermachen.«

Doch schließlich schwenkte Etienne auf Basketball um. Er trainiert wie ein Ochse und legt die Dinger in den Korb, daß man nur staunen kann. Mittlerweile hat er es auch schon bis in eine Auswahl Südfloridas gebracht. Natürlich unterstütze ich ihn, wo es nur geht. Zu unserem Haus in

Big Buddys unter sich, mit Etienne, 2002

Florida gehören ein Tennisplatz und ein Basketballfeld, so daß Etienne immer trainieren kann, wann er will, und das direkt vor der Haustür.

»Nutze deine Möglichkeiten«, sagte ich zu ihm. »Egal, was du machst, ich unterstütze dich und werde immer stolz auf dich sein. Hab nie Zweifel an dir.« Er ist mein allergrößter Buddy.

Die kleine Prinzessin

Die Geburt von Ann-Kathrin zog sich über mehrere Tage hin. Martina kam in ein Krankenhaus in Viersen und wurde an den Wehentropf angeschlossen. Ich war ziemlich aufgeregt. Für mich war es aber keine Frage, daß ich bei der Geburt dabeisein wollte. Bei Borussia Mönchengladbach war ebenfalls jeder nervös. Am Mittwochabend spielten wir im UEFA-Cup gegen Monaco, und natürlich wollte der Trainer, daß ich dabeiwar. Bis zum Abend saß ich bei Martina im Krankenhaus. Dann meinte der Arzt: »Heute tut sich bei Ihrer Frau nichts mehr. Sie können beruhigt spielen.« Beruhigt? Na, toll!

Mit Rolf Rüssmann raste ich nach Köln zum Stadion, wo wir ausnahmsweise spielten. Unterwegs hörten wir im Radio die Meldung: »Borussia Mönchengladbach ist noch nicht Vater geworden. Stefan Effenberg wird spielen.« Alles klar. Die ganze Stadt fieberte mit.

Das Spiel verloren wir mit 2:4. Ich bot eine schlechte Leistung. Kein Wunder, ich war mit meinen Gedanken mehr bei Martina im Krankenhaus als auf dem Spielfeld. Das Rückspiel konnten wir zwar mit 1:0 gewinnen. Trotzdem schieden wir aus dem Wettbewerb aus.

Nach dem Spiel heizte ich wieder ins Krankenhaus. Der Arzt hatte recht gehabt. Es war alles ruhig geblieben. Ich konnte nach Hause fahren und mich für ein paar Stunden hinlegen.

Am nächsten Tag besorgte ich mit Toni, meinem Schwiegervater, Blumen für unser Haus und für den Garten. Ich wollte, daß es Martina schön hatte, wenn sie aus dem Krankenhaus zurückkam. Gegen dreizehn Uhr klingelte mein Handy. Michael Sternkopf, mein Mannschaftskamerad, war am Apparat: »Hör mal, Stefan, du sollst sofort ins Krankenhaus kommen! Ich habe gerade einen Anruf gekriegt.«

Ich raste sofort los. Erst dann fiel mir ein: Moment mal, wieso hatte man Michael Bescheid gesagt und nicht mir?

Martina lag schon schwer in den Wehen.

»Möchten Sie die Geburt mit anschauen?« fragte der Arzt.

Ich schluckte. »Nee«, sagte ich, »ich halte lieber die Hand von Martina und bleibe hier sitzen.« Der Arzt hatte wohl gedacht, ich würde ihm am liebsten über die Schulter gucken.

Um genau 13 Uhr 42 am 16.10.1996 kam Ann-Kathrin auf die Welt. Borussia Mönchengladbach war endlich Vater geworden, so sagten sie später im Radio.

»Wollen Sie die Nabelschnur durchschneiden?« Der Arzt hielt mir das neugeborene Kind hin.

»Nein, muß nicht sein.« Ich war schweißgebadet, aber total erleichtert.

Dann drückte mir die Hebamme unsere Tochter in den Arm. Diesmal mußte ich mich nicht unter eine Wärmelampe stellen. Wie schon bei der Geburt Etiennes konnte ich meine Tränen nicht zurückhalten. Es war ein gigantisches Gefühl, die winzige Ann-Kathrin zu halten. Meine kleine Prinzessin! Ich war der stolzeste Papa, den man sich vorstellen konnte.

Später klärte sich auch auf, warum man Michael Sternkopf und nicht mich angerufen hatte. Er war einer unserer besten Freunde, und deshalb war auch seine Nummer im Krankenhaus hinterlegt worden. Anscheinend hatte man die erstbeste Telefonnummer herausgegriffen und angerufen, als bei Martina die Wehen losgingen.

Nachts stand ich immer auf, um mich um Etienne oder später Ann-Kathrin zu kümmern. Ich fuhr das volle Programm: Flasche machen, Pulver in die Flasche füllen, heißes Wasser drauf und fühlen, ob sie nicht zu heiß war. Und hinterher Windeln wechseln – das konnte ich besonders gut. Auch vor wichtigen Spielen machte mir das nichts aus, und wenn ich zu wenig Schlaf bekam, legte ich mich im Trainingslager eben schon um acht Uhr aufs Ohr. Da konnte ich locker zehn, zwölf Stunden pennen.

Die Nähe zu meinen Kindern war mir immer wichtig. Ich wollte an ihrem Leben teilnehmen; deswegen

Auf meinem neuen Hummer – meine Prinzessin Ann-Kathrin

stand ich auch jeden Morgen, wenn ich zu Hause war, mit ihnen auf und begann den Tag mit ihnen. Ich machte ihnen Frühstück, stellte ihnen ihre Milch hin und fuhr sie anschließend in den Kindergarten oder zur Schule oder zum Schulbus. Daß ich, besonders als ich bei den Bayern spielte, viel unterwegs war, machte ihnen weniger aus als mir. Mich störte es schon sehr, fast keinen Geburtstag meiner Kinder mit ihnen feiern zu können. Ich weiß, was die Leute sagen: Was regt der Effenberg sich über so etwas auf, wo er soviel Geld verdient! Doch an solchen Tagen wäre ich lieber bei ihnen gewesen, als irgendwo auf der Welt Fußball zu spielen. Auch gemeinsame Sommerferien waren für mich so gut wie nie drin. Wenn meine Kinder Ferien bekamen, steckte ich schon in der Vorbereitung für die neue Saison. Die einzigen Ferien, die wir gemeinsam verleben konnten, waren die Weihnachtsferien.

Meine Kinder sind mein höchstes Gut. Das Schönste,

das es auf der Welt für mich gibt. Es gibt zwar keinen perfekten Vater, aber ich habe mich immer bemüht, diesem Ziel, ein perfekter Vater zu sein, möglichst nahe zu kommen.

Florida für Kids

Zuerst war es nur mein großer Traum, nach Amerika zu gehen, doch dann steckte ich meine ganze Familie damit an. Mit der Zeit wurde uns allen klar, daß unsere Zukunft nicht in Deutschland, sondern in Florida liegt. Martina und ich beschlossen daher sehr früh, unsere Kinder auf Amerika vorzubereiten. Wir konnten ja nicht einfach zu ihnen sagen: »Nun haben wir endlich unsere Greencard. Morgen kommt der Möbelwagen, und wir ziehen nach Florida.«

Nastassja ging darum für zweieinhalb Jahre auf ein College in London. Dort lernte sie nicht nur, perfekt Englisch zu sprechen. Sie gewöhnte sich auch an das amerikanische Schulsystem, da der Unterricht an ihrem College sehr amerikanisch aufgebaut war. Ihr gefiel es in London, und wir konnten feststellen, wie sie selbstbewußter und selbständiger wurde. Sie hat sich dort wirklich toll entwickelt. Ich bin richtig stolz auf sie.

Etienne war noch zu jung, um auf ein englisches College zu gehen. Er besuchte nach der Grundschule die Munich International School in Starnberg. Wie auch Nastassja mußte er – ob er wollte oder nicht – früh lernen, sich gegen andere Kinder durchzusetzen. Es ist nicht immer leicht, der Sohn von Stefan Effenberg zu sein. Wenn die Schlagzeilen über mich besonders fett waren, kriegte er das oft zu spüren, doch die beiden kamen damit im großen und ganzen sehr gut zurecht. »Macht keine Überdinger«, sagte ich zu ihnen, »aber laßt euch nichts gefallen und setzt euch durch.« Natürlich baute Etienne wie jeder andere Junge auch mal Mist. Einmal mußte ich eine Wand in der Schule neu streichen lassen, weil er zig Matschbälle dagegengeklatscht hatte. Aber was soll's! Ich war ja auch kein Waisenknabe gewesen und hatte als Junge beim Fußball spielen so manche Scheibe zertrümmert.

Manchmal beneide ich meine Kinder auch, wieviel Möglichkeiten sie heute haben. Meine Eltern hatten alles, was sie konnten, für mich getan, aber verglichen mit meinen Kindern lebte ich in einer sehr kleinen Welt. Alle drei, auch die kleine Ann-Kathrin, sprechen perfekt Englisch. Mein Englisch ist ziemlich okay, doch schlackere ich manchmal echt mit den Ohren, was meine Kinder in dieser neuen Sprache alles draufhaben. Ich bin sicher, sie werden in ihrem Leben davon profitieren, was sie alles schon gesehen und erlebt haben. Schon heute ist ihr Auftreten absolut klasse. Sie sind keine Duckmäuser, sondern haben schon in ihren jungen Jahren eine gigantische Ausstrahlung. Ich liebe so etwas.

Für mich sind sie die perfekten Kinder und mein größter Stolz. Daran wird sich auch nie etwas ändern, gleichgültig, was auch passiert. Je älter sie werden, desto mehr versuche ich, ihnen weniger der fürsorgliche Vater als vielmehr der gute Freund zu sein. Die Bilder von ihnen trage ich nicht als Fotografie in meiner Brieftasche spazieren, nein, sie sind für immer in meinem Herzen.

Als die Kinder nach meiner Trennung von Martina im Mai 2002 in die USA übersiedelten, war das eine sehr schlimme Erfahrung für mich. Oft mußte ich in dieser Zeit weinen. Ich war für ein paar Monate von ihnen

Martina und ich, dreizehn Jahre Ehe, in der sie mir drei klasse Kinder schenkte. Darüber hinaus war sie eine tolle Managerin. Danke, Martina!

getrennt. Ich erlebte nicht mit, wie sie in Amerika eingeschult wurden, und war nicht mehr an ihrem Alltag beteiligt. Auch wenn wir fast jeden Tag telefonierten und ich ihnen Faxe und Karten schickte, war das kein Ersatz für ein richtiges Zusammenleben. Doch dann sagte ich mir: »Okay, es liegt ja auch an dir, daß es so gekommen ist. Mach das Beste daraus für dich und deine Kinder. Außerdem siehst du sie im Sommer im Urlaub wieder.«

Es kriselte

Für Martina und mich stand Anfang des Jahres 2002 eine wichtige Entscheidung an. Im Februar wurde unser Haus in Florida fertiggestellt. Wir hätten dann in die USA übersiedeln können. Martina war zu dieser Zeit oft drüben, um das Haus einzurichten. Für mich war jedoch klar, daß ich noch ein Jahr Fußball spielen wollte. Martina konnte sich mit diesem Gedanken überhaupt nicht anfreunden. »Du hast doch alles erreicht«, sagte sie zu mir, »und du machst das schon so viele Jahre.« Sie wollte unbedingt, daß ich die Fußballschuhe an den Nagel hängte.

»Nein«, sagte ich. »Ich bin noch topfit und motiviert. Ich will noch nicht aufhören.«

Meine Entscheidung war da eindeutig, aber Martina konnte das nicht verstehen. Zum ersten Mal unterstützte sie mich nicht in einer mir wichtigen Sache, sondern wollte etwas anderes als ich. Vorher wäre das undenkbar gewesen. Egal, wohin ich ging, ob nach Florenz, zurück nach Gladbach oder nach München, immer waren wir einer Meinung gewesen und hatten alles gemeinsam durchgezogen. Nun versuchte plötzlich jeder von uns, sein eigenes Ding durchzudrücken. Wir wollten es gar nicht wahrhaben, aber irgendwie, ganz schleichend, entstand ein Riß zwischen uns beiden.

Schmetterlinge im Bauch

Ich kannte Claudia schon einige Jahre. Manchmal hatten wir in München etwas gemeinsam unternommen, sie mit ihrem Mann Thomas Strunz und ich mit Martina. Wir waren gut befreundet, nicht mehr, nicht weniger. Als Thomas aufhörte, bei den Bayern zu spielen, zogen sie nach Köln, aber wir blieben in Kontakt und telefonierten ab und zu miteinander.

Im Frühjahr 2002 rief Claudia mich an. »Ich komme beruflich nach München«, sagte sie. »Wollen wir uns mal wieder treffen?« Sie war Model und hatte ein Foto-Shooting.

»Klar«, sagte ich, »aber Martina ist mit den Kindern in Amerika im Urlaub. Wir müssen dann allein was unternehmen.«

Am Sonntag holte ich Claudia vom Flughafen ab. Ich war so etwas wie ein guter Freund für sie, aber das änderte sich mit einem Schlag, als wir uns in München trafen. Ich hatte es bei unseren gelegentlichen Telefonaten zuvor schon vermutet, aber jetzt hatte ich die Gewißheit. Wir sahen uns plötzlich mit ganz anderen Augen, hatten Schmetterlinge im Bauch und spürten sofort, daß da mehr zwischen uns war als eine nette Freundschaft. In ihrer Beziehung mit Thomas stimmte es schon seit einiger Zeit nicht mehr, und bei Martina und mir waren auch Probleme aufgetreten. Martina hatte einen Freund in Miami. Wie eng und wichtig ihr diese Beziehung war, wußte ich zu diesem Zeitpunkt noch nicht. Vielleicht war auch ihre Beziehung mit ein Grund, warum sie so schnell wie möglich nach Florida wollte.

Claudia hatte im Hotel *Arabella Sheraton* ein Zimmer gebucht. Sie lud mich zum Essen ein. Wir wollten aber nicht in irgendeinem Restaurant essen, sondern ganz alleine auf ihrem Hotelzimmer. »Ich weiß einen tollen Laden. Da gibt es das beste Sushi der Stadt«, sagte sie. Wir holten das Essen und gingen auf ihr Zimmer.

Es lief ein Song von Xavier Naidoo im Fernsehen: »Wo willst du hin?« Diese Frage mußten auch wir uns stellen. Wir waren sehr aufgewühlt und fühlten uns zueinander hingezogen, ohne daß einer von uns dieses aussprach. Wir saßen auf dem Bett, redeten, lachten und aßen Sushi. Am Abend gab es für mich dann kein Zurück mehr. Ich küßte Claudia zum ersten Mal – ein sehr inniger, wunderschöner Kuß.

Bis zum Mittwoch – so lange dauerte ihr Foto-Shooting – sahen wir uns jeden Tag in München. Die Chemie zwischen uns stimmte einfach.

Als ich Claudia am Mittwochabend zurück zum Flughafen fuhr, wußte ich, daß ich ein Problem hatte. Ich war verliebt. Das würde nicht einfach werden, da wieder herauszukommen – wenn ich es denn überhaupt versuchen wollte. Ich war total durcheinander, aber auch super glücklich. Es war ein tolles Gefühl, so verliebt zu sein.

Eine Woche später spielten wir in der Champions League gegen Real Madrid in München. »Es würde mich total freuen, wenn du zum Spiel kommen würdest«, sagte ich am Telefon zu Claudia. »Ich hinterlege dir Karten, wenn du willst.«

Claudia kam tatsächlich von Mallorca, wo sie wieder ein Shooting gehabt hatte, direkt nach München geflogen. Natürlich war ich durch ihre Anwesenheit besonders motiviert, aber auch ein bißchen nervös. Erst verschoß ich einen Elfmeter, aber wenige Minuten später machte ich das Tor zum 1:1. Am Ende gewannen wir 2:1, ein Sieg, der leider nicht zum Weiterkommen reichte. Claudia saß im Stadion in der Nähe von einem Journalisten. Jeder wunderte sich, sie bei einem Spiel der Bayern zu sehen, aber niemand konnte sich einen Reim darauf machen. Nicht einmal, als sie sich ihren Pullover vor das Gesicht zog, weil sie nicht hingucken konnte, wie ich zum Elfmeter anlief. »Es ist ja toll, daß Sie so ein Fan vom FC Bayern sind«, sagte der Journalist zu ihr. Claudia lachte.

Danach sahen Claudia und ich uns, wann immer wir es einrichten konnten, aber vor allem telefonierten wir oft miteinander. Kein Tag verging, an dem ich sie nicht mindestens dreimal anrief.

Eine SMS und ihre Folgen

Nach unserem Heimspiel gegen Bremen am 6.4.2002 flog ich abends nach Düsseldorf, um Claudia zu treffen. Uns war mittlerweile klar, daß wir nicht nur eine heiße Affäre hatten. Dazu waren unsere Gefühle viel zu extrem. Claudia holte mich vom Flughafen ab, weil ich nicht mit einem Taxi fahren und von irgend jemandem erkannt werden wollte. Wir checkten in einem Hotel ein, um zu reden und gemeinsam über unsere Situation nachzudenken. Es wurde eine wunderschöne Nacht. Auch wenn wir später gar nicht mehr so viel redeten.

Ohne zu wissen, daß sie einen echten Herzchen-Tick hatte und fast alles sammelte, was mit Herzen zu tun hatte, brachte ich Claudia an diesem Abend ein Lederband mit einem Herzen mit. Sie freute sich riesig und hatte Tränen in den Augen. Ich selbst hatte mir das gleiche Lederband mit einem Kreuz gekauft. Das sollte unser Glücksbringer sein. Auch heute tragen wir diese Lederbänder ständig.

Am Morgen mußte ich ganz früh nach München zurück, weil wir um zehn Uhr Training hatten. Ich hatte kaum geschlafen, aber das machte nichts. Als ich am Flughafen Düsseldorf auf den Abflug nach München wartete, schickte ich Claudia eine SMS. »Es war eine tolle Nacht. Es war wunderschön. Die ganze Zeit starre ich die Tüte mit deinem Gesicht an. So habe ich dich wenigstens ein bißchen bei mir. Stefan.«

Ich hatte mir vor dem Flug nach Düsseldorf einige Zeitschriften gekauft, die ich in eine Tüte packte. Auf der Tüte war Claudias Gesicht abgebildet. Sie arbeitete ja häufig als Model und machte unter anderem Werbung für den Münchener Flughafen.

Nach dem Vormittagstraining, so gegen zwölf Uhr, schaltete ich wie üblich mein Handy wieder ein. Ich hatte eine Message von Claudia auf meiner Mailbox. »Ruf mich bitte sofort an. Es ist alles herausgekommen.«

Die Nachricht war ein echter Schock. Ich fuhr erst mal zur nächsten Tankstelle und kippte mir einen kleinen Feigling rein, um mich zu beruhigen. Dann rief ich Claudia an und erfuhr, was passiert war.

Thomas Strunz war mißtrauisch geworden, als sie am frühen Morgen nach Hause gekommen war, ohne nach Zigarettenqualm zu riechen. Sie hatte ja gesagt, sie wolle mit einer Freundin feiern gehen, aber die hatte sie in Wahrheit nur kurz getroffen, bevor ich gekommen war. Als Claudia nach unten in die Küche ging, um nach ihren Kindern zu sehen, hatte Thomas ihr Handy kontrolliert und meine SMS entdeckt.

Er tickte daraufhin völlig durch, beschimpfte Claudia wie verrückt und warf in der Küche mit Flaschen und Gläsern um sich. Dann fuhr er zur Tankstelle und besorgte sich ein paar Dosen Wodka-Lemon, die er sich vor Claudia reinpfiff – mittags um zwölf. Klar, daß er mich auch mächtig runterputzte – was für ein mieser Typ ich sei und warum sie sich ausgerechnet mit mir eingelassen hätte. Claudia versuchte ihn zu beruhigen, vor allem, damit die beiden Kinder nichts mitkriegten, aber das war ihr nur so halb gelungen. Als ich mit ihr sprach, war sie noch immer ganz aufgelöst und weinte.

»Ich laß dich da nicht allein«, sagte ich am Telefon zu ihr. »Ich werde dir bei allem helfen.«

Wir wollten zuerst dafür sorgen, daß ihre Kinder nicht zu sehr in die Sache hineingezogen wurden und die Öffentlichkeit nicht Wind von unserer Beziehung bekam. Ich war mit den Bayern im Viertelfinale der Champions League, mußte in drei Tagen das Rückspiel gegen Real Madrid absolvieren und war in der Endphase der Meisterschaft. Irgendwie war es sogar mein Glück, daß ich dem *Playboy* dieses ominöse, für mich aber normale Interview gegeben hatte. So hatten die Zeitungen ihr Thema und stocherten nicht in meinem Privatleben herum.

Ich fuhr nach Hause und legte mich in die Badewanne. Ich liebe es, mich da zu entspannen und nachzudenken. Wie sollte es jetzt weitergehen?

Dann klingelte mein Telefon: Thomas Strunz war dran. Er machte sofort Rabatz. »Du Schwein hast mir meine Frau geklaut«, schrie er. »Wenn du sie noch einmal anrufst, passiert was!« Ich ließ ihn toben. Mich wunderte es nicht, daß er so reagierte. Ich konnte ihn sogar verstehen. Als er zwischendurch mal Luft holen mußte, versuchte ich ihm die Situation zu erklären, aber damit kam ich nicht weit. Schließlich fing er an, mit der Presse zu drohen. »Ihr werdet schon sehen, was ihr davon habt. Ich brauche nur ein Telefonat zu führen, und morgen steht alles in der Zeitung.«

»Thomas«, sagte ich zu ihm, »da sind fünf Kinder im Spiel, denke bitte auch an sie. Aber ich will dir nichts vorschreiben. Wenn du meinst, du mußt zu den Zeitungen rennen, dann mach das ruhig! Irgendwann wird sowieso alles rauskommen.« Er hatte aber auch keine weiße Weste; er hatte ein Verhältnis mit einer anderen Frau, deswegen war ich mir sicher, daß er nicht zur Zeitung rennen würde.

Nach drei, vier Minuten war unser Gespräch zu Ende.

Danach hatten wir keinen Kontakt mehr. Im übrigen hätte Claudia sich sowieso von Thomas getrennt, auch wenn wir nicht zusammengekommen wären.

Konsequenzen

Nachdem die Sache aufgeflogen war, sagten Claudia und ich uns: »Wir sehen uns nun ein paar Tage gar nicht, damit jeder einen freien Kopf bekommt und die Konsequenzen durchdenken kann.« Eigentlich wollten wir auch nicht telefonieren, aber nach zwei, drei Tagen hielt sie es nicht mehr aus. »Stefan«, sagte sie, »wir müssen uns gegenüberstehen und in die Augen schauen, und dann entscheiden wir: cut or go!«

Ende April trafen wir uns im *Kempinski Hotel* am Münchener Flughafen. Mir war schon auf dem Weg dorthin klar, daß ich diese Beziehung wollte. Ich war mir sicher. Trotz der ganzen Schwierigkeiten, die ich am Hals hatte. Aber da wollte ich durch – gemeinsam mit Claudia. Sie war in dieser Frage zurückhaltender, weil sie dachte, daß die ganze Sache zu viel für mich wäre. Tagelang war ich nun wegen meines *Playboy*-Interviews und meiner Suspendierung in den Schlagzeilen gewesen. Es war keine einfache Zeit für mich.

In Claudias Hotelzimmer redeten wir ganz ruhig miteinander. Sie lag auf dem Bett, und ich saß im Sessel, drei Meter von ihr entfernt. Wir wollten irgendwie Distanz halten.

»Paß auf«, sagte ich zu ihr, »wir sind nicht irgend jemand. Was wir hier machen, wird in der Öffentlichkeit hohe Wellen schlagen, wenn es rauskommt. Wir müssen uns über die Konsequenzen absolut im klaren sein. Entweder sagen wir mit aller Konsequenz ja – oder wir sagen mit aller Konsequent nein. Dann sehen wir uns aber auch nie wieder.«

Wir mußten nicht lange diskutieren. Ein Blick reichte aus, um zu wissen, was der andere fühlte. Mit aller Konsequenz wollten wir unseren Weg gehen, egal, was passierte. Wir küßten uns.

»Claudia«, sagte ich zu ihr, »was jetzt auf dich zukommt, hast du noch nicht annähernd so erlebt. Es wird sehr hart. Alle werden über uns herfallen, aber ich werde immer an deiner Seite sein.«

Wir waren keine achtzehn mehr. Wir hatten eine große Verantwortung, nicht nur für uns, sondern auch für fünf Kinder, die von unserer Entscheidung betroffen waren. Trotzdem waren wir uns hundertprozentig sicher, das Richtige zu tun. Wir wollten wieder Freude im Leben haben, uns morgens, wenn wir beim Kaffee saßen, auf den Tag freuen.

Abflug

Am Samstag, dem 11.5., flogen Martina und unsere Kinder nach Florida, um dort unser Haus zu beziehen. Ich brachte sie zum Flughafen. Martina wußte, wie es um unsere Ehe stand. Ich hatte ihr gesagt, daß ich eine Freundin hatte, allerdings hatte ich keinen Namen erwähnt. Keine Ahnung, ob sie mich wirklich ernst genommen hatte. Vielleicht hielt sie es auch nur für Getue, als würde ich ihr eins auswischen wollen, weil ich ja wußte, daß sie in Miami einen Freund hatte.

Für mich war klar, daß ich nun unser Haus räumen würde. München war für mich durch. Ich hatte aber keine Ahnung, wo und wie es mit mir weitergehen würde. Also rief ich bei einem Umzugsunternehmen an und beauftragte sie, meine Sachen abzuholen und einzulagern. Dann legte ich mich in die Badewanne. Die Tränen liefen mir über die Wangen. Einerseits war ich unendlich traurig, daß meine Kinder nun weg waren und wir nie wieder hier unter einem Dach wohnen würden. Andererseits freute ich mich darauf, Claudia wiederzutreffen. Wir hatten uns ein paar Tage nicht gesehen, sondern nur lange Telefonate geführt. Thomas Strunz war nicht zu irgendeiner Zeitung gelaufen, aber nicht ihr oder mir zuliebe, sondern weil er immer noch hoffte, daß Claudia zu ihm zurückkommen würde.

Am Nachmittag waren Claudia und ich in Köln verabredet. Sie hatte ihren Sohn Tommy zu ihrer Mutter gebracht, ihre Tochter Lucia war bei ihrer Schwiegermutter. Die Fahrt dorthin war recht zäh, viel Verkehr, es zog sich endlos hin. Mit meinem schwarzen Ferrari konnte ich nur 120 fahren. Unterwegs rief ich Claudia an. Sie weinte und war völlig aufgelöst. Ihr Schwager hatte sie bearbeitet und ihr gesagt, sie solle sich nicht auf den arroganten, oberflächlichen Effenberg einlassen und ihre Ehe retten.

»Willst du mich überhaupt sehen?« fragte ich sie.

»Na klar«, sagte sie. »Wenn ich eines auf der Welt will, dann dich sehen und dich im Arm halten.«

»Du weißt, was das alles bedeutet? Wir können nicht Hand in Hand über die Kö spazieren oder durch die Kölner Altstadt laufen. Wir müssen noch inkognito bleiben.«

Ich war glücklich, Claudia zu sehen. Alle unsere Zweifel waren sofort verschwunden. Von Köln fuhren wir in ein Hotel nach Mönchengladbach, wo ich den Besitzer sehr gut kannte. Es mußte ja nicht sofort herauskommen, daß wir zusammen waren. In Düsseldorf, Köln oder München hätten es die Spatzen mit Sicherheit noch am selben Tag von den Dächern gepfiffen, nicht aber in Gladbach. Oder vielleicht doch?

Abends gingen wir dann ins *Alma*, eine Bar am Alten Markt in Mönchengladbach. Zum ersten Mal küßten wir uns in aller Öffentlichkeit. Wir hatten kein Problem damit, aber anscheinend ein paar andere Leute. Um uns herum wurde wild getuschelt, und Claudia wurde mindestens zwanzigmal gefragt: »Sind Sie Frau Effenberg?« Einige Gäste hatten auch nichts Besseres zu tun, als sofort bei der Zeitung anzurufen. »Da ist der Effenberg mit weiblicher Begleitung im ›Alma‹, aber diese Frau ist ganz sicher nicht seine Ehefrau.« Damit war die Lawine losgetreten – und an diesem Abend war auch René Hiepen im *Alma*, verrückt oder? Mir war es zu diesem Zeitpunkt ziemlich egal, was passieren würde. Einen Abend zumindest hatten Claudia und ich uns nicht verstecken wollen. Wir genossen es richtig, öffentlich zu turteln.

Am Sonntag war ich mit Claudia zurück in München. Am Abend rief mich ein Freund an und sagte: »Paß auf, die Zeitungen werden am Dienstag mit einer großen Story kommen. Sie wissen, daß du mit Claudia Strunz zusammen bist.«

Auch der Inhaber vom *Alma* versuchte mich ganz aufgeregt zu erreichen und sprach auf meine Mailbox: »Stefan, melde dich bitte dringend bei mir. Hier brennt die Hütte. Es geht um die Geschichte am Samstagabend – um dich und Claudia.«

Ich mußte überlegen, wie ich dem Ding den Wind aus den Segeln nehmen konnte. Es gab nur eine Lösung: Ich mußte selber angreifen. Das war allerdings gar nicht so leicht.

Schon um sieben Uhr am Montagmorgen fuhren die Möbelpacker vor und räumten mein Haus in München leer. Ich hatte Angst, daß im nächsten Augenblick zig Fotografen anrücken würden. Wenn die sehen würden, wie die Packer meine Möbel rausschleppten, bekämen sie ein paar echt geile Bilder. Die Möbelpacker jedenfalls staunten auch nicht schlecht, als sie Claudia sahen. Plötzlich hörte ich diese typischen Kamerageräusche: Ritsch-ratsch, ritsch-ratsch. Als würde da draußen einer mächtig draufhalten und einen ganzen Film verschießen.

»Das hört sich an wie eine Kamera«, sagte ich zu Claudia und rannte auf die Straße. Überall suchte ich nach dem Fotografen, hinter Hecken und Bäumen, sogar hinter der Mülltonne schaute ich nach. Paparazzi kamen manchmal ja auf die unmöglichsten Verstecke. Dann sah ich, daß mein Nachbar mit einer altmodischen, mechanischen Heckenschere seine Hecke schnitt. Ich hatte Glück gehabt. Mir fiel ein Stein vom Herzen. Es war also doch noch niemand auf die Idee gekommen, bei mir vorbeizufahren, um seine Fotos zu machen.

Ich rief einen guten Freund, einen RTL-Reporter, an. Er wußte von Anfang an über Claudia und mich Bescheid. Ich konnte mich aber auf ihn verlassen. Er hatte geschwiegen. Jetzt sollte er dafür ein Exklusiv-Interview bekommen. Zum ersten Mal bestätigte ich dann bei *RTL-Exclusiv* um 18 Uhr 30, daß Claudia meine neue Partnerin war und ich mich von Martina getrennt hatte.

Anschließend flog ich mit einem Privatflieger von München nach Hamburg. Ich hatte vor Wochen einen Vertrag mit Reinhold Beckmann gemacht, um in seiner Show aufzutreten. Eigentlich sollte es um mein Interview im *Playboy* und meine Suspendierung bei den Bayern gehen. Nun hatte ich ein anderes, viel heißeres Thema. Ich hätte auch kneifen und die Sendung absagen können, aber nein, ich wollte mich stellen und in die Offensive gehen. Es gab nichts zu verbergen.

Ich hatte allerdings ein großes Problem: Meine Eltern wußten von nichts. Besonders meine Mutter konnte sich furchtbar aufregen, wenn sie über Dinge, die mich und meine Kinder betrafen, nicht rechtzeitig informiert war und sie diese in der Zeitung lesen mußte. Auf keinen Fall sollte sie von meiner Trennung von Martina aus dem Fernsehen oder von Journalisten erfahren.

Als wir in Hamburg landeten, hatte ich nicht viel Luft, bevor die Show aufgezeichnet wurde. Ich hatte ungefähr zwanzig Minuten Zeit, meinen Eltern reinen Wein einzuschenken, dann mußte ich schon weiter ins Studio. Nicht die beste Voraussetzung für eine Beichte, aber es ging nicht anders. Claudia war die ganze Zeit bei mir, doch als ich bei meinen Eltern reinsprang, bestand sie darauf, im Auto zu warten.

Zum Glück waren meine Eltern beide zu Hause. »Es ist besser, wenn ihr euch setzt«, sagte ich zu ihnen. »Ich muß euch etwas sagen, das ich euch nicht gefallen wird. Martina und ich werden uns trennen. Ich habe auch schon eine neue Partnerin. Sie heißt Claudia Strunz und wartet im Auto.«

Meinen Vater wirft so schnell nichts um. Er saß am Tisch, rauchte seine Ernte 23 und sagte: »Ja, Jung, so ist das Leben. So was passiert.«

Für meine Mutter aber war diese Nachricht ein echter Schock. Sie war sehr aufgebracht und hatte totale Panik. »Und was soll mit den Kindern werden? Habt ihr euch das genau überlegt?«

»Mama«, sagte ich zu ihr, »ich werde das alles ordentlich regeln. Ihr werdet die Kinder nicht verlieren. Es passiert überhaupt nichts. Ich werde jetzt zu Reinhold Beckmann fahren. In seiner Show werde ich auch in aller Öffentlichkeit über die Trennung sprechen. Wenn es für euch in Ordnung ist, komme ich mit Claudia nachher zurück, und wir können über alles reden.«

»Geh du mal zur Show«, sagte sie nur. »Und hinterher rufst du uns an. Dann sehen wir weiter.«

Okay, wir fuhren zu Beckmann. Ich setzte mich da ohne großes Lampenfieber ins Studio und erzählte ganz ruhig und sachlich die Dinge, die ich zu erzählen hatte. Beckmann meinte allerdings hinterher in einem Interview, ich wäre total nervös gewesen und hätte eine Zigarette nach der anderen geraucht. Das glaube ich ja nicht, dachte ich, als ich das hörte. Alles erfunden. Ich stehe morgens noch in München, sehe zu, daß mein Haus ausgeräumt wird, düse nach Hamburg, beichte meinen Eltern in zwanzig Minuten alles – und dieses ganze Theater nur, um pünktlich in seiner Show zu sein. Er konnte froh sein, daß ich überhaupt gekommen war. Später rief er mich an und erklärte mir, er hätte das Interview so gar nicht gegeben. Damit war die Sache für mich wieder in Ordnung.

Durch die Beckmann-Show erfuhr auch Martina zum ersten Mal, wer meine neue Partnerin war. Eine gute Freundin, die die Sendung gesehen hatte, rief sie in Florida an und erzählte es ihr. Ich hatte deswegen kein Problem. Martina hatte mir zuletzt auch Dinge verheimlicht, und sie wollte den Namen meiner Freundin ja vorher gar nicht wissen.

Als ich bei Beckmann durch war, rief ich meine Eltern an.

»Ist es okay, wenn Claudia und ich jetzt kommen?« fragte ich etwas kleinlaut.

»Ja, komm mal vorbei«, war die knappe Antwort meiner Mutter.

Wir wurden von einem Fahrer nach Hamburg-Niendorf

gebracht. Ich ging zuerst ins Haus. »Ist es in Ordnung, wenn Claudia mit reinkommt?« fragte ich.

»Ja, sicher«, sagte meine Mutter. »Oder soll sie etwa draußen im Auto sitzen bleiben?«

Ich schickte den Fahrer weg und rief den Piloten unseres Privatfliegers an, daß wir möglicherweise erst am frühen Morgen nach Frankfurt fliegen würden. Dann holte ich Claudia rein und stellte sie meinen Eltern vor.

»Das ist die Claudia, und ich bin der Stefan.«

Mein Vater nahm Claudia sofort in Beschlag. »Na, komm, Mädel, setz dich«, sagte er zu ihr. Er hatte vor ein paar Wochen renoviert und fing an, ihr das Haus zu erklären, als wäre Claudia eine gute alte Freundin, die er lange nicht gesehen hatte. »Da drüben habe ich eine Wand eingerissen, und diese Mauer hier habe ich neu eingezogen und selbst tapeziert, und hier hat früher unser Fernseher gestanden.« Er erklärte ihr jede Stromleitung, jede Steckdose in seinem Haus und nahm Claudia damit ihre anfängliche Scheu. Ihn interessierte die ganze Aufregung gar nicht. Aber so ist mein Vater: immer cool, nie verliert er die Übersicht – bis auf die Aktion, als er die Gitarre auf meinem Arsch zerlegt hatte. Claudia fühlte sich sofort wohl in seiner Gegenwart.

Meine Mutter ist viel emotionaler. Sie stellte sich erst mal in die Küche und machte Schnittchen. So hatte ich Gelegenheit, ein paar Minuten allein mit ihr zu sprechen.

»Martina hat auch einen neuen Partner«, sagte ich zu ihr. »Weder ich noch sie haben eine weiße Weste. Sie macht jetzt ihr Ding, und ich mache meins.« Meine Mutter sagte nichts, sie hörte nur zu.

Später saßen wir alle am Wohnzimmertisch. Auch meine Mutter, die Claudia zuerst ein wenig schief angeguckt hatte, begriff, daß ich es ernst meinte. Wir flogen dann auch nicht zurück, wie es eigentlich geplant gewesen war, sondern blieben über Nacht bei meinen Eltern. Da wir keine Klamotten dabeihatten, lieh meine Mutter Claudia ein Nachthemd von ihr. Sie hielt es ihr an; es paßte Claudia nicht, aber sie nahm es trotzdem lächelnd an. Das war ein echter Beweis, daß meine Mutter meine neue Partnerin akzeptierte.

In den Wochen danach nahmen wir uns immer wieder Zeit, meine Eltern und auch meine drei Geschwister zu treffen. Es war mir ungeheuer wichtig, daß sie Claudia kennenlernten und akzeptierten. Sie sollten wissen, warum ich Claudia liebte und warum sie nun meine Partnerin war. Genauso wichtig war es für mich, Claudias Eltern und ihre Geschwister kennenzulernen. So überzeugt waren wir von unserer Liebe, daß wir das unbedingt ganz schnell wollten.

Catch me if you can

Am Dienstagmorgen flogen wir sehr früh von Hamburg nach Frankfurt. Gegen Mittag mußte ich weiter nach Bangkok. Ich sollte in Thailand für unser Hilfsprojekt eine Schule eröffnen. Dieser Termin stand schon lange fest. Claudia flog mit mir nach Bangkok. Ich wollte nicht, daß sie allein in Deutschland blieb und sich mit irgendwelchen Journalisten auseinandersetzen mußte. Thomas Strunz hatte ihr zwar gedroht, wenn sie mit mir in das Flugzeug steigen würde, wäre alles vorbei, aber diese Drohung hatte nun längst kein Gewicht mehr.

Noch gab es kein richtig scharfes Foto von uns beiden, und wir wollten, daß das noch eine Weile so blieb. In Frankfurt lauerten die ersten Fotografen auf uns. Mittlerweile war unsere Story ja draußen, und die Jagd war gewissermaßen eröffnet. Wir liefen daher auch nicht zusammen, Arm in Arm zum Gate. Claudia ging mit einem Freund von mir vor. Sie trug eine Kappe und eine Sonnenbrille und wurde nicht erkannt. Ich folgte ihr eine halbe Stunde später.

Im Bangkok wohnten wir im berühmten Hotel *Oriental.* Auch hier lag mittlerweile eine Horde von Fotografen auf der Lauer. Wir spielten »Catch me if you can« mit ihnen. In unseren fünf Tagen in Bangkok schafften sie es nicht, uns auch nur einmal richtig gemeinsam aufs Foto zu bekommen.

Während ich in den Norden Thailands flog, um von dort aus mit dem Auto noch vier Stunden auf den Doi-Wawi-Berg zu fahren und dort die Schule zu eröffnen, blieb Claudia in Bangkok. Ich wollte sie nicht mitnehmen, denn das Schul- und Hilfsprojekt hatten Martina, ich und mein Freund Harald Wywijas organisiert und zusammen mit dem RTL-Spendenmarathon finanziert.

Claudias Sohn Tommy war zu dieser Zeit bei ihrer Mutter, wie sie es mit Thomas abgesprochen hatte. Einen Tag nachdem wir nach Thailand geflogen waren, holte er ihn jedoch ab. Angeblich weil er Sehnsucht nach seinem Sohn gehabt hatte. Ein großer Irrtum! Am nächsten Morgen erschien auf der Titelseite einer Boulevardzeitung ein eindeutiges Foto: Thomas Strunz brachte seine Kinder in den Kindergarten. Es sah nach einer abgekarteten Sache aus, um zu zeigen, was für eine Rabenmutter Claudia war. Während sie mit ihrem Geliebten Stefan Effenberg in der Weltgeschichte umherreiste, mußte der arme, geplagte Vater sich um seine kleinen Kinder kümmern. Daß Claudia mit ihrer Mutter bzw. Schwiegermutter alles bestens arrangiert hatte, konnte kein Mensch ahnen. Claudia kriegte einen richtigen

Das »Help-me«-Projekt – mein Besuch in Thailand

Schock, als sie das Foto sah. Es war für sie einer der schlimmsten Momente ihres Lebens. Ich versuchte, sie zu beruhigen, doch sie wollte nur noch zu ihren Kindern zurück.

Als wir in München landeten, organisierte ich, daß wir direkt auf dem Rollfeld abgeholt wurden. Alle wußten, daß Claudia Strunz und Stefan Effenberg in einem bestimmten Flugzeug saßen und zu einer ganz bestimmten Uhrzeit an einem bestimmten Gate rauskommen mußten. Dementsprechend war auch das Aufgebot an Fotografen und Fernsehteams am Flughafen. Wieder schlugen wir ihnen ein Schnippchen. Vom Rollfeld fuhren wir direkt ins Hotel. Irgendwann wurden dann unsere Klamotten gebracht. Bisher gab es also nur ein verwackeltes Foto von uns am Hamburger Flughafen sowie ein Foto aus Bangkok, das uns nur von hinten zeigte.

Später am Pfingstsonntag sagten wir uns dann in München: »Okay, sollen die Fotografen uns ruhig erwischen und ihr Foto bekommen. Wir müssen mal raus.«

Also gingen wir in die Disko *Maximilian's*, um zu tanzen und richtig abzurocken. Erstaunlicherweise war uns kein Fotograf auf den Fersen. Aber Birgit, die Besitzerin vom *Maximilian's*, wollte trotzdem ihr Bild haben.

»Können wir nicht ein Foto machen?« fragte sie. »Nur für uns. Das hänge ich mir hier irgendwo hin.«

»Klar«, sagte ich, »du kannst dich von mir aus mit Claudia fotografieren lassen, aber ein Foto von uns beiden kriegst du nicht.«

Am Dienstag kam dann ein Riesenfoto in einer Boulevardzeitung: Claudia mit der Inhaberin des *Maximilian's*. Keine Ahnung, wie die Zeitung an das Foto gekommen ist. Daneben stand die Schlagzeile: »Und sie tanzten im *Maximilian's* bis morgens um drei.« Es wurde genau aufgeführt, was wir getrunken und gegessen hatten, welche Musik lief und so weiter. Mein Gott, dachte ich mir, haben die Leute keine anderen Sorgen! So hatte Birgit aber wenigstens eine sehr gute PR – und wir hatten unseren Spaß gehabt.

Aber noch immer gab es kein gemeinsames Foto von uns.

Wenig später wohnten wir mit Claudias Kinder zehn Tage lang in Mönchengladbach im *Hotel Burg Wegberg*. Thomas hatte Claudia mehr oder weniger vor die Tür gesetzt. Die Kreditkarten hatte er aus dem Portemonnaie genommen und zerschnitten, und sie hatte kein Auto mehr. Ich mußte ihr erst einmal ein Konto eröffnen, damit sie überhaupt ein paar Euro in der Tasche hatte. Thomas hat bis zur Drucklegung der Erstausgabe dieses Buches keinen Euro Unterhalt für Claudia gezahlt. Auch bei Zahlungen für seine Kinder gab es immer wieder Unregelmäßgkeiten, wie z.B. beim Kindergartengeld. Eine echte Unverschämtheit, sich so zu verhalten. Wenn ich Claudia nicht unterstützen würde, müßte sie mit ihren Kindern auf der Straße leben.

Auf der *Burg Wegberg* versuchten die Fotografen ebenfalls ihr Glück. Einem gelang es immerhin, Claudia mit ihrem Sohn Tommy zu fotografieren. Also wieder kein gemeinsames Bild von uns.

Wenig später flogen wir in den Urlaub nach Florida, um meine Kinder zu sehen. Claudia wollte nicht wieder als Rabenmutter beschimpft werden. Deshalb nahmen wir ihre Kinder und ein Kindermädchen mit. Ich fand das gut, so konnten meine Kinder direkt Tommy und Lucia kennenlernen.

Ein echt schmieriger Typ lauerte uns am *Hilton Hotel* auf, einem wunderschönen Hotel mit tollen Swimmingpools. Nachmittags gingen Claudia und ich immer joggen. Als wir einmal zurückkamen, stand der Typ mit einer Handy-Cam versteckt in einem Seiteneingang des Hotels und guckte in unsere Richtung.

Ich hatte den Burschen gar nicht gesehen, aber plötzlich sagte Claudia: »Sieh dir das an! Der Typ filmt uns doch!« Noch ehe ich etwas sagen konnte, ging sie auf den Kerl los. Er machte sofort die Biege. Eine wilde Verfolgungsjagd durch das ganze Hotel begann. Wir hetzten ihm nach. Er rannte durch eine Hochzeitsgesellschaft und wir ihm hinterher. Die Leute starrten uns in unseren verschwitzten Sportklamotten an, als wären wir von einem anderen Stern. Der Typ lief auf einen Balkon und sprang dann zwei Meter in die Tiefe. Plötzlich war er verschwunden. Wo kann er sein? fragten wir uns. »Wahrscheinlich ist er in die Garage gelaufen«, meinte Claudia. Also liefen wir auch in die Garage, aber wir sprangen nicht vom Balkon.

Das Hilton hatte eine riesige Garage. Wir schlichen da umher und lauschten. Auf einmal hörten wir, wie eine Autotür geschlossen wurde, dann schlug eine Metalltür zu. Da war der Fotograf wieder. Ich sprintete hinter ihm her, aber er hatte dreißig, vierzig Meter Vorsprung, die in so einem großen Gebäude mit vielen Gängen und Türen leider ausreichten. Ich verlor ihn schließlich aus den Augen. Doch wir hatten immerhin gesehen, welches Auto dem Typen gehörte. Er hatte schon in seinem Wagen gesessen, allerdings ohne Schlüssel, weil er ihn vorher an der Rezeption abgeben hatte. Er hatte seinen Wagen anscheinend vom Hotelpersonal parken lassen.

Ganz genau schauten wir uns seinen Wagen an, ob wir nichts fanden – Filmrollen, einen Ausweis, irgend etwas, was uns verriet, wer der Fotograf war. Aber da war nichts. Daher konnten wir den Typen nicht ausfindig machen.

Vier Wochen lang hatten wir es geschafft, nicht gemeinsam fotografiert zu werden. Keine schlechte Bilanz! Dieser Paparazzo war ein echter Profi gewesen. Das Geld, das er mit den Fotos machte, hatte er sich wirklich verdient.

Die erste Begegnung

Für meine Kinder war Claudia keine Unbekannte. Bei unseren Heimspielen im Olympiastadion oder bei Feiern im Verein waren sie ihr schon oft begegnet. Aber es war natürlich etwas ganz anderes, als wir uns im Sommer in Florida trafen. Ich war sehr nervös, eine extreme Situation. Wie würden Etienne und Ann-Kathrin reagieren? Nastassja war noch nicht da. Sie ging noch in London zum College.

Meine Befürchtungen erwiesen sich als vollkommen überflüssig. Meine Kinder machten es uns leicht. Wir mußten nicht stundenlange Gespräche führen, um ihnen meine Trennung von Martina zu erklären. Sie hatten die

Urlaub in Florida – mit Claudia, Tommy, Lucia und Ann-Kathrin

neue Situation akzeptiert. Mir fiel ein Stein vom Herzen, daß meine Kinder so wie immer waren. Ann-Kathrin freute sich, mit Lucia spielen zu können, und Etienne behandelte Claudia wie eine gute Freundin. Es wurde ein unbeschwerter Urlaub. Meine Zweifel, mich meinen Kindern gegenüber falsch verhalten zu haben, wurden zumindest für eine Weile zerstreut.

Schwierige Tage

Als wir aus dem Urlaub in Florida zurückkamen, wohnten wir eine Zeitlang bei Claudias Schwester im Sauerland. Dann, nachdem ich bei Wolfsburg unterschrieben hatte, zogen wir zusammen nach Vordorf, dreißig Minuten von Wolfsburg entfernt. Doch nach einiger Zeit wußten wir, daß wir so nicht zusammenleben konnten. Ich dachte oft an meine Kinder und sehnte mich nach ihnen. Ich hatte ein schlechtes Gewissen, weil ich nicht in ihrer Nähe war und mich statt dessen mit um Claudias Kinder kümmerte. Meine Laune ging manchmal rapide in den Keller. Es war ein Auf und Ab, meine Gefühle fuhren Achterbahn, eine verdammt schwierige Phase für mich und Claudia. Wir waren beide sehr angespannt. Zum ersten Mal wurde unsere Liebe auf eine harte Probe gestellt. Wir wollten uns nicht trennen, das war jedem von uns beiden klar, sondern auf eine andere Art zusammensein.

Schließlich machte ich den Vorschlag, daß sie sich eine Wohnung in Hamburg mieten und dorthin ziehen sollte. Damit war sie nicht weit entfernt. Wir konnten uns immer sehen, wenn wir wollten, aber jeder hatte seinen Freiraum, ich für mich und Claudia mit ihren Kindern.

Daß wir uns räumlich trennten, war keine Trennung des Herzens. Ich liebe Claudia, aber ich wollte mit mir und meinen Kindern im reinen sein. Dafür brauchte ich Zeit.

Claudia verhielt sich in dieser schwierigen Zeit einfach großartig. Für sie war es keine Frage, daß sie mir die Freiheit geben mußte, die ich brauchte, um mir über unsere Zukunft klar zu werden.

Als meine Kinder dann im November nach fünf Monaten zu Besuch kamen, war ich total aufgeregt. Ich richtete ihre Zimmer ein, damit sie sich wohl fühlten, und bat meine Eltern, nach Vordorf zu kommen und Frühstück für uns zu machen, während ich sie in Düsseldorf vom Flughafen abholte.

Es war toll zu sehen, daß meine Kids sich völlig normal verhielten. Die Trennung schien ihnen nichts ausgemacht zu haben. Wir spielten, lachten und redeten genauso, wie wir es vorher in München getan hatten.

Sie konnten zwar nur eine Woche bleiben, aber das war nicht so tragisch, denn zu Weihnachten, so war es geplant, würden wir uns in Florida schon wiedersehen.

Mein Freund Otto

In Hamburg, wo Claudia jetzt lebt und ich sie auch oft besuche, lernte ich Otto Waalkes kennen. Claudia, die ihn schon länger kennt, stellte ihn mir vor, und wir verabredeten uns bei seinem Lieblingsitaliener. Er kam mit zwei Freunden und einem befreundeten Ehepaar. Der Spaß ging schon bei der Begrüßung los.

»Ich bin ein Friesenjung, mich säufst du nicht unter den Tisch«, rief mir Otto zu.

Na ja, warte mal ab, mein Freundchen, dachte ich mir. Die Rechnung hast du ohne den Wirt gemacht.

Wir ließen also auffahren, Pasta und Rotwein, und dann ging es zur Sache. Der Rotwein lief, und Otto haute einen Spruch nach dem anderen raus.

»Nicht schlecht, nicht schlecht, und jetzt kommt das Würfelspiel«, sagte ich.

»Wie, das Würfelspiel?«

»Warte ab, du wirst schon sehen!«

Der Kellner brachte den Würfel, und dann gab es Feuer.

Ich erklärte Otto und seinen Leuten die Regel: »Okay. Wer eine 2 würfelt, trinkt einen Ramazzotti auf Ex.«

Otto und seine Freunde, die er mitgebracht hatte, staunten nicht schlecht. Vor allem, als sie eine 2 nach der anderen würfelten. Ich stand ihnen aber in nichts nach, und irgendwann war das Ramazzotti-Spiel vorbei, weil das Restaurant keinen mehr hatte.

»Alles klar«, sagte ich und schielte auf das riesige Hummeraquarium, das im Restaurant stand. »Wer eine 3 würfelt, taucht kurz den Fuß ins Becken.«

Die Frau des befreundeten Ehepaares von Otto mußte dran glauben, und – schwups – war der Fuß drin – und der Hummer tot. Das jedenfalls erzählte uns der Restaurantbesitzer am nächsten Tag.

Beim Abschied adelte mich Otto dann noch: »Du kannst ja prächtig trinken wie ein Friesenjung. Hut ab!«

Otto und ich verstanden uns prächtig. Getrunken wie an diesem Abend haben wir danach aber nicht mehr.

Der Kontakt blieb trotzdem. Denn auch Otto liebt Florida. Er hat dort ebenfalls ein Haus. Wir haben halt ähnliche Interessen und wollen nach meiner Karriere, wenn ich dann nach Florida gezogen bin, uns dort immer mal wieder treffen und schöne Barbecue-Abende verbringen. Ich freue mich schon heute darauf.

Ferien in Florida

Ich weiß gar nicht, wie viele ungebetene Ratschläge ich bekam und wie oft sich irgendwelche Psychologen über mich und meine Kinder das Maul zerrissen. »Was wird aus seinen Kindern? Wie werden sie die Trennung verkraften?« Jeder kam aus seiner Höhle, und statt den Ball hübsch flach zu halten, hatte jeder etwas zu melden. Auch in meinem Umfeld begannen ein paar verrückt zu spielen: »Hast du keine Angst, daß Martina dir die Kinder wegnimmt? Du hockst in Deutschland, und sie kann jeden Tag irgendwelche Geschichten über dich erzählen.« Die ganze Zeit hörte ich diesen Quatsch.

Keine Berührungsängste, Claudia mit Etienne und Nastassja

Ich wußte, daß mir niemand meine Kinder wegnehmen könnte. Ich war ihr Vater, und das werde ich bis ans Ende meiner Tage bleiben. Außerdem ist Martina eine clevere Frau. Sie würde gar nicht versuchen, unsere Kinder gegen mich anzustacheln. Sie führte jetzt ein neues Leben und hatte ihnen ihren neuen Partner vorgestellt, aber das war das Normalste von der Welt. Das hatte ich schließlich auch getan.

Trotzdem war ich ein wenig gestreßt, als ich kurz vor Weihnachten nach Florida flog. Ich wollte mit Martina und den Kindern Weihnachten verbringen, und dann würde Claudia zu Silvester nachkommen.

Es war der allerschönste Moment für mich, als ich sah, wie sehr meine Kinder sich freuten, nachdem ich ihnen gesagt hatte, daß Claudia nachkommen würde. Jeder der drei war begeistert, sie zu sehen und mit ihr Silvester zu feiern.

Silvesterparty 2002 – mit Etienne und Ann-Kathrin

Wir machten aus jedem Tag einen Festtag, und am Ende war ich absolut sicher, das Richtige getan zu haben. Meine Kinder hatten meine neue Partnerin voll akzeptiert. Meine Bedenken waren umsonst gewesen. Ich war erleichtert.

Der Sheriff kommt

Ich hatte mit Martina schon häufiger über das Thema Scheidung gesprochen. Doch konkret waren wir nie geworden.

Am 24. Dezember, als wir zusammen Weihnachten feierten und Claudia noch in Deutschland war, erklärte ich ihr dann in einer stillen Minute: »Ich möchte mich scheiden lassen. Im Mai 2003 ist unser Trennungsjahr vorbei. Dann werde ich in Deutschland die Scheidung einreichen.

Nur damit du Bescheid weißt und nicht aus allen Wolken fällst, wenn du es von meinem Anwalt erfährst.«

»Ich möchte mich aber nicht in Deutschland scheiden lassen«, sagte sie.

»Okay, du mußt wissen, was du tust. Ich wollte nur, daß du Bescheid weißt.«

Ohne große Emotionen feierten wir danach weiter. Es war trotzdem ein schönes Weihnachtsfest.

Am Freitag, dem 3. Januar 2003, klingelte es abends gegen zwanzig Uhr dreißig an meiner Tür. Ich hatte mir für unseren Weihnachtsurlaub ein eigenes Haus gemietet. Zuerst dachte ich, es wären irgendwelche Nachbarn, die sich wegen des Feuerwerks beschweren wollten, das wir an Silvester abgefackelt hatten. Aber es standen keine Nachbarn vor meiner Tür, sondern der Sheriff – so richtig mit einer Pistole um die Hüfte.

Er stellte mir Unterlagen zu. »Ihre Frau hat die Scheidung eingereicht«, erklärte er, während er mir die Papiere in die Hand drückte. »Am besten nehmen Sie sich gleich einen Anwalt.«

»Muß ich hier irgendwas unterschreiben?« fragte ich ein wenig verdattert.

»Nein, Sie müssen nichts unterschreiben. Ich habe Ihnen die Unterlagen zugestellt. Das reicht.« Dann setzte er sich wieder in seinen Wagen und düste ab.

Ich war ziemlich überrascht. Mit keinem Wort hatte Martina erwähnt, daß sie die Scheidung einreichen wollte, während ich noch in Florida war. Sie hatte sich quasi den letztmöglichen Termin ausgesucht. Am nächsten Morgen würden Claudia und ich nach Miami fahren, um dann zurück nach Deutschland zu fliegen.

Claudia wußte sofort, was los war. Sie nahm Ann-Kathrin und brachte sie ins Bett, damit meine kleine Prinzessin nicht alles mitbekam. Ich redete mit Nastassja und Etienne. »Ich will euch nichts verheimlichen«, sagte ich zu ihnen. »Das war nicht irgendein Pizzabote, der sich in der Tür geirrt hat. Eure Mama hat mir gerade die Scheidung zugestellt.«

Meine beiden Großen waren etwas irritiert, doch ich versuchte gleich, die Emotionen rauszunehmen. »Ich habe eurer Mama am 24. Dezember gesagt, daß ich mich in Deutschland scheiden lassen möchte. Eure Mama wollte das nicht. Deswegen hat sie mir heute die Unterlagen geschickt. Ein bißchen unglücklich, daß ihr das so hautnah miterleben müßt, aber es ändert ja nichts.«

Wenig später rief ich Martina an. »Du hättest schon sagen können, was du vorhast. Ich habe dir am 24.12. auch erzählt, wie ich mir die Sache vorstelle. Es wäre nur fair gewesen, wenn du auch was gesagt hättest.«

Sei's drum. In Amerika muß man bei einer Scheidung selbst nicht anwesend sein. Das können allein die Anwälte erledigen, und es geht auch relativ schnell und unbürokratisch. Eigentlich doch ein besseres Verfahren für uns. Vor allem weil ich mich mit Martina bereits im vorhinein über alles verständigt hatte. Lautlos und ohne Probleme hatten wir bereits alles geregelt und unsere Vereinbarungen unterschrieben.

Zwölf Jahre lang hatten Martina und ich eine hervorragende Ehe geführt und hatten uns über alles geliebt. Es war zwar traurig, daß wir nun diesen Schritt vollziehen und uns scheiden lassen mußten. Doch hatten wir bei aller Trauer einen Trost. Wir hatten unsere Trennung für unsere Kinder so weich und unspektakulär wie möglich arrangiert. Unsere Kinder würden keinen Schaden erleiden. Da waren wir ganz sicher, auch wenn wir beide von nun an getrennte Wege gehen würden. Im Februar unterschrieb ich dann die Scheidungspapiere.

Bei aller Trauer über die bevorstehende Scheidung wollte ich den Blick vor allem in die Zukunft richten.

Claudia ist eine ganz besondere Frau. Sie hat eine tolle, erotische Ausstrahlung und ist eine wahnsinnig gute Mutter, ganz gleich, was die Zeitungen da über sie schrieben. Sie feiert gerne, aber sie ist auch gerne zu Hause und läßt es gemütlich vor dem Kamin angehen. Für mich ist sie die Traumfrau.

Als ich einmal zu ihr sagte: »Schade, daß wir uns nicht schon früher kennengelernt haben«, meinte sie: »Stefan, so darfst du nicht reden. Es ist schön, daß wir uns überhaupt kennengelernt haben und den Mut hatten, den Weg zu gehen, den wir gegangen sind.« Sie hatte recht.

Claudia hat auch bereits ihre Scheidung eingereicht. Allerdings ist das wesentlich komplizierter, als wir es gedacht hatten. Wenn dieser Schritt dann irgendwann vollzogen ist, besteht die Möglichkeit, daß wir heiraten. Stefan und Claudia Effenberg. Ich habe nicht vor, ihren Namen anzunehmen. Strunz möchte ich nicht gerade heißen. Eine Hochzeit ist allerdings ein großer Schritt, für den man einfach Zeit braucht – und die nehmen wir uns auch. Aber davon zu träumen ist ja nicht verboten.

10. DIE LETZTEN STATIONEN

Das Ende bei den Wölfen

Als ich beim VfL Wolfsburg ausstieg, meinten einige Leute, das täte ich nur, um mein Buch zu promoten. Das war natürlich kompletter Unsinn.

Das Ende kam für viele sehr überraschend, aber es war sicherlich die richtige Entscheidung, Wolfsburg vorzeitig zu verlassen. Im März wurde unser Trainer Wolfgang Wolf entlassen, und Jürgen Röber, der bei Hertha Berlin gewesen war, wurde verpflichtet. Damit begannen die Schwierigkeiten. Das Spiel, das losgeht, wenn ein neuer Trainer und ein neuer Co-Trainer kommen, ist immer dasselbe: Alles wird komplett anders gemacht als vorher. Die Trainingspläne werden geändert, und die Spieler werden aus ihren alten Gewohnheiten gerissen. Ich hatte das schon oft erlebt und ein Gespür entwickelt, ob es mit dem neuen Trainer klappt oder nicht. Bei Jürgen Röber hatte ich aber gleich kein besonders gutes Gefühl.

Okay, ich hätte mir auch sagen können: Was soll's, die sieben, acht Wochen beißt du noch die Zähne zusammen – Augen zu und durch. Aber das ist nie meine Einstellung gewesen. Für mich gab es immer nur eine Devise im Leben: Entweder mache ich etwas mit Freude und zu hundert Prozent, oder ich mache es nicht.

Mit Wolfgang Wolf hatte die Sache gepaßt, mit Röber nicht. Er begann, mir von Anfang an Knüppel zwischen die Beine zu werfen – und auf einen Kampf mit ihm hatte ich nach siebzehn Jahren als Fußballprofi schlicht und einfach keinen Bock mehr. Ich mußte niemandem mehr etwas beweisen – auch einem Herrn Röber nicht.

Ich versuchte am Anfang, mit ihm zu reden, gewisse Dinge im Vier-Augen-Gespräch zu klären, aber das brachte gar nichts. Als er kam, war ich verletzt und konnte nicht spielen. Trotzdem schoß er in Interviews immer wieder gegen mich. Hinterher behauptete er, nichts gesagt zu haben oder falsch verstanden worden zu sein. Mir kam er da wie ein sechzehnjähriger Schuljunge vor, der erst etwas anstellt und dann behauptet, nichts gemacht zu haben. Ein gestandener Mann verhält sich nicht so. Ein Gefühl dafür, wie man mit verschiedenen Typen von Spieler umgeht, hat Röber jedenfalls in der Zeit, als ich mit ihm trainieren mußte, nicht entwickelt. Man kann einen fast fünfunddreißigjährigen, erfahrenen Spieler nicht wie einen Achtzehnjährigen behandeln. Das sollte ein guter Trainer eigentlich wissen.

Ich bin sicher, unter Wolfgang Wolf hätte die Mannschaft die Saison garantiert nicht schlechter abgeschlossen. In den UI-Cup wäre sie auf jeden Fall gekommen. Die Zukunft wird zeigen, ob Röber wirklich der richtige Mann für Wolfsburg ist.

Für einen tat mir das ganze Theater leid, und das war Peter Pander, der Manager vom VfL. Er ist in der Bundesliga ein hochangesehener Mann. Wir hatten von Anfang an den Deal, daß wir miteinander reden würden, wenn irgendwelche Probleme entstehen sollten. Als der Knatsch mit Röber dawar, sagte er, nachdem er mit seinen Vorstandskollegen gesprochen hatte: »Okay, Stefan, kein Thema. Wir machen das so, wie du das willst, und lösen den Vertrag.«

Ich verzichtete für die letzten Wochen auf gutes Geld, doch das war mir egal. Ich bin kein Abzocker, der sich noch ein paar

Wochen verletzt auf die Bank setzt, um abzukassieren. Ich wollte nur weg aus Wolfsburg.

»Behaltet das Geld«, sagte ich zu Pander. »Investiert es meinetwegen in neue Spieler, aber laßt mich hier raus.«

Der Manager war ohne langes Hin und Her einverstanden und versuchte gar nicht, mir Steine in den Weg zu legen. Das kann ich ihm nicht hoch genug anrechnen. Aber so sollte es ja auch in der Bundesliga sein, daß man sich auf das Wort des anderen verlassen kann.

Das Abenteuer »Katar«

Ich hatte gerade in Wolfsburg gekündigt, da lag plötzlich ein neues Angebot auf dem Tisch. Der Wüstenstaat Katar war interessiert, mich zu holen.

Okay, sagte ich mir, noch habe ich Spaß am Fußballspielen, und wenn es nur für ein paar Monate ist, unterschreibe ich.

Das Angebot war äußerst lukrativ. Und so eine Erfahrung, in einem Land wie Katar zu leben, kann man so einfach wohl nie wieder machen. Einen Vertrag für zwei oder drei Jahre hätte ich aber mit Sicherheit nicht unterzeichnet.

Katar liegt zwar nur sechs Flugstunden von Deutschland entfernt, und doch ist es eine völlig andere Welt. Die Hitze ist mörderisch, und man merkt sofort, daß man in einer vom Islam geprägten Welt gelandet ist. Die Menschen sind zurückhaltend, aber sehr freundlich – vor allem Europäern gegenüber. Es herrscht zudem ein echter Boom in Katar.

Das Land ist wegen seines Öls unwahrscheinlich reich und wächst und wächst. Dort, wo heute große Hotels stehen, war vor ein paar Jahren noch Wüste.

Eine echte Überraschung erlebte ich beim ersten Training.

Der Jeep, mit dem ich täglich zum Training fahre

Rennpferde – der große Stolz der Katarer

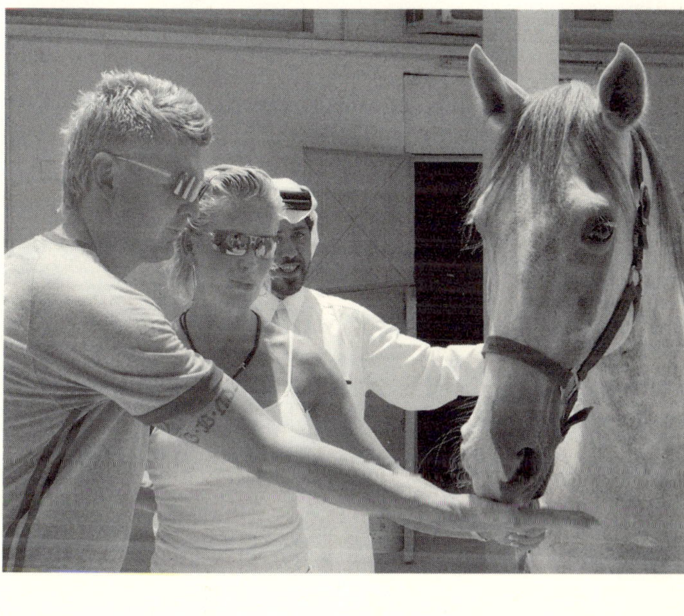

Die erste Pressekonferenz für meinen neuen Club Al-Arabi

Die Einheit war um achtzehn Uhr Ortszeit angesetzt, doch auf dem Platz war überhaupt niemand zu sehen. Die Spieler gingen erst mal in die Moschee unmittelbar neben dem Trainingsgelände. Da breiteten sie ihren Teppich aus und beteten. In Deutschland hätte es für so ein Verhalten eine saftige Geldstrafe gegeben – hier natürlich nicht. Die Religion ist in diesem Land viel wichtiger als bei uns.

Die Hitze ist das größte Problem. Vor achtzehn Uhr kann man gar nicht trainieren, und auch danach liegen die Temperaturen manchmal noch bei vierzig Grad. Echt extrem! Das Training dauert ungefähr neunzig Minuten, da allerdings wird intensiv gearbeitet. Zum Glück war ich auf dieses Klima einigermaßen vorbereitet. Ich hatte mich in Florida fit gehalten, auch nicht gerade eine kühle Gegend, aber in Katar

Mein Buch interessiert auch die Leute in Katar.

einen Trainingslauf zu absolvieren, ist noch einmal etwas ganz anderes. Ich hatte hinterher das Gefühl, in der Hotelsauna wäre es kälter als draußen auf dem Fußballplatz.

Der Club, bei dem ich jetzt spiele, heißt Al-Arabi. Letztes Jahr wurden sie nur Sechster in der Meisterschaft und schieden früh im Pokal aus. Damit das in dieser Saison anders wird, hat man Gabriel Batistuta und mich geholt. Unsere Aufgabe ist klar: Wir müssen den Titel holen – und genau das habe ich auch vor.

Als ich meinen Dienst bei Al-Arabi antrat, wurde ich vom Clubpräsidenten höchstpersönlich begrüßt. Meine Mitspieler waren ganz nervös, als sie erfuhren, daß der Präsident, der zur Königsfamilie gehört, zu uns auf den Trainingsplatz kommen würde.

Claudia und ich am Strand von Doha

Das Wasser von Doha ist so warm wie in der Badewanne.

Der Präsident gab mir mit leuchtenden Augen die Hand und erklärte, wie stolz und froh er sei, daß ich nach Katar gekommen war. Ich kam mir fast wie ein Filmstar vor, so, als würde

Meine Suite im *Ritz-Carlton*

in Deutschland ein Robert de Niro oder ein Dustin Hoffman auftauchen. So einen riesigen Stellenwert haben Batistuta, Mario Basler und ich hier in diesem Land.

Für die Menschen in Katar war es vor Jahren noch unvorstellbar, daß Fußballstars aus Europa bei ihnen spielen. Doch wegen der Asienspiele im Jahr 2006 haben sie einen Schalter umgelegt und investieren. Sie wollen jedes Jahr Spieler holen, um von ihnen zu lernen und sich weiterzuentwickeln. Dieses Jahr sind es fünf, sechs Spieler, die gekommen sind. Nächstes Jahr werden es mit Sicherheit noch mehr sein.

Die nächsten acht Monate werde ich im *Ritz-Carlton* wohnen, einem echten First-Class-Hotel mit einem super Sportangebot. Meine Wohnung in Deutschland habe ich aufgelöst. Meine Zukunft wird in Florida liegen. Dort habe ich mir ein Haus gekauft, wo wir ab Mitte 2004 leben werden.

Die nächsten acht Monate – meine letzten als Fußballprofi – werde ich auf jeden Fall genießen. Ich stehe nicht so unter Druck wie in all den Jahren in Deutschland – nur wenige Pressekonferenzen, keine Journalisten, die mich auf Schritt und Tritt verfolgen, keine Fernsehstammtische, wo sich sogenannte Fußballexperten das Maul über Nichtigkeiten zerreißen.

Ich bin froh und glücklich, meine Karriere in einem Land wie Katar beenden zu können.

11. STEFAN EFFENBERG IN ZAHLEN
Die Statistik

Titel:
1 x Champions-League-Sieger (Bayern München, 2001)
1 x Weltpokalsieger (Bayern München, 2001)
3 x Deutscher Meister (Bayern München, 1999, 2000, 2001)
2 x DFB-Pokal (Borussia Mönchengladbach, 1995/FC Bayern München, 2000)
1 x Deutscher Superpokal (Bayern München, 1990)
3 x Deutscher Ligapokal (Bayern München, 1998, 1999, 2000)
1 x Vize-Europameister (Deutsche Nationalmannschaft, 1992)

370 Bundesligaspiele
(191 für Borussia Mönchengladbach, 160 für Bayern München, 19 für den VfL Wolfsburg)

71 Bundesligatore
(33 für Borussia Mönchengladbach, 35 für Bayern München, 3 für den VfL Wolfsburg)

38 Champions-League-Spiele
8 Tore

23 UEFA- und Europacup-Spiele
8 Tore

35 Länderspiele
5 Tore

Ich habe aber noch mehr zu bieten:

Als einziger Bundesligaspieler sah ich über hundert Mal die gelbe Karte, und standesgemäß bin ich auch der Erfinder der »Ampelkarte«. Am 4. Spieltag der Saison 1991/92 sah ich als Bayern-Spieler im Spiel gegen Schalke die gelbrote Karte – eine Premiere für die Bundesliga.

Mein Herzenswunsch

Nastassja, Etienne und Ann-Kathrin, ich bin so stolz auf Euch und darauf, daß ich Euer Papa bin. Ich liebe Euch von ganzem Herzen, und das wird nie vergehen!

Euer Papa

Ich bedanke mich bei

Dieter und Margrit Effenberg, Reinhard Rohn, Michaela Rohn, Ernst Johansson und Annika Johansson, Fred Joch, Jörg Neun, Otto Waalkes, Margaretha Olschewski, Thomas Dilge, Denys Karlinskyy, Sacci Chrysanthopoulos, Julia Pasternak, Marko Heigel, Ruprecht Stempell, Stefan Menne, dem RTL-Sport- und -News-Archiv, der RTL-Bildredaktion, dem Side-Hotel Hamburg, bei Blohm + Voss sowie bei René Strien und Tom Erben vom Verlag Rütten & Loening bzw. Aufbau-Verlag und bei allen, die das Buch gekauft haben.

Personenregister

Bildnachweis

S. 11, S. 14, S. 15, S. 16, S. 17, S. 19, S. 21, S. 23, S. 27, S. 29, S. 37, S. 39, S. 272, S. 275, S. 276, S. 279, S. 303, S. 307, S. 308 – privat
S. 43 – Fotoagentur Sven Simon
S. 47, S. 51 – Jörg Neun
S. 66, S. 71, S. 73, S. 139, S. 150, S. 166, S. 176, S. 177, S. 178, S. 191, S. 282, S. 315, S. 316, S. 317, S. 318, S. 319, S. 320 – Fred Joch
S. 83 – Bongarts, Michael Kunkel
S. 107, S. 109, S. 116 – Fotoagentur Sven Simon
S. 186 – Munich Press, München
S. 227 – Jochen Fritzsche
S. 234 – Stefan Menne, RTL
S. 238 – Marko Heigel
S. 243, S. 253 – Bongarts, Lutz-Bongarts
S. 249 – Bongarts, Henning-Bangen
S. 299 – Ruprecht Stempell, RTL

Fotos der Bildtafeln – Margaretha Olschewski

Danke

Küßchen, Effe

Wenn Sie hier rauskommen,
werden Sie nur noch kriechen können ...

Er war der kommende Mann im internationalen Radrennsport, doch dann kam der Krebs: Hodenkrebs – mit Metastasen in der Lunge und zwei Tumoren im Gehirn. Überlebenschancen: nahezu keine. Der Profiradsportler Lance Armstrong erzählt seine unglaubliche und bewegende Geschichte, die aus ihm einen anderen Menschen gemacht hat.
Eine Geschichte von Zusammenbruch und Durchhaltewillen, von Verrat und Freundschaft, von Verzweiflung und Liebe, von der Hölle der Chemotherapie und dem Zusammenbruch aller Lebenspläne – eine Geschichte, die mit der Rückkehr ins Leben endet und den Siegen der Tour de France 1999, 2000, 2001, 2002 und 2003.

ISBN 3-404-61496-8

BASTEI
LÜBBE

Von denen lernen, die es können

Nach seinem autobiographischen Bestseller »Tour des Lebens« stellt Lance Armstrong hier sein sportliches Trainingsprogramm vor, das ihn zum fünfmaligen Tour-de-France-Sieger gemacht hat.
Neben Grundlagen, die das Rennrad betreffen, gibt es jede Menge pfiffiger Tipps sowohl für den Amateur als auch für den Leistungssportler. Leicht lesbar, klar und faßlich aufgebaut, professionell. Mit zahlreichen Abbildungen und Beispielen aus der Praxis eines der besten Radrennfahrer der Welt und seines Trainers.

ISBN 3-404-66381-0